Regine Kölpin (Hrsg.)

Möwenschrei
und
Meuchelmorde

Die mörderische Vergangenheit der Ostfriesischen Inseln

wellhöfer

VORWORT

Ich liebe die Nordseeinseln. Sowohl in Nordfriesland als auch in Ostfriesland. Und ich liebe die Historie, gepaart mit Mysterien und kriminellen Handlungen.

So wuchs in mir die Idee, zwei Geschichtensammlungen herauszugeben, die genau diese Dinge vereinen. Wahre Historie, gepaart mit fiktiven Kriminalfällen, die sich vor diesen Hintergründen genauso zugetragen haben könnten. Herausgekommen sind zwei Anthologien über die mörderische Vergangenheit der Ostfriesischen und Nordfriesischen Inseln. Hier nun »Möwenschrei und Meuchelmorde« aus Ostfriesland.

Inhalt

Die Ostfriesischen Inseln

Sie liegen allesamt vor der gesamten ostfriesischen Küste und es sind, ohne die Vogelinseln Mellum und Memmert, sieben an der Zahl. Auch wenn Helgoland nicht zu den Ostfriesischen Inseln zählt, so habe ich sie dennoch mit in diesen Band hineingenommen, denn Helgoland ist vor der Küste sehr präsent.

Merken kann man sie sich wunderbar mit dem altbekannten Spruch:

Welcher – Wangerooge
Seemann – Spiekeroog
Liegt – Langeoog
Bei – Baltrum
Nanni – Norderney
Im – Juist
Bett – Borkum

Viele engagierte Kollegen haben sich auf die Suche gemacht, in der Historie gewühlt und sind fündig geworden. Entstanden ist ein bunter Mix von Krimis mit historischem Hintergrund, der nach den Texten stets offengelegt wird. Immer wieder wird ein kurzes Blitzlicht auf Begebenheiten in einer Epoche gelegt und eine Geschichte darum gewoben. Sie werden von gestrandeten Schiffen lesen, von Sturmfluten und den ersten Besiedlungen der Inseln. Sie erfahren vom Bombenangriff auf Wangerooge, aber auch von der mondänen Seebadzeit auf Norderney.

Lassen Sie sich in längst vergangene Zeiten entführen, erleben Sie Geschichte einmal anders. Mörderischer …

Regine Kölpin, Schriftstellerin und Herausgeberin

WANGEROOGE

Wangerooge ist die östlichste der Ostfriesischen Inseln, und gilt als zweitkleinste Insel. Aus geografischer Sicht zählt sie zu den Ostfriesischen Inseln, ist aber friesisch. Denn historisch gesehen gehörte sie nie zu Ostfriesland. Auch heute noch ist sie ein Teil des Landkreises Friesland.

Zu Wangerooge zugehörig zählt auch die Minsener Oog, die allerdings nicht bewohnt ist, sondern ein Naturschutzgebiet.

Erstmals urkundlich erwähnt wird die Insel im Jahr 1306. Wangerooge galt von jeher als labile Insel und war oft von Sturmfluten gezeichnet. Von daher hat sich ihre Form häufig verändert. Dank der Küstenschutzmaßnahmen hat sich Wangerooge stabilisiert.

Bis 1570 bestand das Dorf aus etwa 50 Häusern, nach der Weihnachtsflut 1717 sanken die Bevölkerungszahlen. 1885 wurde Wangerooge in drei Teile gerissen. Auch die Flut 1962 setzte der Insel heftig zu.

1804 wurde Wangerooge zum Seebad erklärt.

Mit der Entwicklung Wilhelmshavens zur Kriegshafenstadt wurde Wangerooge ein wichtiger strategischer Punkt, auf dem Geschützbatterien aufgestellt wurden. So wundert es nicht, dass im Zweiten Weltkrieg 6000 Sprengbomben auf die Insel niederfielen.

Heute ist Wangerooge ein ruhiges und beschauliches Seebad mit wunderbaren Stränden, die Bunker sind nur noch schwer auszumachen, es gibt allerdings einen großen, der versteckt auf einem Privatgelände liegt, und einen Besucherbunker. 2004 feierte Wangerooge sein 200-jähriges Bestehen. Kuren, vor allem gegen Atemwegserkrankungen sind einer der Schwerpunkte. Die Insel ist autofrei, lediglich ein paar Elektrofahrzeuge werden zur Versorgung eingesetzt.

Liebe im Bombenhagel

Paul liegt im Dünensand, die Arme hinter dem Kopf verschränkt, und genießt die erste warme Frühlingssonne auf seinem Gesicht. Der Blick in den stahlblauen Himmel zaubert ein Lächeln auf seine Lippen. Als er vor einem Jahr nach Wangerooge abkommandiert wurde, hätte er niemals vermutet, dass ihn so viel Glückseligkeit erwarten würde.

Damals bei Kriegsbeginn war es ihm egal gewesen, wo er als Soldat seine Pflicht erfüllte. Hauptsache, der Krieg bescherte seinem Dasein ein schnelles Ende. Einige Kugeln hatten ihn auch getroffen, doch nicht so sehr wie die Abschiedsworte seines Vaters: »Junge, es ist wohl besser für uns alle, wenn du nicht zurückkommst.« Bitter stoßen ihm diese Worte immer noch auf. Zurückkommen wird er nie wieder, da konnten seine Eltern sicher sein. Er hat anderes im Sinn und er ist nicht mehr allein.

Paul schließt die Augen und seine Finger greifen in den warmen Sand, als halte er die Hand von jemandem. Ganz langsam zeichnet sein Zeigefinger ein großes E in den feinen Kies. Er ist rundherum glücklich. Einzig die dunkle Wolke Krieg schiebt sich, wie sein Vater damals, zwischen seine Liebe.

Diesmal wird ihn nichts von seinem Vorhaben abbringen. Vielleicht ist an dem Gerücht, dass der Krieg dem Ende entgegensieht, ja ein Funken Wahrheit. Oder er könnte die nächste Gelegenheit zur Flucht nutzen, er hat auch schon eine Idee: Da soll doch dieser Kriegsgefangene von der Insel gebracht werden ...

In Paul reift ein Plan, und ein Gefühl in ihm wird stark, dass er sich dringend mit einer ganz bestimmten Person treffen muss, die ihm behilflich sein kann.

Edith fasst unter die lose Holzplatte vom Schrankboden, holt ein braunes, in Leder gebundenes Buch hervor, und beginnt zu schreiben.

Liebes Tagebuch!

Heute am 24.04.1945 ist ein wunderschöner Tag, der Frühling zeigt sich von seiner besten Seite. Was man vom Krieg nicht gerade behaupten kann. Einige sagen, er ist bald zu Ende, andere tuscheln von einer Geheimwaffe, die den Endsieg bringen soll. Das einzige Ende, das ich sehe, ist das unserer Vorräte. Sogar an Munition wird gespart, wir holen die Flugzeuge nur noch vom Himmel, wenn sie in Gruppierungen auftreten, einzelne lassen wir vorbeiziehen. Gestern habe ich zufällig ein Gespräch belauscht, da hieß es, dass der Russe und die Amis sich in Berlin treffen wollen. Das macht mir Angst. Man sollte sie alle zum Teufel jagen und wieder über das Leben nachdenken. Heiraten und Kinder kriegen zum Beispiel. Am besten einen Stall voll. Ganz im Sinn des Führers. Sollte der überhaupt noch was zu sagen haben. Als mir das kürzlich bei meinem Auserwählten rausgerutscht ist, hat er laut gelacht und gemeint, ich wäre auf jeden Fall die richtige Frau dafür. Weißt du, was das bedeutet, liebes Tagebuch? Das ist sicher eine Anspielung auf den nächsten Schritt, den er wagen will. Er ist ja so süß, genauso wie die köstlichen Backwaren, die er mir oft zusteckt. Er ist schon sehr zurückhaltend, oder wohl eher schüchtern, aber das spricht auch für ihn. Schließlich habe ich mir ja diesmal auch fest vorgenommen, nicht gleich mit der Tür ins Haus zu fallen. Zu oft habe ich in der Vergangenheit gedacht, das ist der Richtige, dann immer diese Enttäuschungen. Obwohl ich den Männern gegeben habe, wonach sie verlangten. Danach war ich die Blöde, stand wieder allein da. Weil sie was Besseres gefunden hatten. Ich will mich nie wieder so ausgebrannt, schmutzig und leer fühlen. Nie wieder. Ich bin mir sicher, mein Liebster ist da völlig anders. Er ist weder aufdringlich noch anzüglich, hält sich zurück. Wie ein hochkarätiger Gentleman, mit dem man sich wunderbar unterhalten kann. Trotzdem, ich sehne mich so sehr nach einer Familie und Beständigkeit und einem Mann, der mich in seinen starken Armen hält. Mit meinen 29 Jahren tickt die biologische Uhr auch immer lauter. Gott im Himmel, ich bin ja so verliebt. Ich denke, ihm geht es ebenso. Die Herren der Schöpfung können das nur nicht immer so zeigen. Manchmal glaube ich, dass es da noch etwas gibt, das er mit sich rumschleppt. Vielleicht sind es ja die Kriegserlebnisse, die ihn nicht loslassen, oder Heimweh. Egal was es ist, ich stehe ihm mit einer großen Portion Liebe zur Seite. Etwas, das der Krieg nicht rationalisieren kann.

Für heute muss ich schließen, meine Marinemädels warten auf mich. Wir wollen die Matratzen zum Auslüften ins Gebälk vom Wohnturm schleppen, und Großreinemachen ist auch angesagt. Das gibt immer einen Heidenspaß. Danach fahre ich noch ein bisschen mit dem Fahrrad oder ich treffe mich mit ..., du weißt schon wem.

Edith malt ein Herz am unteren Blattrand, dabei verblasst die Tinte zusehends. Als sie die gemeinsamen Initialen einsetzen will, kratzt die Feder nur noch trocken über das Papier. Das Herz bleibt leer.

Er ist Franzose und ein Boulanger (Bäcker), aber kein Zauberer. Ohne Zutaten kann auch der Beste seines Fachs keine Wunder vollbringen. Für die Madeleines fehlen Zitrone, Rum und Natron. Für die Chinois gibt es keine Sahne, Vanille und Rosinen. Aber er hat sich fest vorgenommen, seinem Grand Trèsort eine Überraschung zu backen. Die Lebensmittel waren bereits öfter knapp, bis jetzt ist ihm immer noch etwas eingefallen. Beherzt greift er in die Trickkiste beziehungsweise in die Gewürzschublade und findet einen Rest Anis. »Mon duie, das Glück ist mit den Liebenden.« Nur wie lange noch? Es ist gefährlich, diese Liebe, auch wenn er als Kriegsgefangener viele Freiheiten genießt, bleibt er dennoch der Feind und nicht nur das. Aber wer denkt schon an die Gefahr, wenn er vom Küssen träumt. Das Träumen kann kein Krieg der Welt verbieten.

Mit Wasser verdünnte Milch, Mehl, Hefe, etwas Zucker, einer Prise Salz, einem Esslöffel Aniskörnchen und dem letzten Stückchen Butter bereitet er fröhlich pfeifend einen geschmeidigen Teig. Teilt diesen später in drei Teile, rollt sie zu Würsten und verdreht sie dann kunstvoll zu einem Zopf. Mit der Messerspitze ritzt er ein E in den Teig, als er einen zweiten

Anfangsbuchstaben hinzufügen will, betritt der Bäckermeister die Backstube, augenblicklich verstummt sein Pfeifen, schnell schiebt er das Backwerk in den Ofen.

Zwei Soldaten fuchteln wild mit den Armen und rufen etwas von der Flakstellung, aber Edith versteht sie nicht. Sie schmunzelt und glaubt, der Frühling ist den beiden zu Kopf gestiegen. Dann schaut sie den Kindern, vier Jungen und ein Mädel, auf der Buhne beim Angeln zu. Gleich darauf erkennt sie den Grund für die Aufregung der Männer. Sie lässt ihr Fahrrad in den Sand fallen und rennt auf die Buhne zu.

Das Flugzeug fliegt so tief, dass Edith die Kokarde identifizieren kann. Aber sie kann sich nur noch schreiend zu Boden werfen und sieht, dass die Kinder es ihr gleich tun. Dann eröffnet der Tommy das Feuer. Die Kugeln ploppen neben der Buhne ins Wasser, einige schlagen dicht neben Edith in den Sand, dabei spritzen winzige Steinchen auf ihren Kopf und rieseln ihr durch die Haare in den Nacken. Gänsehaut überzieht ihren Körper und lässt sie frösteln. Der Beschuss ist heftig, aber kurz und das Glück mit ihnen, niemand hat auch nur einen Kratzer abbekommen. Der Tiefflieger brummt noch ein wenig in ihren Ohren, danach ist es still.

Während sie den Schreck verdaut, kreischen die Rotzlöffel schon wieder fröhlich herum, und halten ihre Angel drohend zum Himmel. Ist ihnen denn nicht bewusst, dass es gerade um ihr Leben ging? Der Krieg stumpft selbst die Kinder ab. Es ist ja auch nicht der erste Angriff dieser Art. Fast täglich wird Wangerooge auf diese oder schlimmere Weise attackiert. In Ediths Magen aber breitet sich ein seltsames Gefühl aus. Zu dem ganzen Spektakel lacht die Sonne, doch der Schein trügt.

25. April 1945
Liebes Tagebuch!
Der gestrige Tag war so schön wie verrückt. Ein paar Inselkinder und ich wären fast einem Tiefflieger-Angriff zum Opfer gefallen. Es war verdammt knapp. Zwei Soldaten haben versucht uns zu warnen, aber ich hab sie einfach nicht verstan-

den. Einen Fliegeralarm habe ich nicht gehört, das lag wohl an den hohen Dünen. Ich habe immer noch ein Zittern im Bauch. Aber Schwamm drüber, es gab auch was Tolles. Ich habe meinen Schatz kurz getroffen, er war unheimlich aufgeregt und hatte es sehr eilig, aber er will, dass wir uns heute Abend um 17:30 Uhr im Bremer-Heim treffen, weil er mir unbedingt etwas Wichtiges sagen muss.

Ich glaube, es ist so weit, er will mir einen Antrag machen. Es war niedlich, ihn so aufgekratzt zu sehen. Er hatte ganz rote Wangen. Sicher plant er eine tolle Überraschung für mich. Ich kann es kaum noch erwarten.

Edith legt die Hände in den Schoß und lehnt sich zurück, schließt dabei ihre Augen und stellt sich vor, wie ihre beste Freundin ihr den grünen Myrtenkranz mit Schleier auf den Kopf legt.

Ihre Lippen formen die Worte und ein leises »Ja, ich will« verlässt ihren Mund. Sie sieht zu dem kleinen Wecker, der ihr 14 Uhr anzeigt. Dann klappt sie ihr Tagebuch zu und haucht verschwörerisch: »Später werde ich deine Seiten mit Liebesgeflüster füllen.«

Sie legt das Buch zurück in sein Versteck. Nicht ahnend, dass es dort für immer bleiben wird.

Um 14:25 Uhr desselben Tages starten in Südost-England auf 25 Flugplätzen 480 Bomber. Die Piloten sind kampfbereit und besteigen unter Jubelrufen ihre Maschinen. Der Krieg ist so gut wie vorbei, das werden sie den Deutschen jetzt mal so richtig deutlich machen. Franzosen, Kanadier und Engländer steigen mit ihren Lancaster-Halifax-Bombern und den Mosquitos in den klaren Himmel und hinterlassen ein ohrenbetäubendes Geräusch.

Er will, dass alles hübsch wird, für den wichtigsten Moment in seinem Leben. Die gelben glockenartigen Blumen findet er schön, ihren Namen mag er nicht. Trotzdem ist er stolz, dass er der Frau aus der Pastorei die Narzissen abschwatzen konnte. Obwohl sie ein Geschenk ihrer Schwester vom Festland waren. Seinem Charme zu widerstehen, ist eben nicht leicht.

»Wenn die wüsste«, kichert er leise vor sich hin. Die Kuschelecke hat er mit alten Kissen und Decken ausgelegt. Für das leibliche Wohl ist auch gesorgt, na ja, das ist auch eher Nebensache. Zufrieden reibt er sich die Hände und ist stolz auf die gemütliche Atmosphäre, die er geschaffen hat. Leider ist von dem schönen Wetter in der kleinen Kammer nichts zu sehen. Das Fenster ist mit Brettern vernagelt. Was wiederum auch neugierige Blicke abhält, das seinem Vorhaben mehr als dienlich ist.

»Angriffsziel ist Wangerooge«, kam es um 16 Uhr von der Marinehelferin Ilse und ihre Stimme zittert, als sie sagt: »Es sind viele, verdammt viele.«

Edith hat es geahnt, ihr Gefühl sie nicht betrogen. Der Vorfall gestern an der Buhne hat ein übles Nachspiel. Ausgerechnet jetzt, wo sie sich doch eigentlich auf ihr Rendezvous vorbereiten will. Nein, das darf nicht sein. Ist die Lage wirklich so ernst? Es wird ja noch nicht mal Alarm gegeben.

Edith lässt den Bleistift nervös zwischen ihren Fingern hin und her tanzen und knabbert dabei an der Unterlippe. Die Stimme von Obergefreiten Georg reißt sie aus ihrer Lethargie: »Das wird schlimm, Leute, wir haben an die 500 Bomber ausgemacht, die wollen uns rösten. Alle, die hier nicht gebraucht werden, ab in den Bunker!« Der Bleistift rollt über die Tischkante, noch bevor er zu Boden fällt, hat Edith den Raum der Signalstation schon verlassen. Ihr Weg führt nicht in den Schutzbunker.

Das schöne Wetter kann nicht über die Bedrohung hinwegtäuschen, die sich am Wangerooger Himmel zusammenbraut. Sie tritt so fest in die Pedale, dass es quietscht, als würden die Tritte dem Fahrrad Schmerzen bereiten. Eigentlich hatte sie sich ein bisschen aufhübschen wollen, bevor sie sich mit ihm trifft. Nun wird sie ihm wohl verschwitzt das Jawort geben.

Plötzlich wird ihr klar, wie irrsinnig dieser Gedanke ist. Wie kann sie nur glauben, dass alles seinen normalen Gang geht.

Viel wahrscheinlicher ist doch, dass er gar nicht am verabredeten Ort wartet, weil er auch in einem Bunker ..., und wenn ich zu früh bin? Ich habe ja noch über eine halbe Stunde Zeit.

Edith schüttelt den Gedanken von sich. Er muss einfach da sein, er muss. »Sollte ich heute sterben, dann nur in den Armen des Mannes, den ich liebe«, keucht sie über den Lenker gebeugt. Nichts anderes wird sie zulassen, Luftangriff hin oder her.

Hastig betritt Paul das Bremer Haus, die kleine Verspätung lässt das Flattern in seiner Magengrube anschwellen. Verstohlen sieht er sich um, die Luft ist rein. Schnell huscht er durch die schmale Kammertür. Viel Zeit bleibt ihm nicht.

Im nächsten Moment blickt er in die für ihn schönsten Augen der Welt. Das Lächeln, das den Mund umspielt, sagt mehr als tausend Worte. Alle Bedenken fallen ebenso schnell wie die Kleidung von ihm ab. Diese schiebt er mit dem Fuß zur Seite in die Ecke, dicht neben dem Gewehr. Dann sinkt er in die ihm entgegengestreckten Arme.

Seine Finger gleiten sanft über die weiche Haut. Ihre Hände greifen sich und krallen fest ineinander. In inniger Umarmung rollen sie über den Boden und hauchen sich Liebesschwüre ins Ohr. Er taucht seine Nase in das dunkle kräftige Haar, das sich durch den Schweiß leicht zu kräuseln beginnt, und zieht den Duft tief ein. In diesem Moment werden zwei Körper zu einem. Raum und Zeit sind vergessen und die Gefahr, die sich am Himmel zusammenbraut, nicht existent. Der Fliegeralarm in weiter Ferne.

16:50 Uhr. Der Tod fliegt in großer Formation und unaufhaltsam der Insel Wangerooge entgegen. Das Brummen der Motoren lässt die Spiekerooger nichts Gutes ahnen. Nur noch wenige Minuten und sie wissen, dass kein Gebet der Nachbarinsel noch helfen wird.

Edith kümmert das nicht, sie ist bereit, ihre guten Vorsätze über Bord zu werfen. Sie ist sich auch sicher, dass sie einen Weg finden werden, diese Insel gemeinsam zu verlassen. Ihre

Haare kleben schweißnass im Gesicht und ihr Kopf glüht. Sie lehnt sich mit dem Rücken gegen die Mauer, um kurz zu verschnaufen.

Das Dröhnen, das sich unheilvoll durch die Luft schiebt, treibt sie zur Eile.

Sie findet die Kammer wie beschrieben. Doch bevor sie eintritt, ist ihr, als höre sie Geräusche von drinnen. Das Ohr fest an die Tür gepresst, vernimmt sie ein Flüstern.

»Mon Chou Chou, davon abe isch geträumt.«

Ehe sie sich selbst fragt, wer diese Chou Chou ist, stößt Edith die Kammertür so heftig auf, dass der Griff hart gegen die Wand knallt.

Erschrocken drehen sich Paul und Etienne um und starren in das entsetzte Gesicht von Edith. Das schummrige Licht einer Laterne lässt sie anfangs nur mühsam erkennen, was sie jetzt, niemals, hatte sehen wollen. Mit weit geöffnetem Mund steht sie da und begreift nur langsam, dass für sie wieder einmal alles falsch läuft.

Paul findet als Erster zur Sprache zurück. »Edith, es tut mir leid, so solltest du das nicht erfahren. Deshalb wollte ich dich hier treffen, dir alles erklären und dich um Hilfe bitten. Weil wir von der Insel fliehen wollen. Aber du bist zu früh, viel zu früh. Du verstehst uns doch? Beste Freunde müssen zusammenhalten, oder? Edith, sag was!«

Verlegen greift Etienne nach dem Zipfel einer Decke, um ihre nackten Leiber zu bedecken. Er will etwas sagen, aber sein Gefühl warnt ihn, jetzt besser in Schweigen zu verharren. Edith schluckt den trockenen Kloß hinunter und schnappt nach Luft, bevor die Empörung aus ihr herausbricht. »Das ist ja ekelhaft, einfach widerlich, wie kannst du nur glauben, dass ich das verstehe, geschweige denn gutheiße. Ich dachte, du liebst mich, willst mich heiraten und mit mir eine Familie gründen. Stattdessen treibst du es mit diesem Franzmann, verdammt, das ist der Feind. Ich war also nur so was wie eine Tarnung für dich«, schreit Edith den beiden so heftig entgegen, dass ihr die Stimme versagt. Tränen rinnen dabei über ihre Wangen und tropfen auf die Bluse.

Während Paul sich in Beteuerungen verliert, dass es weder eine Liebesbeziehung zwischen ihnen gab, noch die Absicht auf eine Heirat bestand und das alles nur ein furchtbares Missverständnis sei, wächst in Edith ein Geschwür von purem Hass.

»Edith, bitte, ich habe mir gerade von dir Hilfe erwartet, lass uns nicht im Stich. Bedeutet dir unsere Freundschaft denn nichts?« Paul senkt seinen Blick und lehnt sich an Etiennes Schulter. Etienne kann vor Angst die Augen nicht von Edith wenden und flüstert: »Du bist zutiefst verletzt, ich verstehe das, aber Paul wollte das nicht, wirklich.«

Das Gewinsel der beiden, sie doch wenigstens nicht zu verraten, erreicht Edith nicht mehr. Ihr Blick fällt auf das Gewehr in der Ecke. Ohne Zögern ergreift sie es, legt an und feuert zwei Schüsse ab. Der Boden unter ihren Füßen bebt und Edith ist erstaunt, was einfache Gewehrschüsse für eine Kraft hervorbringen. Dann wird ihr klar, dass der Luftangriff begonnen hat. 17 Uhr zeigt Pauls Taschenuhr, die auf den Holzdielen neben seiner Hose liegt.

Edith dreht den leblosen nackten Männerkörpern den Rücken zu und geht, wie sie gekommen ist.

Draußen ist der Himmel schwarz und die Hölle offenbart ihr wahres Gesicht. Edith fühlt sich, als sei der Teufel höchstpersönlich in sie gefahren, ihr Körper zittert so stark, dass sie sich kaum auf den Beinen halten kann. Es hilft ihr auch nicht, sich einzureden, nur ihre Pflicht als Deutsche erfüllt zu haben.

Der Ekel steigt wieder in ihr hoch, diesmal gegen sich selbst. Ihr Magen krampft sich zusammen, Saures fließt in die Mundhöhle. Edith fällt auf allen Vieren in den Sand, wo ein Schwall Erbrochenes aus ihrem Mund schießt.

Um sie herum hagelt es Bomben ohne Pause. Edith kann sich noch zur St. Willehad-Kirche schleppen. Als die Tür hinter ihr ins Schloss fällt, glaubt sie sich in Sicherheit. Einen Augenblick später machen Bomben die Kirche dem Erdboden gleich.

Historischer Hintergrund

Am 25.04.1945 gegen 14:25 Uhr machen sich auf 25 Flugplätzen in Südost-England Flugzeuge für einen letzten Feindflug startklar. Die Flugzeugbesatzung betrug etwa 3.300 Mann. Sie führten insgesamt 2.176 Tonnen Bombenfracht mit sich.

482 viermotorige Lancaster und Halifaxbomber, davon 16 zweimotorige Mosquitos als Zielmarkierer, heben um 14:30 Uhr mit dem Ziel Wangerooges Küstenbatterien ab. Um 17 Uhr werfen die Royal Air Force, die Royal Canadian Air Force und der Forces aériennes françaises libres in nur 15 Minuten und 3 Angriffswellen über 6000 Bomben auf die Insel ab. Erst um 16:47 Uhr wurde der Voralarm für die Bevölkerung ausgelöst.

Am Boden starben:

– 131 Soldaten
– 121 Zwangsarbeiter und Kriegsgefangene aus den Niederlanden, Belgien, Polen, Frankreich und Marokko
– 6 Marinehelferinnen
– 21 einheimische Frauen und Kinder
– 20 Personen im Befehlsbunker starben bei einem Volltreffer

Nur 13 Tage später war der Krieg zu Ende.

Quellennachweis: Zeugnisse aus unheilvoller Zeit von Hans-Jürgen Jürgens, Wikipedia

Moa Graven

Strandgut

Da stand sie jetzt ganz alleine am Strand von Wangerooge und hielt die kleine Schatulle zwischen ihren kalten Fingern. Es war über eine Woche her, dass ihre geliebte Großmutter Birgitta Steen auf dem Inselfriedhof beerdigt worden war. Jetzt endlich hatte Britta die Kraft gehabt, in der Hinterlassenschaft der Verstorbenen zu stöbern. Es war an ihr, auszusortieren und ein paar Dinge an karitative Einrichtungen zu verschenken, denn es gab niemanden, der Interesse an dem Erbe von Birgitta Steen gezeigt hatte.

Britta starrte aufs Meer hinaus. Der Wind trocknete die Tränen, die immer wieder in den Augenwinkeln funkelten, wenn sie an ihre Großmutter dachte. Sie war der liebste Mensch in ihrem Leben gewesen. Immer hatte ihre Omima, wie Britta sie auch im Erwachsenenalter noch liebevoll genannt hatte, ein offenes Ohr für die Probleme eines heranwachsenden Teenagers gehabt und dann auch für die junge Frau, zu der sie mit den Jahren geworden war.

Britta blickte auf den Gegenstand in ihren Händen. Es war der Wunsch ihrer Großmutter gewesen, dass sie die Schatulle erst nach ihrem Tode öffnen sollte. So hatte sie es auf dem Sterbebett liegend immer wieder mit bebender Stimme zum Ausdruck gebracht. »Kind, mein Liebes«, hatte die alte Dame geflüstert und Britta mit eindringlichem Blick angesehen, »die Schatulle unter meinem Kopfkissen, nimm sie, wenn ich von euch gegangen bin und du dich stark genug dafür fühlst.«

War sie jetzt so weit?, fragte sich Britta und wischte sich eine lange dunkle Haarsträhne aus dem Gesicht. Ihr Blick verfing sich in den Wellen, die ihr Mut zuzuflüstern schienen. Langsam lief Britta den Weststrand entlang und grub ihre Füße ab und an in den Sand, um darin Kreise zu ziehen, wie sie es auch immer gerne mit ihrer Omima gemacht hatte, als sie noch ein ganz kleines Mädchen gewesen war. Es half ja nichts.

Irgendwann würde sie sich überwinden müssen. Mit einem tiefen Seufzer ging Britta auf einen Steinvorsprung nahe den Dünen zu und wischte mit der flachen Hand über die Kassette, um das schöne Moosgrün vom Sand, der sich darauf bereits abgesetzt hatte, zu befreien. Sie setzte sich auf den Stein und zog den goldenen Schlüssel, den ihre Großmutter ihr kurz vor ihrem Ende in die Hände gedrückt hatte, aus der Manteltasche und steckte den winzigen Bart in das kleine Schloss. Sie drehte den Schlüssel um und machte die Schatulle auf.

Ein wütender Sturm tobte schon seit Stunden über die Insel Wangerooge hinweg. Viele befürchteten, von einer schweren Sturmflut heimgesucht zu werden, und saßen bepackt mit den wichtigsten Papieren, verstaut in einer Handtasche oder einem Koffer, am Küchentisch und beteten. Auch Birgitta Steen hatte ihre Habseligkeiten vor sich auf den Tisch gelegt. Es war nicht viel, dachte sie und blickte aus dem Fenster. Es war auch nicht der erste Sturm, den sie auf der zweitkleinsten ostfriesischen Insel nach Baltrum erlebte. Und so machte sie sich kaum Sorgen. Sie wohnte schon seit einigen Jahren alleine nahe am Oststrand in einer bescheidenen, aber gemütlichen Kate, die sie von ihren Eltern übernommen hatte.

Ihr Vater war Leuchtturmwärter gewesen und hatte ihr etliche Dinge über das Leben zwischen Land und Meer erzählt. Sie hatte immer ein festes Band des Vertrauens umwoben, was ihrer Mutter, einer einfachen Hausfrau, stets ein Dorn im Auge gewesen war. »Du machst aus dem Mädchen noch einen Taugenichts«, hatte sie einmal mahnend gesagt, als Birgitta wieder freudestrahlend neben ihrem Vater gestanden hatte, um mit zum Leuchtturm zu laufen. »Sie wird nie lernen, was eine Frau im Haus alles zu erledigen hat«, waren oft die Worte, die sie ihrem Mann und ihrer Tochter mit auf den Weg gab. Birgitta fragte sich dann immer, was diese Qualitäten einer Hausfrau sein sollten, denn behaglich fand sie es in ihrem Zuhause nicht. Es war weder so einladend noch freundlich und sauber, wie sie es oft bei den Eltern ihrer Schulkameraden erlebte. Und dort gab es auch nicht so viele Schnapsflaschen im Haus.

Birgitta Steen seufzte und stand vom harten Küchenstuhl auf. Sie wollte ihre Gedanken jetzt nicht in Vergangenem vergraben. Auch wenn sie ihren Vater über alles geliebt hatte, so waren doch die Jahre ihrer Jugend nicht die schönsten gewesen. Ihre Mutter war irgendwann zu einer erbärmlichen Trinkerin geworden, die das nicht mehr vor Besuchern und der Öffentlichkeit versteckte. Ihr Vater hatte lange stillgehalten und gute Miene zum bösen Spiel gemacht. Aber da auch er nur ein Mann mit begrenzter Leidensfähigkeit war, hatte er sich eines Tages von seiner Frau abgewandt und sie vor die Wahl gestellt. Birgittas Mutter hatte sich für den Alkohol entschieden und war von der kleinen Insel weggezogen.

Durch ein lautes Klopfen an ihre Tür wurde Birgitta Steen aus diesen Gedanken herausgerissen.

»Birgitta, bist du zu Hause?« Das war Otto Martens, ihr Nachbar.

»Ja, komm rein, Otto«, rief sie und die Tür ging auf.

»Das ist ja vielleicht ein Wind da draußen«, sagte er und nahm seine Mütze ab, um sich das Haar zu richten.

»Meinst du, dass es noch ärger wird mit dem Wetter?«, fragte Birgitta Steen.

»Ich weiß nicht, aber ich glaube nicht. Aber man muss immer mit dem Schlimmsten rechnen, das weißt du ja.«

Wangerooge wurde nun schon seit einigen Jahren, neben den Gefahren von Sturmfluten, auch von den Kriegswirren der Naziherrschaft gebeutelt, da sie als wichtiger Stützpunkt zur See nahe der Stadt Wilhelmshaven gelegen betrachtet wurde.

»Ja, ich weiß«, murmelte Birgitta Steen, die ein wenig erleichtert war, sich dem Sturm jetzt in Gesellschaft widersetzen zu können. »Möchtest du vielleicht einen Tee?«

»Ja, das wäre wirklich nett«, antwortete Otto Martens und rückte sich einen Stuhl am Küchentisch zurecht. »Du hast deine Siebensachen schon zusammengesucht?« Er deutete auf die abgegriffene schwarze Mappe, die auf dem Tisch lag.

»Ach, das …«, Birgitta Steen schüttelte leicht mit dem Kopf. »Das habe ich ja immer bereitliegen. Für den Fall. Aber gebraucht habe ich das noch nie.« Sie musste Otto Martens nicht mehr viel erklären, sie kannten sich mehr als dreißig Jahre, wie man sich auf einer Insel kennt, wenn man sich praktisch Tag für Tag über den Weg läuft. Die beiden hatten in der vergangenen Zeit überdies engere freundschaftliche Bande geknüpft. Sie lebten jeder für sich alleine, und sie verstanden sich gut. Unterhielten sich gerne über ähnliche Themen und waren sich auch nicht fremd, wenn einmal nicht gesprochen wurde. Otto Martens hatte seine Frau durch eine heimtückische Krankheit verloren und Birgitta Steen, nun sie hatte aufgrund ihres Elternhauses nie das große Bedürfnis nach Nähe zu einem Menschen entwickeln können, mit dem es sich wirklich leben ließ.

»Bei mir zu Hause habe ich alles soweit dicht«, sagte Otto Martens. »Es scheint das Schlimmste an uns vorüberzuziehen. Die Menschen sind in ihren Häusern und warten. Was sollen sie auch sonst machen.« Es war Ende Oktober, eine Jahreszeit, in der die Inselbewohner meistens unter sich waren.

Birgitta Steen stellte die Teekanne mit einem zierlichen Blumenmuster auf ein kleines Stövchen, das auf dem Tisch stand. »Er muss noch ein bisschen ziehen«, sagte sie mehr zu sich selbst und holte zwei Tassen mit dem gleichen Muster aus dem Schrank. Dann setzte sie sich zu Otto Martens an den Küchentisch und sah gedankenverloren aus dem Fenster. Sie konnte das Licht des Leuchtturms sehen, das über das Meer und die Dünen glitt. Sie ging jetzt auf die fünfzig zu, da wurde man wohl melancholisch, dachte sie und goss den Tee ein.

Gerade als Otto Martens in seinem Tee mit viel Kluntje und Sahne herumrührte, hörten die beiden draußen einen lauteren Tumult.

»Los, schnell … alle müssen mithelfen!« Diese Stimme kannten sie, sie gehörte dem Inselpastor Heinrich Fortmann.

»Wenn der so schreit, dann ist es ernst.« Otto Martens schnappte sich seine Mütze. »Ich geh mal raus und sehe nach, was da los ist.«

»Ja, ist gut«, sagte Birgitta Steen, die noch unschlüssig war, ob sie sich weiter an ihrem Tee festhalten oder auch hinauseilen sollte. Sie stellte sich ans Fenster und sah, wie ihr Freund zu einer Gruppe wild gestikulierender Männer eilte und sich ihnen anschloss.

Es muss etwas Schlimmes passiert sein, dachte sie und setzte sich wieder an den Küchentisch. Aber was soll eine Frau wie ich denn schon machen?

Als Otto Martens nach einer halben Stunde immer noch nicht zurück war, hielt es schließlich auch Birgitta Steen nicht mehr in ihrer stillen Wohnung aus.

Eingepackt in ihren dicken Wintermantel und mit festen Schuhen ging sie nach draußen und sah sich um. Unschlüssig, wohin sie sich jetzt eigentlich wenden sollte, lief sie zunächst in Richtung Leuchtturm.

Nach ein paar hundert Metern traf sie Wiebke Flessner, die Besitzerin der größten Bäckerei auf Wangerooge. »Was ist hier los?«, fragte Birgitta Steen.

»Es hat ein Schiffsunglück am Weststrand gegeben«, antwortete die Bäckersfrau und rieb ihre behandschuhten Hände aneinander.

»Oh, ist es schlimm ausgegangen?« Birgitta Steen machte ein entsetztes Gesicht.

»Es haben alle überlebt, soviel ich weiß«, sagte Wiebke Flessner. »Wir sind jetzt damit beschäftigt, die Schiffsreisenden aufzupäppeln und Unterkünfte für sie zu suchen. Ich muss mich auch beeilen, weil ich Decken holen will. Es fehlt ja am Allernötigsten.« Und schon lief sie weiter und winkte Birgitta Steen noch einmal zu.

Das ist ja schrecklich, dachte sie und machte sich schnell auf den Weg zum Weststrand. Sie ärgerte sich, denn sie hätte schon viel früher mit Otto Martens mitgehen sollen, um zu helfen. Sie war doch sonst nicht so selbstsüchtig, dachte sie ärgerlich.

Als sie endlich dort ankam, sah sie die ganze Bescherung. Ein Segelschiff mittlerer Größe lag bäuchlings am Strand. Emsig waren die fleißigen Helfer damit beschäftigt, die Menschen aus dem Schiff zu retten und in warme Decken zu hüllen. Und da war ja auch Otto Martens. »Hallo, Otto«, rief Birgitta Steen und lief zu ihm hin. »Das ist ja furchtbar, was hier los ist.«

»Oh, Birgitta, du kommst gerade recht.« Ihr Freund zeigte auf ein kleines Mädchen, das sich ängstlich an seine Beine klammerte.

»Wer ist sie denn?«, fragte Birgitta Steen und beugte sich zu dem Kind hinunter.

»Ich weiß es nicht «, antwortete Otto Martens. »Ich bekomme keinen Ton aus ihr heraus. Ich bin mir sicher, dass du als Frau da mehr Erfolg haben wirst.« Er schob das Mädchen zu Birgitta Steen hinüber. »Ich mache mich jetzt mal auf die Suche nach weiteren Gestrandeten«, sagte er und ging davon.

»Komm mal zu mir«, lockte Birgitta Steen das dunkelhaarige Menschenkind und fasste es an der Hand. Sie zog es mit sich auf eine etwas geschütztere Seite des Schiffes, wo sie nicht so vom pfeifenden Wind erfasst wurden. »Na, willst du mir nicht deinen Namen verraten?« Birgitta Steen drückte das zitternde Mädchen fest an sich.

Große Augen sahen angstvoll zu ihr hoch. Der kleine Mund war blau vor Kälte angelaufen und Birgitta Steen hielt es jetzt für das beste, das Kind einfach mit zu sich nach Hause zu nehmen. Wem nützte es denn, wenn sie hier weiter frierend herumstand? Wer wusste schon, wann die Eltern gefunden wurden?

Sie nahm das Mädchen bei der Hand und zog es mit sich. »Komm mit! Bei mir zu Hause bekommst du erst mal einen schönen heißen Tee«, sagte Birgitta Steen und lief mit ihr los. Auf dem Weg traf sie wieder auf Wiebke Flessner.

»Wen hast du denn da im Schlepptau?«, fragte diese und blieb stehen.

»Das ist mein Findelkind«, sagte Birgitta Steen. »Ich gehe erst mal mit ihr zu mir nach Hause, sonst holt sie sich hier draußen noch den Tod.« Sie nahm die Decke, die Wiebke Flessner ihr hinhielt, und wickelte sie fest um das Kind, um es vor der Kälte und dem Wind zu schützen. »Aber es ist gut, dass ich dich treffe«, fügte sie hinzu, »denn jetzt wisst ihr ja, wo ihr die Lütte findet, wenn ihr die Eltern habt.«

Wiebke Flessner nickte. »Ja, ist gut. Du machst das schon richtig. Ich geh mal wieder runter zum Weststrand.« Die

Frauen nickten sich noch einmal zu und gingen jede ihrer Wege.

Zu Hause angekommen nahm Birgitta Steen dem Mädchen die etwas klamme Decke und die Jacke ab. Auch die Schuhe und die Socken, die mittlerweile ganz durchgeweicht waren, zog sie dem Kind aus und rieb an ihren Füßen. »Setz dich bitte an den Tisch dort«, sagte Birgitta Steen lächelnd. »Ich hole dir mal ein paar dicke Stümpfe von mir, damit du nicht mehr frierst.« Das kleine Mädchen sah sich schüchtern in dem fremden Zimmer um.

»Hab keine Angst«, sagte Birgitta Steen. »Gleich, wenn du deinen warmen Tee getrunken hast, wirst du dich besser fühlen. Und dann werden sicher auch bald deine Mama und dein Papa gefunden und alles wird wieder gut.«

Das Kind schlich vorsichtig an den Küchentisch und kletterte auf einen Stuhl. Sie ist höchstens drei Jahre alt, dachte Birgitta Steen. Ein schreckliches Erlebnis für so eine kleine Kinderseele.

Sie seufzte und lief in ihr Schlafzimmer, um die Socken und eine dicke Decke zu holen. Anschließend stellte sie Teewasser in einem verbeulten Aluminiumkessel auf den Ofen. Als die Kleine gut verpackt wieder an Farbe gewann und der Tee aufgegossen war, setzte sich Birgitta Steen zu ihr an den Tisch.

»Na, geht es dir schon ein bisschen besser?«, fragte Birgitta Steen und das Mädchen nickte. »Magst du mir jetzt sagen, wie du heißt? Ich bin Birgitta.«

Das Kind fing an mit dem Kopf zu wippen, antwortete aber nicht. Birgitta Steen fühlte sich hilflos. Sie war den Umgang mit Kindern nicht gewohnt und konnte auch nicht aus eigener Erfahrung schöpfen. Ratlos sah sie zu ihrem Küchenschrank. Nie hatte sie Schokolade im Haus, wenn man sie am nötigsten brauchte. Vielleicht tut es ja Honig, dachte sie, stand auf, und lief zum Küchenschrank. »Sieh, hier habe ich etwas Süßes für dich.« Birgitta stellte das Glas auf den Tisch. »Möchtest du ein Brot für kleine Bärenkinder?«

Das erste Mal huschte ein zartes Lächeln über das Gesicht des Mädchens. Dann nickte es. Geschafft, dachte Birgitta

Steen und nahm schnell Weißbrot, ein Brett und Messer sowie ein Stück Butter aus dem Schrank und fing an, dem Kind ein Brot zu schmieren. Als es fertig war, schob sie den Teller zu der Kleinen rüber. »Hier, für dich. Und jetzt hole ich den Tee, damit dein Bauch wieder warm wird.« Das Mädchen lachte.

»Das sagt Mama auch«, flüsterte es. »... und ich bin Britta.«

»Oh, was für ein schöner Name«, sagte Birgitta Steen und goss den Tee ein, tat Zucker und Milch dazu und rührte um. »Er klingt ja ähnlich wie meiner. Weißt du noch, wie ich heiße?«

»Nein«, sagte das Mädchen und ihr kleines Gesicht verdunkelte sich.

»Das ist nicht schlimm, so leicht ist der Name ja auch nicht zu behalten. Ich heiße Birgitta.«

Erleichtert seufzte das Mädchen auf und sagte: »Hm, Birgitta ...« Dann biss es in das süße Honigbrot. »Hast du auch Kinder?« Das Eis schien gebrochen.

»Nein, leider nicht. Aber was meinst du, du könntest mich ja Omima nennen, wenn du magst, das lässt sich leichter aussprechen.«

»Omima«, kicherte das Mädchen, »das hab ich noch nie gehört. Das ist lustig. Omima ... Omima ... Omima.« Wie einen Refrain wiederholte das Kind dieses Wort, aß von dem Brot, trank vom Tee und schaukelte auf dem Stuhl hin und her.

Britta sah nur einen weißen Briefumschlag und fragte sich, was sie erwartet hatte. Auf dem Kuvert stand »Für meine Britta von ihrer Omima«. Schon wieder musste sie schluchzen. Sie griff nach dem Umschlag, stellte die Schatulle in den Sand und zog mehrere Seiten dicht beschriebenes einfaches Briefpapier heraus. Als sie die Seiten auseinanderfaltete, wurde ihr Blick von einem Schleier dicker Tränen ganz glasig. Britta zog ein Taschentuch aus ihrer Manteltasche und wischte sie sich fort. Dann begann sie zu lesen.

Meine liebe Britta, wenn du dies liest, bin ich für immer fort. Und es schmerzt mich sehr, dass ich nie den Mut gefunden habe, noch mit dir zu Lebzeiten über das, was du nun erfahren wirst, zu sprechen. Nenn mich einen Feigling, schimpfe auf mich und verachte mich, wenn es deine Gefühle nicht anders verarbeiten können. Aber glaube mir eines, was du nun erfährst, hat nie etwas an meiner Liebe zu dir geändert.

Immer wieder blickte Britta für kurze Augenblicke auf das Meer hinaus. Sie hatte Angst, weiterzulesen, weil sie instinktiv spürte, dass das, was sie jetzt lesen würde, ihr ganzes bisheriges Leben auf den Kopf stellte.

Als ich dich im Jahr 1944 bei dem gekenterten Schiff das erste Mal sah, gab es für mich keine Frage, was zu tun sei. Ich nahm dich mit, damit du nicht weiter frieren musstest. Und dann bist du nie mehr von mir gegangen. Und das war das schönste Glück, das ich je erlebt habe, meine geliebte Britta. Ich habe dir damals ein Bärenbrot mit Honig gemacht, vielleicht erinnerst du dich noch daran.

Und ob Britta sich erinnerte, dicke Tränen rannen ihre Wangen hinab. Das Bärenbrot war zu einem Ritual ihrer Kindheit geworden.

Wir haben lange nach deinen Eltern gesucht, als endlich alle Passagiere des Schiffsunglücks bei den vielen Helfern eine Notunterkunft gefunden hatten. Es schien, als würde niemand auf dem Schiff wissen, wer du überhaupt warst. Dann, nach einigen Tagen wurde auf der anderen Seite der Insel eine tote Frau an Land gespült. Sie trug ihre Habseligkeiten in einem Lederbeutel um den Bauch geschnürt. Die persönlichen Papiere waren in einem gut verklebten Plastikbeutel verpackt, was wohl den Kriegswirren geschuldet war. Wer wusste damals schon, wo ihn das alles hintreiben konnte. Und so erfuhren wir, dass diese Frau, die Hanna Schmidt hieß, offenbar deine Mutter gewesen sein musste, denn sie hatte auch ein Bild von dir bei sich, liebste Britta. Weitere Papiere zu dir fanden wir aber nicht. Und so bliebst du schlussendlich bei mir und ich nahm dich an Kindesstatt an. Du nanntest mich stets Omima, und nun, was machte es eigentlich für einen Unterschied, dass ich nicht deine wirkliche Großmutter war? Ich hatte dich genauso lieb, als sei ich es gewesen, und vielleicht sogar noch ein bisschen mehr. Denn aus eigener Erfahrung meiner Kindheit weiß ich, wie sehr man die Liebe eines Menschen vermissen kann. Das sollte dir nie geschehen. Ja, ich habe dich immer geliebt, als seist du mein eigen Fleisch und Blut. Mein ganzes Herz gehörte dir.

Britta war hin und hergerissen, als sie dies alles las. Ihre Tränen waren getrocknet und hatten einer Neugier nach ihren Wurzeln Platz geschaffen. Sie wurde jetzt bald einundzwanzig Jahre alt, erwachsen, ein reifer Mensch, dem die Welt offen stand. Und plötzlich wurde sie durch einen Brief in eine Unsicherheit wie die des kleinen Mädchens, das sie damals am Strand gewesen war, zurückgeschleudert. Wer war sie wirklich? Sie musste weiterlesen, so weh es auch tat.

Britta, du bist auf unserer Insel herangewachsen und hast nie gefragt, wer du wirklich bist. Wie hättest du auch auf die Idee kommen sollen, dass dein Leben nur eine einzige große Lüge sein könnte. Vielleicht empfindest du es so, wenn du diese Zeilen liest. Und ich mag es dir nicht einmal verdenken. Du fühlst dich belogen und betrogen, weil wir dich hintergangen zu haben scheinen. Doch so war es nicht, und dies sage ich nicht nur zu meiner eigenen Entschuldigung, um meine Seele freizusprechen. Ich habe versucht, deine Wurzeln zu finden. Die Menschen, zu denen du rechtmäßig gehörst. Glaube mir, in den letzten Jahren der Kriegswirren war das gar nicht so leicht. Als endlich Ruhe einkehrte und wir wieder Luft zum Atmen fanden, da habe ich mich auf den Weg gemacht, um deine Vorfahren und die Verwandten deiner Mutter Hanna zu suchen. Ich fuhr nach Düsseldorf zu der Adresse, die in ihren Papieren angegeben war. Doch diese existierte schon lange nicht mehr.

Keiner in der Straße hatte je von einer Hanna Schmidt gehört. So ging ich zum Meldeamt, um mehr zu erfahren. Und tatsächlich hatte man eine Frau namens Hanna Schmidt mit den gleichen Daten registriert. Allerdings hatte sie nie ein Kind gehabt. Der Fall wurde immer mysteriöser und ängstigte mich. Doch ich suchte weiter, weil ich es dir schuldig war, meine liebe Britta.

Meine nächsten Auskünfte erhielt ich in einem Krankenhaus, wo Hanna Schmidt als ungelernte Helferin in den Kriegsjahren beschäftigt war. Man konnte damals jede Hand gebrauchen. Ich fand sogar eine Frau, die seinerzeit mit ihr auf einer Station gearbeitet hatte. Sie erinnerte sich gut an Hanna Schmidt, wusste aber auch nichts von einem Kind. Sie hatte ihre Kollegin dann irgendwann aus den Augen verloren und nie wieder etwas von ihr gehört.

Bis zum heutigen Tag, an dem ich hier auf dem Sterbebett liege, habe ich es nicht geschafft, herauszufinden, wer du wirklich bist, meine liebe Britta. Und das schmerzt mich bei meinem Abschied von dieser Welt am allermeisten. Ich trage eine Schuld in mir, weil ich mit diesen Zeilen vermutlich dein ganzes Leben aus den Angeln reißen werde, und doch kann ich nichts dagegen unternehmen. Niemals hätte ich reinen Herzens mein Leben mit dieser Lüge verlassen können.

In Britta tobten Gefühle von Mitgefühl und Wut. Sie konnte einfach nicht glauben, was sie da soeben gelesen hatte. Sie war nicht das Enkelkind von Omima? Aber wer war sie dann? Auch diese Hanna Schmidt, mit der sie offenbar auf dem gekenterten Schiff unterwegs gewesen war, war nicht ihre wirkliche Mutter? Das war alles zu viel auf einmal. Sie fühlte sich nicht mehr als sie selbst. Britta und Omima, dieses Band der Liebe, es war durchschnitten, existierte nicht weiter. Und doch war Birgitta Steen der einzige Mensch gewesen, der immer für sie gesorgt hatte.

Britta sah aufs Meer hinaus. Sie fühlte sich müde und enttäuscht. Sie faltete den Brief zusammen und wollte ihn gerade zurück in den Umschlag stecken, als sie einen kleinen

Zeitungsschnipsel darin entdeckte, der ihr vorher nicht aufgefallen war.

Kind aus Krankenhaus entführt
Am letzten Donnerstag den 12. Mai 1942 wurde in Dortmund
ein Kind nur wenige Tage nach der Geburt aus dem städti-
schen Krankenhaus entführt. Die Polizei bittet um Hinweise
nach Auffälligkeiten zu dem weiblichen Säugling, der kernge-
sund zur Welt kam.

Sollte ich dieses Kind sein?, fragte sich Britta. Warum hatte
Omima diese Notiz mit in den Brief hineingelegt? Vielleicht
war das die letzte Spur aus ihrem wirklichen Leben, zu der
Birgitta Steen nie Weiteres hatte in Erfahrung bringen können.
Aber gab es ein wirkliches Leben neben dem bisher gelebten
überhaupt?

Britta schaute lange in die sich brechenden Wellen. Ihre
Hände und Füße waren bereits blau gefroren, sie spürte sie
schon gar nicht mehr. Dann endlich stand sie auf und lief
zum Wasser. Sie zerriss die Zeitungsnotiz in kleine Fetzen und
streute sie ins offene Meer.

Historischer Hintergrund

Diese Geschichte ist rein fiktiv, könnte sich aber durchaus so
zugetragen haben, weil die ostfriesischen Inseln immer wieder
von schweren Sturmfluten heimgesucht werden. Auch wenn
Schiffsunglücke nicht häufig vorkommen, so sind sie dennoch
nicht auszuschließen und die damit einhergehenden menschli-
chen Dramen auch nicht.

SPIEKEROOG

Spiekeroog liegt zwischen Wangerooge und Langeoog und wurde urkundlich zum ersten Mal 1398 erwähnt. Sie ist, wie die anderen Ostfriesischen Inseln auch, eine Sandbank, die durch den stetigen Nordwestwind aufgetürmt wurde. So legte man auch hier das Inseldorf in der Mitte des Eilands an, weil dort die größtmögliche Sicherheit für die Menschen herrschte.

Ihren Lebensunterhalt bestritten die Familien, die Anfang des 17. Jahrhunderts dort lebten, mit Fischfang, der Herstellung von Schill (Muschelkalkgewinnung) und mit der Landwirtschaft. Später kam noch der Walfang hinzu.

Der Walfang konnte allerdings mit Einsetzen der Kontinentalsperre nicht weiter fortgesetzt werden. Ein Teil der damaligen Inselbewohner verdiente sich damals etwas mit Schmuggel hinzu, was allerdings sehr risikoreich war.

Ab 1820 kamen die ersten Badegäste nach Spiekeroog und man baute eine Pferdebahn, damit die Gäste leichter vom Anleger zum Dorf gelangten. Später wurde diese von Dieselfahrzeugen ersetzt. Als die Bark *Johanne* sank, starben vor Spiekeroog viele Menschen, weil wegen fehlender Ausrüstung nicht geholfen werden konnte. Als sich ein paar Jahre später ein weiteres Schiffsunglück ereignete, gründete man in Emden den *Verein zur Rettung Schiffbrüchiger an der ostfriesischen Küste*.

Ab 1961 galt Spiekeroog als Nordseeheilbad, 1981 wurde der neue Hafen in Betrieb genommen. Heute gilt die Insel als eine der schönsten. Sie zeichnet sich durch eine pittoreske Dünenlandschaft aus und ist autofrei.

Matthias Houben

Der Mann, der zu den Engländern geschickt wurde

Spiekeroog Anno 1810

Manno lag im harten Gras auf der Düne und kaute auf einem Grashalm.

Manno, der Dumme weil Stumme, wie er oft genannt wurde. Aber Manno war nicht dumm. Dass er nicht sprechen konnte, glich er dadurch aus, dass er mehr roch und schmeckte als andere, so wie den eigentümlichen Geschmack der Uniformmänner mit ihren singenden Stimmen, die jetzt auf der Insel waren. Süß und zugleich herb, ein Geruch, den er noch nicht gekannt hatte in all dem säuerlich schweißigen Einerlei.

»Parfüm der Franzosen«, hatte Onkel Tjarko gesagt, als er sah, wie Manno die Luft einzog und ausstieß, immer wieder, um den neuen Geschmack zu verinnerlichen.

Manchmal blieben die kleinen Kinder vor Manno stehen und riefen aus: »Manno, mach uns das Pferd!« Und der gutmütige Manno blies seine dicken Nasenflügel auf, atmete tief ein und aus, wusste, was es bei den anderen heute zu essen gegeben hatte, was er aber nicht sagen konnte.

Onkel Tjarko hatte auch gesagt, dass Spiekeroog nun nicht mehr den Holländern, sondern den Franzosen gehörte, was Manno für Unsinn hielt. Spiekeroog gehörte dem Meer, da war er sicher.

Er hatte sich tief in den Sand der Düne zwischen die Gräser gelegt, damit ihn die Blauen nicht sahen, denen schon aufgefallen war, dass Manno von recht kräftiger und stämmiger Statur war und sich hervorragend fürs Schleppen eignete.

Und das ohne jeden Widerspruch, vielleicht ab und zu ein unwilliges Grunzen ausstoßend.

Manno sah, wie sich die wenigen Männer aus dem Dorf abmühten, Steine schleppten und Holzstämme über die Pfade zur Schanze zogen. Ein großer, blauer Mann rauchte seine Pfeife und sah nur zu, während die anderen Blauen ihre Hände an dem Feuer wärmten, das sie angezündet hatten. Aus dem Topf über dem Feuer entwich der Geruch von Kohl und Fleisch, ein säuerlicher aber sämiger Duft, der Mannos Magen knurren ließ.

Manno wusste nicht, was eine Schanze war, und Onkel Tjarko hatte versucht, es ihm zu erklären, was damit endete, dass er zum Schluss nur sagte: »Das, was die Franzosen da bauen.«

Wobei es ja gar nicht die Franzosen bauten, sondern die Männer aus dem Dorf, die, die noch nicht verschwunden waren. Auf Schiffe verschleppt, als Soldaten unterwegs, für die Franzosen.

Was Manno gar nicht verstand, wie Fischer zu Soldaten werden konnten.

Onkel Tjarko hatte ihm gestern Abend befohlen, sich hier hinzulegen und zu beobachten, ob Affo erscheinen würde. Affo, der immer vor sich hinspuckte, braun und deftig, klebriges Zeug, welches wie getrockneter Tang mit warmem Lehm aussah und auch ähnlich roch.

»Kautabak von den Franzosen«, hatte Onkel Tjarko erklärt, als Manno das weggespuckte Warme in der Handkuhle verborgen anschleppte und mit hochgezogenen Augenbrauen vorzeigte.

Manno hatte heimlich daran geleckt, nur die Zungenspitze leicht damit angefeuchtet. Aber es hatte gebrannt und er musste es sofort ausspucken und die Hände mit Sand abreiben. Der kalte, beißende Geschmack begleitete ihn noch eine Weile.

Sie hatten gestern Abend in der Hütte vom alten Wilko vor dem Feuer gesessen. Manno auf dem Lehmboden mit ausgestreckten, wie immer nackten Füßen zum Feuer hin, hinter ihm Tjarko auf der morschen Kiste, in der der alte Wilko seine Dinge aufbewahrte, wie er es nannte. Der alte Wilko hatte in dem Stuhl mit den Kufen geschaukelt, der einmal am Strand gefunden worden und ihm als Tribut geschenkt worden war.

»Man muss ihm ein Geschenk mitbringen, wenn man seinen Rat hören will«, wurde allgemein gesagt. Und auf den Rat vom erfahrenen Käpt'n gaben alle viel.

Tjarko hatte gestern Abend ein Huhn mitgebracht, vom Nachbarn ausgeliehen, dem er, als es flatterte und gackerte, kurzentschlossen den Hals umgedreht hatte, wonach es schwieg wie Manno.

Er hatte, die Arme um die Knie gelegt, am Feuer gesessen und vor sich hingedöst, bis er Wilko husten hörte, was ihn wieder aufschreckte.

»Er macht's mit den Franzosen, glaub's mir.« Tjarkos Stimme hatte heiser und rauchig aufgeregt geklungen.

Wilko hatte nur beruhigend gemurmelt und Tabakspeichel aus seiner kalten Pfeife geschmatzt. Dann war das Gespräch heftiger geworden, ging ums nicht mehr Fischen können, keine Fahrten mehr nach Helgoland zu den Engländern, nichts zu essen, kaum noch was am Strand, wenn keine Schiffe stranden konnten.

Und Affo mit den Franzosen, der Tjarkos Kusine nachstellte, die er wohl selbst haben wollte, wie der alte Wilko lachend bemerkt hatte.

Das Gespräch war politisch geworden, also so, dass Manno nichts mehr verstand und nur noch ins Feuer starrte und den salzigen Rauch von Treibholz schmeckte.

Jetzt lag er hier und begann zu frieren. Er hatte die Zehen in den weichen Sand gegraben, aber dadurch wurden sie auch nicht wärmer.

»Bleib da liegen und sag mir Bescheid, wenn er wieder zu den Franzosen geht!«

Der Auftrag war klar gewesen.

Aber Affo kam nicht und Manno fror und war hungrig. Er hätte jetzt im Stall bei der Ziege schön warm liegen und seine Schätze vom Strand begutachten können. Nun lag er aber hier und wurde lahm und steif, durfte nicht gesehen werden, sollte warten, bis Affo kam. Wenn er doch sowieso kam, warum sollte Manno dann solange ausharren und frieren?

Manno beschloss, dass genug gewartet worden war und kroch langsam rückwärts die Düne herunter, richtete sich steif und halb gebückt auf, damit die Blauen ihn nicht entdeckten.

Er rannte, so schnell er konnte zu Tjarkos Haus, in dessen zugigem Stall Manno schlafen durfte, klopfte ans Fenster, hob den Daumen und verschwand rasch mit der dicken, trockenen Scheibe Brot, die ihm als Belohnung gereicht wurde, zu seinen Schätzen im Stroh.

Am Tag darauf schlenderte Manno durch den Nieselregen barfuß den Strand entlang und suchte den schmalen Rand nach Treibgut ab, das die Flut angeschwemmt hatte. Es roch leicht modrig nach nassem Tang, ab und zu wehte der Westwind den Geschmack von Rauch herüber, kaum vernehmbar, aber genug, dass Manno ihn wahrnehmen konnte.

Es gab nichts zu finden. Keine Kiste, keinen Stuhl, kein Fass mit unergründlichem Inhalt, das Manno hätte aus dem Watt ziehen können, nicht einmal ein ausgefasertes Stück Tau, achtlos und scheinbar wertlos über Bord eines Schiffes geworfen.

Der Nieselregen wurde feiner und verdichtete sich zu Nebelschwaden, die den kaum sichtbaren Dünenhang von Wangerooge verbargen.

Manno war im Osten der Dünen angelangt und schaute angestrengt auf das graue Meer hinaus, konnte aber nichts entdecken. Er drehte sich langsam und unentschlossen herum, seine nackten Füße schmerzten leicht, weil er zu lange durch das kalte Wasser und den feuchten Sand gelaufen war.

Er hätte auch gerne Schuhe gehabt wie einige auf der Insel, doch passende Schuhe waren noch nie dabei gewesen. Ein Paar Holzschuhe zwar, nur die hatte ein anderer zugesprochen bekommen. Der stumme Manno war eh immer als Letzter dran.

Sein Blick wanderte von seinen dreckigen Zehen zu den Dünen und blieb erschrocken bei dem dunklen Etwas hängen, das ab und an zwischen den immer dichter werdenden Nebelschwaden auftauchte und wieder verschwand.

Das dunkle, längliche Geschöpf bewegte sich langsam auf den Strand zu, kam aus den Dünen gekrochen, verharrte kurz, um dann ächzend weiterzukriechen. Hinterließ eine lange Scharte im Sand. Roch vertraut. Schmeckte nach Teer und Tau. Aber auch nach Schweiß und Tabak. Viel stärker aber noch nach Fisch und Tang. Manno hatte sich hingehockt und starrte dem Geschöpf entgegen.

»Schau nicht so blöd, fass lieber an!«

Tjarko richtete sich auf und winkte ihm zu.

Jetzt konnte Manno es auch erkennen, das kleine Boot von Wilko, das der nicht mehr benutzte, das immer hinter dessen Hütte gelegen hatte, mutlos darauf wartend im Kamin zu enden. Das jetzt vom schwer atmenden Tjarko durch den nassen Sand geschoben wurde.

Manno half mit und klemmte die Schulter gegen das morsche Holz, stemmte die Fersen in den Sand und begann ebenfalls zu schieben. Zu zweit ging es leichter. Sie kamen, nun in Schwung, schneller voran.

Tjarko neben ihm spuckte einmal kurz in den Sand, klebrig, braun und, wie Manno wusste, auf der Zunge brennend.

Sie schoben das Boot, bis es leicht im Wasser zu schaukeln begann. Tjarko reichte Manno das Tau, das er sich über seine Schulter gelegt hatte: »Halt's fest, bis ich zurück bin!«, und verschwand in den Dünen.

Manno blieb mit nackten Füßen im kalten Wasser zurück und hielt den Kahn mit dem Tau fest. Das Boot spürte das ablaufende Wasser und wollte mit. Besser aufs Meer als in den Kamin.

Aber Manno hielt es fest.

Er sah, wie Tjarko sich in den Dünen aufrichtete, versuchte, sich einen langen grauen Gegenstand über die Schulter zu legen, der aber zappelte und wieder runterrutschte. Tjarko holte mit einem Stock, den er aufgehoben hatte, weit aus und schlug ein paar Mal kräftig zu. Der Stock wurde wütend in die Dünen geschleudert und das lange Paket wieder geschultert. Tjarko stolperte die Dünen hinunter auf den Strand. Das Bündel war schwer. Er ließ es fallen, richtete sich auf und rückte die schwarze Mütze zurecht, schaute einmal kurz zu Manno, der nicht helfen konnte, weil sonst das Boot wegschwamm und schulterte erneut, kam mit schweren Schritten auf den Kahn zu und warf mit letzter Kraft das lange Segeltuchpaket hinein. Eine bleiche Hand rutschte aus der Persenning und wurde von Tjarko wieder hineingeschoben.

Schwer atmend stand der da, Schweißperlen liefen aus seiner Mütze die Stirn herunter, der Geruch der Anstrengung verbreitete sich und vermischte sich mit Hanf und Tuchgeschmack. Ein feiner süßlicher Mief aus dem Boot kam hinzu und schmeckte leicht nach Urin.

»Alles klar, du kannst jetzt loslassen.«

Manno ließ das Tau ins Wasser gleiten und sie sahen dem Boot zu, das erst langsam, dann immer schneller werdend in den Priel trieb. Erst weiter nach Osten und schließlich, als es kaum mehr zu erkennen war, nach Norden.

Manno fragte sich, wie lange das morsche Holz noch schwimmen würde und was das Ganze eigentlich sollte.

»Wir haben ihn nach England geschickt.« Tjarko lachte gehässig und spuckte aus.

Als er Mannos fragenden Blick sah, deutete er in den Nebel und sagte: »Da hinten, nach Helgoland, zu den Engländern.«

Sie sahen noch eine Weile in den Nebel hinaus und schwiegen. Manno, weil er nie etwas sagte und Tjarko, weil es offensichtlich nichts mehr zu sagen gab.

In den nächsten Wochen kam das Gerücht auf, das Affo bei Nacht und Nebel den Versuch unternommen habe, sich mit einem kleinen Boot, das die Franzosen nicht vermissen würden, da sie es bisher auch nicht entdeckt hatten, nach Helgoland zu den Engländern durchzuschlagen. Es setzte sich der Glaube durch, Affo würde den Engländern die günstigste Route nach Spiekeroog, die beste Landestelle, den sichersten Weg durchs Watt zeigen. Irgendwann würden sie auftauchen und die Franzosen zum Teufel jagen.

Man würde wieder fischen gehen können, niemand würde in den Dienst auf Franzosenschiffe gepresst und es würden

auch wieder Schiffe stranden und ihr Hab und Gut an Spiekeroogs Küste verteilen.

Manno hoffte immer noch, dass dann ein Paar Schuhe für
ihn abfallen könnten.

Aber zunächst mussten die Engländer ja erst einmal kommen, woran Manno echte Zweifel hegte. Er arbeitete zusammen mit den anderen am Bau der Batterie in den Dünen, verdiente sich ab und an einen Teller Suppe aus dem großen Topf
am Feuer und suchte jeden Tag den Strand nach Treibgut ab,
wobei er die Nordostspitze der Insel mied.

Als zwei Jahre später englische Schiffe vor Spiekeroog auftauchten und sich Gefechte mit den Franzosen lieferten, ohne
diese jedoch vertreiben zu können, stieg das Ansehen von Affo
bei allen Insulanern. Er selbst wurde allerdings nie mehr gesehen. Es ging das Gerücht um, dass er bei den Gefechten ver-
wundet worden und auf einem der Schiffe gestorben sei. Tjarko
sagte nichts dazu, spuckte nur in den Sand und schaute auf das
Meer, das immer noch von den Franzosen beherrscht wurde.

Manno hätte, wenn es denn möglich gewesen wäre, einiges
richtigstellen können, aber er schwieg, so wie er es immer tat.

Historischer Hintergrund

*1806 wurde Ostfriesland dem Königreich Holland und da-
mit direkt dem französischen Machtbereich zugeschlagen. Als
Département Ems-Orientale (Osterems) wurde es 1810 unmittelbar Teil des französischen Kaiserreichs. Die Insel Spiekeroog gehörte nun als Mairie Spiekeroog zum Canton Esens
im Arrondissement Jever.*

*Nach Verhängung der Kontinentalsperre 1806 wurde auch
auf Spiekeroog spätestens ab 1810 eine kleine französische
Garnison stationiert, um die Sperre zu überwachen. 1812
wehrte die Garnison den Angriff eines englischen Komman-
dos auf die französischen Stellungen auf der Insel ab.*

*Quelle: Spiekeroog, Landkreis Wittmund, Dietrich Niethack, Artikel
aus dem historischen Ortsregister von Ostfriesische Landschaft*

Andreas J. Schulte

Die spanische Muttergottes

Draußen stürmt es. Im Wind erzittert mein Pfarrhaus in seinen Grundfesten. Es gibt nicht viel zu tun bei diesem Wetter. Also habe ich zu Papier und Feder gegriffen, um endlich aufzuschreiben, wie es sich damals zugetragen hat.

Damals, vor mehr als 40 Jahren, als ebenfalls ein Orkan unsere Insel heimsuchte.

Eine Woche lang tobte der Sturm wie sonst nie im Sommer. Die Wolken verdunkelten den Himmel, brachten mitten am Tag die Nacht über Spiekeroog. Der Wind riss Dächer davon, zertrümmerte mit erbarmungsloser Wucht ein halbes Dutzend Boote. Das aufgepeitschte Meer brach sich am Strand, als wolle es die Insel verschlingen, zur Strafe für unsere Sünden.

Es war erst mein drittes Jahr hier auf Spiekeroog. Eine solche Gewalt hatte ich zuvor noch nie erlebt. Mir war, als würde die Welt untergehen und sich das Jüngste Gericht ankündigen. Die Posaunen der göttlichen Heerscharen aber wären ungehört geblieben in dem Heulen des Windes. Dabei hätten wir himmlische Gerechtigkeit in dieser Sturmwoche dringend nötig gehabt. Schließlich starb in dieser einen Woche Peter Heeren.

Noch heute kann ich nur über die Voraussicht des Allmächtigen staunen, dass Gesa auf dieser Insel lebte. Ohne Gesa Onken hätten wir alle das Leben eines Unschuldigen auf dem Gewissen und sein Blut würde an unseren Händen kleben, denn ... ach, ich greife vor. Das Alter hat mich geschwätzig werden lassen. Dabei sollte ich doch der Reihe nach berichten.

Es war also in dieser Sturmwoche, damals vor so vielen Jahren, im August Anno Domini 1588.

»Pest und Teufel, nun komm endlich, Peter! Wenn wir noch lange warten, wird es richtig Nacht. Man kann ja jetzt schon kaum weiter als bis zu den Stiefelspitzen sehen.«

Johann Scharten fluchte und schimpfte vor sich hin, doch sein Nachbar Peter Heeren stand am Rand der Dünen und starrte auf das Meer hinaus. Johann hatte recht, eine solche Finsternis am Nachmittag gab es nur bei Sturm. Was war das für ein Sturm! Peter Heeren musste sich mit aller Kraft gegen die Böen stemmen, um nicht von den Füßen gerissen zu werden. Natürlich war es gefährlich, bei diesem Wind hier draußen in den Dünen und am Strand herumzulaufen, doch der Lohn konnte größer sein als die Gefahr. Johann und Peter kannten sich von Kindesbeinen an, waren auf Spiekeroog groß geworden. Wahrscheinlich werden wir hier auch sterben, dachte Peter verbittert. Der Orkan hatte gleich in der ersten Nacht sein Boot zertrümmert. Nur deshalb hatte er sich von Johann beschwatzen lassen, nach Strandgut Ausschau zu halten. Wer konnte schon wissen, was der Sturm antrieb. Johann suchte regelmäßig, verkaufte die Fundstücke dem Krämer drüben auf dem Festland. Peter war zum ersten Mal bei der Strandgutsuche dabei. Zum Glück bin ich noch nicht verheiratet, muss keine hungrigen Mäuler stopfen, überlegte Peter bei sich. Woher allerdings das Geld für ein neues Boot kommen sollte, wusste er auch nicht.

»Was ist jetzt? Bist du da oben angewachsen?« Johanns ungeduldiges Rufen riss Peter Heeren aus seinen Gedanken. Irgendetwas hatte seinen Blick gefesselt – ein Schatten, ein Schemen, etwas Großes unten am Strand. Die Wolkenberge verdeckten die Sonne, doch einen Wimpernschlag lang glaubte Peter, etwas gesehen zu haben.

»Da unten, Johann, ich glaub, da unten ist was!«

»Dann los, Mann, was wartest du denn noch? Vielleicht sind ja Fässer von einem Schiff angespült worden.«

Peter Heeren stemmte sich gegen eine neue Sturmböe und stolperte durch den Sand hinter Johann Scharten her. Nein, sagte er sich, nein, das, was ich gesehen habe, war viel, viel größer als ein Fass.

Gesa Onken zitterte am ganzen Leib. Der Sturm machte ihr Angst. Wie gern hätte sie jetzt Tant' Frauke in ihrer Nähe gewusst, das beruhigende Schnarchen der alten Frau aus der kleinen Schlafkammer gehört. Doch Frauke war schon mittags zu Claassens gerufen worden. Bei Maria, der Frau von Michel Claassen, hatten die Wehen eingesetzt. Sturm hin oder her, Tant' Frauke hatte Maria Beistand versprochen und sie stand zu ihrem Wort. Krasch! Gesa zuckte erschrocken zusammen. Einer der Fensterläden schlug an die Hauswand. Gesa sprang auf, stürzte nach draußen, stemmte sich gegen das Holz, um den Fensterladen wieder zu verriegeln.

Zum Glück hatte der Wind den Riegel nicht herausgerissen. Angstvoll schaute die junge Frau zum Himmel. Was für eine schreckliche Finsternis. »Von der sechsten bis zur neunten Stunde herrschte eine Finsternis im ganzen Land« – Gesa Onken kannte die Bibelstelle aus den Predigten von Pastor Hillrich. Doch es war nicht das Bibelwort des Evangelisten Matthäus, das sie schaudern ließ. Es war etwas, das der Sturm hier zu ihrer Hütte trug. Böses lag in der Luft.

»Ich fass' es ja nicht. Mein Gott, der Sturm hat ja kaum etwas von dem Schiff übrig gelassen.« Johann Scharten rannte den Strand entlang.

Peter konnte nur mit Mühe Schritt halten.

»Ob es noch Überlebende gibt?«

Bei dieser Frage blieb Johann kurz stehen. »Wenn eine Seele auf diesem Trümmerhaufen noch leben sollte, wäre das ein Wunder. Ich sag' dir, für mich sieht das aus wie ein Spanier. Ich glaube, Spanier haben diese Kastelle am Heck. Und du weißt, was das bedeutet?«

Peter schüttelte den Kopf. »Nein, was?«

»Gold – wir werden reich sein.«

Die Gier ließ Johanns Stimme heiser werden. Ohne weiter auf Peter zu achten, stürmte Johann weiter. Peter Heeren wusste zwar nicht, woher Johann sein Wissen nahm, dass auf einem spanischen Kriegsschiff Gold zu finden war, aber verfluchte sich dafür, dass er sich hatte überreden lassen. Ein paar Fässer, Strandgut, das sich verkaufen ließ, das war eine Sache.

Aber gleich ein halbes Schiff – ihm war nicht wohl bei dem Gedanken, was ihn da erwartete.

Johann lief um das Wrack herum. »Verfluchter Dreck, diese Bordwände sind höher, als ich gedacht hätte. Gott, das muss ein Kriegsschiff sein, kein Kaufmann. Womöglich finden wir noch Eisenkanonen und Waffen, die uns gutes Geld bringen werden. Ah, hier geht's hoch!«

Johann hatte ein Tau in der Hand, das von der Takelage übrig geblieben war und nun über der Bordwand baumelte.

Geschickt zog er sich hoch und kletterte über die Bordwand. Peter folgte ihm. Das Wrack sah für Peter so aus, als habe ein Riese ein Schiff in zwei Hälften zerrissen und eine davon achtlos an den Strand geworfen. Ein Teil des Kastells schien seltsamerweise geradezu unberührt. Johann löste eine kleine Sturmlaterne vom Gürtel. »Da drinnen kann ich sie vielleicht anzünden, wir brauchen Licht.« Kräftig zog er an der Tür, die sich mit Schwung öffnete.

»Sei vorsichtig, wer weiß, wie lange hier alles noch hält«, warnte Peter ihn.

»Angstbüx!« Johann grinste ihn herausfordernd an und verschwand dann in der Tür. Peter zögerte, ihm zu folgen. Plötzlich sah er es. Ein Schatten bewegte sich zwischen den Holztrümmern. Ein Mensch lag da stöhnend auf den Resten des Decks. Peter räumte hastig Balkenstücke und Trümmer zur Seite. Vor ihm lag, halb bewusstlos, ein Mann. Die schwarzen Haare blutverklebt, ein sorgfältig gestutzter Vollbart bedeckte das Gesicht des Unbekannten. Der Samtstoff seines Wamses war an manchen Stellen zerrissen, einer der geschlitzten Ärmel hatte ein großes Brandloch. Trotzdem hatte Peter noch nie einen so prächtigen Stoff gesehen.

Irgendwo auf dem Wrackteil schlug etwas schwer auf den Boden auf, Peter spürte die Erschütterung. Das kam aus der Kajüte! Peter stürzte zu der Tür. Dahinter befand sich ein kleiner Raum. Im trüben Schein der Sturmlaterne sah er drei Dinge gleichzeitig: Auf dem Boden lag eine Muttergottesfigur, die gut einen Fuß groß war, daneben ein Mann, dessen Finger sich an diese Figur klammerten und Johann, der ein Stück Stuhlbein in der Hand hielt und sich über den Mann beugte.

»Allmächtiger, was hast du getan?«, stieß Peter erschrocken hervor.

»Er wollte mich angreifen, ich musste mich wehren. Was hätte ich tun sollen?«, verteidigte sich Johann, doch das wilde Funkeln in den Augen und sein von Habgier verzerrtes Gesicht straften ihn Lügen.

»Du ... du ... hast einen Unschuldigen erschlagen«, stammelte Peter. »Da draußen liegt noch einer, willst du den auch umbringen? Du Mörder!«

Peter würgte. Er musste hier raus, weg von dem Toten, weg von diesem Wrack, vor allem aber weg von Johann, der das blutverschmierte Stuhlbein immer noch in der Hand hielt.

Er drehte sich um, rannte aus dem Raum und schwang sich an dem Tau die Bordwand hinunter, dann hastete er voller Schrecken durch den Sand zurück.

Der Sturm hatte sich für einen Moment gelegt, dennoch hörte er nicht die Schritte hinter sich.

Peter blieb stehen. Er beugte sich vor, als ihm saure Galle die Kehle emporschoss. Er erbrach sich, würgte, spuckte und hatte doch nur einen Gedanken: Weg – nur weg!

Der Schlag traf ihn am Kopf, als er sich würgend vorbeugte. Ein unerträglicher Schmerz durchzuckte ihn. Das laute Knacken seines eigenen Schädelknochens war das letzte Geräusch, das er in seinem Leben hörte.

Das Hämmern an meiner Tür riss mich aus dem Schlaf. Zwei Tage und Nächte hatte ich kaum ein Auge zugemacht, jeder der konnte hatte im Dorf mit angepackt. Ich hatte Trümmer beiseite geräumt, Familien Trost gespendete – und ich hatte es mit Freude getan. Das hier war meine Gemeinde, meine Schafe, die auf mich, ihren Hirten, schauten. Für eine solche Gemeinschaft war ich von Bremen nach Spiekeroog gekommen und geblieben. Mühsam quälte ich mich aus dem Bett. Doch ich war nicht schnell genug, schon auf dem Weg zur Tür setzte das Hämmern wieder ein.

»Pastor Hillrich, Pastor Hillrich – der Spanier hat Peter Heeren erschlagen!«

»Ja doch, ich komme ja schon.«

»Pastor Hillrich!«

Jetzt erkannte ich auch die Stimme. Ulrich, der jüngste Sohn von Josef Timers, randalierte da vor meiner Tür.

Ich schob den Türriegel zurück und öffnete. Ein Windstoß traf mich im Gesicht und riss mir fast die Tür aus der Hand. »Uli, hör auf zu schreien. Ich war die letzten beiden Nächte auf den Beinen, ich will hoffen, du hast einen triftigen Grund.«

»Pastor Hillrich, der Spanier hat Peter Heeren erschlagen!«

Hatte ich also doch richtig gehört. Aber hören und verstehen sind oft zwei verschiedene Dinge.

»Uli – ich habe keine Ahnung, wovon du sprichst.«

Statt einer Antwort zog Uli mich stumm und ungeduldig am Ärmel. Ich seufzte – der Junge war augenscheinlich nicht bereit, mir weitere Auskünfte zu geben. Also schloss ich die Tür hinter mir, schob den Riegel vor und folgte ihm.

Als ich ins Dorfhaus kam, war die halbe Gemeinde anwesend. Es gab hier auf der Insel weniger als hundert Seelen zu betreuen. Natürlich herrschten auch unter ihnen Streit, Missgunst und Neid, aber alles in allem waren die Inselbewohner eine eingeschworene Gemeinschaft. Fremde hatten es da nicht leicht. Ich war ihr Pastor und hatte doch Monate gebraucht, bis sie mich abgeschätzt und in ihrer Mitte aufgenommen hatten. Jetzt aber, jetzt schlugen mir Angst und Hass entgegen. Sie lagen in der Luft wie der Fischgeruch am Hafen, die unterdrückte Wut traf mich wie der Wind, der ums Haus heulte.

»Ah, der Herr Pastor! Gut, dass Ihr kommt. Ihr könnt den Peter noch segnen, bevor wir seinen Mörder draußen aufknüpfen.« Jupp Barmsens, einer der Dorfältesten, zeigte mit zitterndem Finger auf zwei Körper, die man auf Tischen aufgebahrt hatte. Eine mitleidige Seele hatte Decken über sie gebreitet. Zwei Tote? Meine Ratlosigkeit wurde immer größer. Da hörte ich ein unterdrücktes Stöhnen und meine Ratlosigkeit verwandelte sich in Erstaunen. In einer Ecke kauerte ein Fremder. Gesa Onken säuberte gerade eine Wunde an seinem Kopf. Johann Tesken und seine beiden ältesten Söhne beobachteten das Ganze misstrauisch. Mit dicken Knüppeln in ihren Händen bewachten sie den Fremden, jederzeit bereit, zuzuschlagen.

»Komm, Gesa, lass gut sein. Hör auf, seine Wunden zu versorgen, der hat das nicht verdient. Der gehört geprügelt und aufgeknüpft. In zehn Minuten ist der Hals von dem länger als von 'ner Mastgans. Dem verpassen wir gleich 'nen Hanfkragen.« Johann Teskens Hohn ließ Gesa zusammenzucken. Der Fremde dagegen schien kein Wort verstanden zu haben, doch der Tonfall der Drohungen reichte aus, dass er sich in seinen Fesseln wand. Seine dunklen Augen irrten hin und her, suchten voller Verzweiflung nach einem Ausweg.

Barmsens schnaufte neben mir empört: »Ja, Herr Pastor, schaut nur hin. Da kauert der Hundsfott, der unseren Peter erschlagen hat.«

»Aber wer ist der zweite Tote da drüben?«, fragte ich.

»Das ist noch so ein Spanier.«

»Vielleicht erzählt mir jemand mal von Anfang an, was hier passiert ist«, bat ich.

Barmsens zeigte zu Johann Scharten hinüber. Der saß auf einer Bank mit einem Becher in der Hand.

»He, Johann, erzähl unserem Pastor, was geschehen ist.«

Johann blickte hoch. Die anderen Dörfler kannten seine Geschichte schon, trotzdem rückten sie neugierig näher. Schreckliches war geschehen und so etwas ereignete sich nun mal nicht alle Tage auf Spiekeroog.

»Also, ich hab' es ja schon den anderen erzählt, Herr Pastor«, begann Johann, »es ging auch alles sehr schnell. Der Peter und ich, wir wollten nach Treibgut Ausschau halten, das man beim Krämer verkaufen kann. Weil Peters Boot doch zertrümmert war, bat er mich, ihn mitzunehmen. Am Strand lag ein halbes spanisches Schiff. Peter wollte sofort nachsehen, ob da was zu holen wäre. Er klettert also als Erster rauf. Als ich nachkomme, ist er schon in einer Kajüte verschwunden. Ich dachte, ich schau lieber zuerst, ob es noch eine arme Seele gibt, die meine Hilfe benötigt. Aber der Tote da drüben war der Einzige, den ich auf dem Wrackteil finden konnte. Dann höre ich plötzlich einen Schrei. Ich stürze in die Kajüte und seh', wie der Dreckskerl da in der Ecke sich über unseren Peter beugt, das Holz, mit dem er ihn niedergestreckt hat, noch in der Hand. Na ja, ich konnte ihn überwältigen, hab' ihn gefesselt und dann hab' ich erst Peter ins Dorf getragen und nachher haben wir die Sau geholt, die ihn erschlagen hat. Tja, mehr gibt es da wohl nicht zu erzählen.«

Ein spanisches Schiff an unserem Strand? War das die Möglichkeit? Ich hatte Schiffe aus Spanien im neuen Weserhafen Bremens gesehen, aber das waren Handelsschiffe gewesen. Immerhin so viel wusste ich: Der Fremde, der dort gefesselt am Boden kauerte, war tatsächlich Spanier. Seine ganze Kleidung, sein schwarzes Haar, der Bart, die dunklen Augen – kein Zweifel, so hatte ich die spanischen Offiziere von damals in Erinnerung.

»Ja, das hab' ich noch vergessen, hier, die Figur hatte Peter neben sich liegen.« Johann Schartens Stimme riss mich aus meinen Erinnerungen. Er deutete auf einen Tisch. Ich schaute hin und erstarrte. Auf einem alten Leinensack stand eine Muttergottesstatue. Maria, die ihren geliebten toten Sohn in den Armen hielt. Groß war die Figur nicht – etwas mehr als einen Fuß hoch – aber sie strahlte Schönheit und Würde aus. Der Blick Marias war gedankenverloren starr in die Ferne gerichtet. Ihr rotes Kleid war mit goldenen Blüten und einem Goldsaum geschmückt. Eine Kostbarkeit: Kunstvoll geschnitzt und bei ihrer geringen Größe doch wunderbar in allen Einzelheiten. Ich hatte das Gefühl, gleich würde die Gottesmutter den Leichnam ihres geschundenen Sohnes zu Boden geleiten lassen und sich erheben.

»Dann wollte Peter Heeren die spanische Muttergottes mitnehmen?«, fragte ich. Ich konnte mir Peter so gar nicht als Wrackplünderer vorstellen. Johann Scharten wich meinem Blick verlegen aus.

»Wer kann wissen, was Peter genau wollte. Der Hundsfott da vorne hat ihm ja vorher das Lebenslicht ausgelöscht. Zum

Glück konnte ich den Drecksack überwältigen.« Scharten warf sich in die Brust. »Mit mir, Auge in Auge, konnte der spanische Hund es dann doch nicht aufnehmen.«

Ein paar Dörfler brummten beifällig und schlossen den Kreis um ihren Gefangenen noch enger.

Ich kümmerte mich nicht mehr um sie, sondern trat zu den beiden Toten. Ich schlug die Decke der ersten Leiche zurück – der Spanier. Beim Anblick seines blutigen Schädels zuckte ich zusammen und musste unwillkürlich würgen. Schnell murmelte ich ein kurzes Gebet für die Seele des Unglücklichen, deckte ihn wieder zu und wandte mich dann dem toten Peter Heeren zu. Neben ihm auf dem Tisch lag ein gedrechseltes, blutverkrustetes Stuhl- oder Tischbein. Das Mordwerkzeug – keine Frage. Ich bemühte mich, die schreckliche Wunde an Peters Kopf nicht zu beachten, doch während ich ein »Vaterunser« für den Toten murmelte, glitt mein Blick immer wieder zurück zu dem klaffenden Loch, den verkrusteten Hautfetzen. Der Schlag hatte Peters Schädel fast gespalten. Ich schloss gequält die Augen. Welche Bestie war nur zu einem solchen Schlag fähig? »Genug gebetet, Herr Pastor. Wollt Ihr zuschauen, wenn wir die Sau draußen hängen?«

Johann Tesken und seine Söhne erwarteten wohl keine Antwort. Sie rissen den Spanier vom Boden hoch, andere Händen griffen zu, stießen ihn vorwärts, Fäuste trafen ihn, ließen ihn stöhnend zusammenknicken.

»Halt, in Gottes Namen, halt. Ihr könnt doch nicht einfach ein Leben auslöschen«, rief ich entsetzt. Was war nur aus meinen Gemeindemitgliedern geworden? So kannte ich sie gar nicht, selbst die Gesichter der Frauen waren hassverzerrt. Magda Tyrs spuckte dem Gefangenen angewidert ins Gesicht.

»Wir lassen nur Gerechtigkeit walten«, brüllte Johann Tesken durch den Raum. »Los, wir tun es für Peter.«

Ich wandte mich ab, das wollte und konnte ich nicht gutheißen.

Die Menge drängte den Gefangenen nach draußen. Die Tür des Dorfhauses schlug zu und dann war ich allein mit meiner Verzweiflung und den beiden Toten. Allein? Ich schrak zusammen, eine schmale Gestalt trat zu den beiden Leichen. Gesa Onken war mit mir zurückgeblieben. Ohne Scheu, ja, mit beinah lebhafter Neugierde musterte sie zuerst Peters Gesicht und anschließend seine Kopfwunde. Runzelte die Stirn und beugte sich noch tiefer vor, sodass ihre Nase kaum zwei Finger breit von der Wunde entfernt war.

»Gesa, was tust du?«

»Schscht! Gebt mir einen Augenblick.« Das war der erste Satz, außer einem Gruß, den ich seit Wochen aus Gesas Mund gehört hatte. Ihre Stimme klang alt, älter als sie sein durfte und so bestimmt, dass ich jeden weiteren Tadel vergaß.

Zu meinem Entsetzen griff Gesa mit Daumen und Zeigefinger zu und fischte etwas aus der Wunde.

»Ha, da seht mal!« Gesa hielt mir einen blutigen Splitter vor die Nase.

»Ich – ich weiß nicht, was das ist, Gesa. Gott im Himmel, du solltest den Toten ihren Frieden lassen und nicht in ihren Wunden herumstochern«, würgte ich hervor.

Gesa schüttelte nur ungeduldig den Kopf, nahm das gedrechselte Holzstück in die Hand. Schlug mit der anderen die Decke des toten Spaniers zurück.

Was hatte diese junge Frau nur vor?

Die Antwort erhielt ich Augenblicke später. Gesa wirbelte zu mir herum. »Schnell, Herr Pastor, sie töten da draußen einen Unschuldigen. Sputet Euch, wir müssen einen weiteren Mord verhindern.«

Und bevor ich auch nur einen Gedanken fassen konnte, rannte Gesa an mir vorbei, hinaus in den abflauenden Sturm.

Als wir zu der großen Dorfeiche kamen, war es fast zu spät. Ein Seil hing über einem der größten Äste, Johann Teskens Söhne hielten das Ende des Seils fest in den Händen. Ihr Vater und Jupp Barmsens hielten den Spanier fest, der mehr als einen Kopf kleiner war als sie und sich in seinen Fesseln wand. Mehr als ein dünnes, verzweifeltes Wimmern konnte er nicht von sich geben. Jemand hatte ihm einen Knebel in den Mund gestopft. Johann Scharten zog dem Gefangenen gerade die Schlinge über den Kopf und schob mit einem Ruck den Knoten hinten am Hals zu.

»Aufhören, sofort aufhören!« Nie hätte ich gedacht, dass Gesa Onken eine so kräftige Stimme haben könnte. Sie klang energisch, schnitt durch das Gemurmel der Menge wie ein heißes Messer durch Butter. Unwillig drehte sich Johann Scharten um.

»Gesa, was zum Teufel willst du? Scher dich weg, geh Kräuter für deine Tante suchen – das hier geht dich nichts an.«

»Aber mich geht es etwas an«, unterbrach ich ihn. Ich schloss einmal kurz die Augen, um mich zu sammeln. Warum vertraute ich auf Gesas Urteil? Weil ich es nicht ertragen konnte, dass ein Mensch auf diese Weise sterben sollte. In meiner Stimme lag genau der Tonfall, den ich mir sonst nur für die Sonntagspredigt aufhob. »Im Namen unseres Herrn! Ihr werdet jetzt diesem Spanier die Schlinge vom Hals nehmen und ihn als Gefangenen zurück ins Dorfhaus bringen, um anzuhören, was Gesa zu sagen hat. Danach entscheidet über sein Schicksal.«

Auf den ersten Gesichtern machte sich Unsicherheit breit, ein Zögern. Nur die Männer, die unmittelbar bei dem Spanier standen, wollten nicht von ihrer Beute lassen. Wie ein Rudel Hunde, dem man drohte, die besten Fleischbrocken unter der Nase wegzunehmen, knurrten sie mich wütend an.

»Josef Barmsens, du willst deiner Seele sicher nicht das Blut eines Unschuldigen aufladen«, donnerte ich. »Und du, Johann, wie wirst du je wieder Ruhe finden, wenn sich herausstellen sollte, dass du Unrecht getan hast? Du und deine Söhne!«

Jupp Barmsens zögerte noch einen Moment, dann zuckte er mit den Schultern und löste die Schlinge vom Hals des Spaniers. »Hören wir uns an, was der Pastor zu sagen hat. Der spanische Hund läuft uns ja nicht davon.«

Mein Problem war, dass ich nichts zu sagen hatte. Der Spanier landete wieder in der Ecke, bewacht von Teskens Söhnen. Die Dörfler standen im Halbkreis um mich herum. In ihren Gesichtern spiegelte sich halbverrauchter Zorn, Neugierde und ... ja, in einigen sah ich auch Erleichterung.

»Also, dann los, Herr Pastor. Der Kerl baumelt noch nicht. Noch nicht – jetzt seid Ihr dran.«

»Ich …«, die Unsicherheit schnürte mir den Hals zu. Was sollte ich nur sagen? Dass mich Gesas Eintreten für den gefangenen Spanier erleichtert hatte? Dass mein Gewissen freudig jeder Unterbrechung zugestimmt hätte? Mir war, als würde sich um meine eigene Kehle langsam ein Hanfstrick zuziehen.

»Ich wollte nicht … ich dachte …«

»Er war es nicht! Der Spanier da drüben ist unschuldig!« Alle Augen richteten sich auf Gesa, die mit stolz erhobenem Kopf dem aufkeimenden Ärger der Dörfler standhielt.

»Genau, Gesa glaubt, dass ihr alle unrecht habt«, ergänzte ich rasch, dankbar darüber, etwas sagen zu können.

»So? Und warum?«, fragte Jupp Barmsens lauernd.

Ich lächelte Gesa aufmunternd zu. »Na los, sag es ihnen! Es liegt jetzt bei dir.«

Gesa nickte kurz und trat dann zwei Schritte vor.

»Ich hab' mir die Wunde an Peters Kopf angesehen. In der Wunde fand ich das hier.« Gesa hielt mit spitzen Fingern etwas hoch. »Das ist ein Stück Muschel. In der Wunde sind noch mehr Muschelsplitter, ihr könnt nachsehen, wenn ihr wollt.« Ein paar Frauen verzogen angewidert das Gesicht, ansonsten blieb der Raum stumm vor Ratlosigkeit.

Gesa schnaubte ungeduldig. »So schwer ist das wirklich nicht. Peter wurde am Strand niedergeschlagen, in einer Kajüte können weder Muschelsplitter noch Sand in seine Wunde gekommen sein.«

»Ich musste ihn zweimal hinlegen, als ich ihn ins Dorf trug«, warf Johann Scharten trotzig ein. »Peter ist schwer gewesen.«

»Das mag sein«, erwiderte Gesa ungerührt. »Der Muschelsplitter war aber tief in der Wunde. Die Muschel wurde mit Wucht in die Wunde gedrückt.«

Gesa zeigte mit dem Finger auf das gedrechselte Holz. »Der Spanier hat die gleichen Wundabdrücke wie Peter, beide wurden mit diesem Holz da erschlagen. Aber bei Peter zeigen die Abdrücke des Holzes deutlich, dass die Wunde von hinten schräg nach vorne zum Kinn geht, bei dem Spanier ist sie dagegen fast gerade.«

Gesas Blick suchte meinen. Was in aller Welt wollte sie damit sagen? Gesa sah meine Verständnislosigkeit.

»Der gefangene Spanier müsste also beide umgebracht haben, erst seinen Kameraden, dann Peter.«

»So wird es gewesen sein. Jawohl, die Sau hat zwei Seelen auf dem Gewissen«, schrie Johann Scharten und sein Gesicht lief vor lauter Wut und Empörung rot an. »Los, Jupp, sag doch auch mal was! Wie lange sollen wir uns denn noch diesen Unfug anhören, den dieses Weibsbild in die Welt setzt?« Schartens Stimme wurde schrill, zu schrill in meinen Ohren. Und ich sah, wie die ersten Dörfler von ihm abrückten.

Gesa ließ sich nicht aus der Ruhe bringen. »Der Gefangene ist klein, viel kleiner als Peter und etwas kleiner als sein toter Kamerad. Wenn er ihn getötet haben soll, müsste dessen Wunde von hinten nach oben zeigen.« Gesa verdeutlichte mit ihrer Handkante an ihrem Kopf, was sie meinte. »Der Spanier wurde von einem deutlich größeren Mann erschlagen, deshalb traf ihn das Holz fast gerade am Schädel. Und Peter? Er wurde am Strand ermordet, wo Muscheln und Sand in die Wunde kommen konnten und er wurde ebenfalls von einem größeren Mann getötet. Möglicherweise, als er sich nach vorne beugte. An seinen Lippen kleben noch Reste von Erbrochenem. Warum sollte sich Peter in der Kajüte erbrechen? Vor lauter Glück, dass er die Muttergottes gefunden hat?« Gesas Spott ließ Johann Scharten zusammenzucken.

Wieder deutete Gesa mit ihrer Handkante einen Schlag an der Schläfe an. »Peter hat sich vorgebeugt, nur deshalb zeigt die Wunde schräg nach vorne. Diese beiden Wunden, das Erbrochene und die Muschelsplitter passen nicht zu deiner Geschichte, Johann Scharten.«

Erstaunt ließ ich mir ihre Ausführungen noch einmal durch den Kopf gehen. Wie gebannt starrten wir Gesa Onken an. Diese junge Frau, die ich gar nicht richtig kannte, machte mich sprachlos.

Jupp Barmsens bewegt sich als Erster. Er nahm das gedrechselte Holz zur Hand, an dem man genau erkennen konnte, welches Ende die Köpfe der Toten getroffen hatte. Scheinbar wie in Gedanken hob er das Holz und führte es in der Luft zu einem Schlag, erst zu einem größeren unsichtbaren Gegner, dann zu einem am Boden liegenden Körper. »Bei Gott, Gesa hat recht, sie ...«

Weiter kam er nicht, denn mit einem Aufschrei stieß Johann Scharten zwei Frauen, die neben ihm standen, zur Seite, schnappte sich die spanische Muttergottes und stürzte aus der Tür. Draußen wurde ein Riegel vorgeschoben. Die ersten Dörfler rannten ihm nach, warfen sich gegen die Tür, doch die ächzte nur in den Angeln.

Gesa schaute grimmig zur Tür. »Wie ich schon sagte: Peter und der andere Tote wurden von dem gleichen Mann erschlagen und das war nicht der Gefangene da drüben in der Ecke.«

Es dauerte mehr als eine halbe Stunde, bis wir mit vereinten Kräften und mit Hilfe einer schweren Eichenbank die Tür des Dorfhauses aufgebrochen hatten. Natürlich fanden wir von Johann Scharten keine Spur, sein Boot war verschwunden.

So viele Jahre sind nun vergangen seit diesem einen stürmischen Tag. Ob der Allmächtige Scharten für seine Taten gerichtet hat? Ich weiß es nicht. Man fand sehr viel später die Trümmer eines Bootes drüben an der Küste. Nie wieder hörten wir auf der Insel oder bei unseren Besuchen auf dem Festland etwas von ihm. Natürlich ließen wir den Spanier frei, er schrieb ein wenig Latein, so konnten wir beide uns verständigen. Bevor er Spiekeroog verließ, stiftete er mit Goldstücken ein Ehrengrab für seinen toten Kameraden, und hinterließ so viel Geld, dass hier auf der Insel wohl auch noch in Generationen nach mir der tote Spanier in Ehren gehalten wird. Peter wurde auf unserem Friedhof begraben und in seine Gruft legte ich drei spanische Münzen, die hatte er sich verdient.

Gesa Onken blieb nur noch ein Jahr auf Spiekeroog, die Insel wurde zu klein für sie. Wohin diese kluge, junge Frau ging, habe ich nie erfahren.

In den letzten Jahren ist nur noch selten über Johann Scharten und das, was sich damals ereignet hat, geredet worden. Fast alle, die dabei gewesen waren, sind mittlerweile gestorben oder haben Spiekeroog verlassen.

Ja, Johann Scharten war ein Mann, der aus Habgier zum zweifachen Mörder wurde. Aber er war kein Mann ohne Gewissen. Warum ich das weiß? Weil ich an jenem Tag vor so vielen Jahren abends vor meiner Tür einen alten Leinensack fand.

Ich habe es für mich behalten, in all den Jahren. Habe keiner Menschenseele von diesem Schatz erzählt. Wenn ich aber sterbe, werde ich die Muttergottes meinem Nachfolger hinterlassen, sie wird in unserer Inselkirche ihren Platz erhalten.

Auch ein Priester hat seine Schwächen. Ich bin auch nur ein Mensch, kein Heiliger. Und so erfreue ich mich hier im Kerzenlicht an ihrem Anblick, während ich all das niederschreibe und draußen der Sturm heult. Sie gehört mir, mir ganz allein, meine spanische Muttergottes.

Historischer Hintergrund

Die Geschichte der spanischen Armada, die im Sommer 1588 die Briten das Fürchten lehren sollte, ist hinlänglich bekannt. Der spanische König plante die Invasion Englands und den Sturz Elisabeths I. – doch es kam alles ganz anders.

Von den rund 130 spanischen Kriegsschiffen kehrten am Ende nur noch 68 Schiffe nach Spanien zurück. Auf ihrem Rückweg sind – aufgrund von schweren Stürmen – Schiffe bis an die norwegische Küste getrieben worden. Dass aber ein spanisches Flaggschiff vor Spiekeroog gestrandet sein soll, habe ich auch erst bei den Recherchen zu dieser Geschichte erfahren. In der alten Inselkirche Spiekeroogs kann man auf einem schmalen Wandbord die Muttergottesstatue bewundern, die von diesem spanischen Schiff stammen soll. Die kleine Kirche selbst wurde 1696 gebaut und ist damit – so kann man nachlesen – die älteste Kirche der ostfriesischen Inseln. Natürlich gab es auch schon vor 1696 Kirchen auf Spiekeroog. Die erste lag wahrscheinlich im Nordwesten der Insel, die zweite wurde 1625 erbaut, dort, wo heute das Haus Norderloog 17 steht. Mir gefiel die Idee, dass die Muttergottesstatue erst eine Zeit lang an einem privaten Ort verborgen aufbewahrt wurde.

In der Inselkirche hat man 1869 bei Grabungen vor dem Altar ein Grab gefunden, in dem ein spanischer Stoßdegen neben einem männlichen Skelett in der Erde steckte. Der Degen befindet sich allerdings nicht mehr auf Spiekeroog, sondern soll im Jahr 1883 nach Hannover verkauft worden sein. Außerdem wurden auf dem Inselfriedhof spanische Münzen entdeckt. Genug Hinweise dafür, dass die kleine Muttergottesstatue tatsächlich von einem spanischen Schiffswrack stammen könnte.

Wie aber gelangte ein Stoßdegen in ein Grab und Münzen auf einen Friedhof? Ich habe mir meine eigene Antwort darauf ausgedacht und für Sie aufgeschrieben.

Hannelore Höfkes

Das Dünengeheimnis

Der Wind spielt mit Wiebkes blonder Haarsträhne, die er aus ihrer Kapuze gezerrt hat. Den Versuch ihre Tränen zu trocknen, hat er längst aufgegeben. Sie starrt zusammen mit der großen, bronzenen Statue über die weite Dünenlandschaft zum Meer hinaus. Dunkle Wolken ziehen vorbei und vereinen sich am Horizont mit der See.

Spiekeroog im November, so trist und trübe spiegelt nur wider, wie sich Wiebke seit einigen Tagen fühlt.

Diese Reise hatte sie mit ihrer Mutter unternehmen wollen, um die Familiengeschichte zu erkunden, der seit Generationen die unglaublichsten Geschichten anhafteten.

Aber das Schicksal hatte andere Pläne gehabt. Bis zum Schluss hatte ihre Mama auf dem Sterbebett den Namen der Insel geflüstert und dabei geheimnisvoll gelächelt. Das Gefühl, sie wollte ihr noch eine wichtige Botschaft zukommen lassen, ließ Wiebke nicht los.

Sie hatte gehofft, sich hier zu erholen und Antworten zu finden. Aber seit sie die Fähre verlassen hat, treiben sie Kopfschmerzen und schlaflose Nächte in den Wahnsinn. Um sich abzulenken, schaut Wiebke durch das Aussichtsfernrohr und betrachtet die Wellen, die kleine Schaumkronen vor sich hertreiben. Plötzlich ist die Linse schwarz, ein Frauengesicht blitzt auf, aus dem sie blaue Augen anstarren. Dasselbe Gesicht, das durch ihre Träume geistert.

»Verflucht nochmal«, schreit Wiebke auf, »was ist nur mit dieser Insel los?« Sie weicht zurück und greift nach Halt suchend ins Leere. Sie geht in die Hocke und kniet sich auf das Steinpflaster. Kräftig presst sie ihre Finger an die Schläfen und massiert diese in kreisenden Bewegungen. Sie ballt die Hände zu Fäusten und trommelt damit auf ihre Oberschenkel, als könne sie so den Schmerz und das Bild aus ihrem Kopf vertreiben.

Tatsächlich lässt der Schmerz etwas nach. Als Wiebke sich wieder aufrichtet, sieht sie den Utkieker stur seines Amtes walten. Wie er so dasteht, mit beiden Händen an der Stirn, fühlt sie sich von ihm verspottet.

»Was glotzt du so, du langer Lulatsch, du hast ja keine Ahnung, was ich durchmache, seit ich deine komische Insel betreten habe! Ich will doch nur etwas über meine Vorfahren wissen, ordentlich durchschlafen – und ich will meine Mutti zurück.« Tränen rinnen an ihrem Kinn hinunter und tropfen auf den Anorak. »Du dürres Klappergestell könntest mir ja wenigstens verraten, was das alles zu bedeuten hat.«

Wiebke schüttelt den Kopf und erkennt die Sinnlosigkeit, von einer Skulptur eine Antwort zu erwarten. Sie sieht sich nach allen Seiten um, erleichtert stellt sie fest, dass diese Unterhaltung keine Zeugen hatte. Obwohl Wiebke das Gefühl beschleicht, nicht allein zu sein. Vielleicht sollte sie doch besser nach Hause fahren.

Mit dem Jackenärmel wischt sie die Tränen fort, nimmt dem Wind sein Spielzeug und stopft ihre Haarsträhne zurück in die Kapuze. Noch im Gehen hört sie die Stimme ihrer Mutter »Spiekeroog« flüstern.

»Ja, Mama, ich bleib ja hier«, flüstert Wiebke zurück.

Sie kehrt der Skulptur den Rücken, kreuzt den Slurpad und folgt dem kleinen Dünenweg. Über ihr kreischt eine Möwe und der Wind zischelt durch das Dünengras. Ihre einzigen Begleiter für den späten Nachmittag.

Am Ende des Weges will sie diesem rechts weiter folgen. Als die Möwe über ihr schreiend zum Sinkflug ansetzt und vor ihren Füßen landet, stoppt Wiebke ihren Schritt, will langsam an dem Federvieh vorbeigehen. Doch das Tier breitet seine Flügel aus und versperrt ihr wild kreischend den Weg.

»Sag mal, was ist denn in dich gefahren, hast du die Vogelgrippe oder was?«

Die Möwe legt den Kopf schief und blinzelt ihr zu. »Na gut, du hast gewonnen, geh ich eben in die andere Richtung!« Das glaubt ihr zu Hause kein Mensch.

Als Wiebke sich nach dem Vogel umdreht, ist er weg. Kurz darauf sieht sie ihn wieder über sich kreisen. Sie kann ihre Füße kaum noch heben. Der Schlafentzug fordert seinen Tribut. Bevor sie sich für einen Weg entscheidet, sieht sie am Ende des Tranpads, wie die eigenwillige Möwe schon auf sie wartet.

Als sie näher kommt, läuft diese aufgeregt vor ihr her. Neugierig folgt Wiebke ihr im bereits schummrigen Licht, bis zum Drinkeldodenkarkhof. Dort fliegt die Möwe auf die verwitterte Holzbank, legt den Kopf auf die Seite und kreischt, dass Wiebkes Ohren schmerzen.

Will der Schreihals mich etwa zum Hinsetzen auffordern? Während sie noch darüber nachdenkt, dieser wenig charmanten Einladung nachzukommen, blickt sie auf ihre staubigen Schuhspitzen. Als sie wieder zur Bank sieht, ist der Flattermann nicht mehr da. Nicht einmal einen Flügelschlag hatte sie vernommen. Wiebke ist zu müde, um sich weiter darauf einzulassen, sie lässt sich auf die Sitzfläche plumpsen, streckt ihre Beine und lehnt sich zurück.

Ihr Blick heftet sich auf die Gedenktafel der Heimatlosen, die mit Kreuz und Anker dem Vergessen trotzt, dass die Dreimastbark *Johanne* und 77 Seelen einst vor Spiekeroog ein grausames Ende fanden. Auch Wiebkes eigene Vorfahren mussten hier ihre letzte Ruhe gefunden haben. Sie kennt die Inschrift der Tafel sehr genau. Gerade das Datum jagt ihr kalte Schauer über den Rücken. Der 6. November jährt sich morgen zum 160ten Mal. Außerdem ist es ihr Geburtstag.

Die bevorstehende Nacht erinnert sie wieder an die fürchterlichen Albträume, heute wird sie auf jeden Fall wach bleiben.

Wiebke stöhnt leise und schwingt ihre Beine auf die Sitzfläche, stützt ihren Kopf mit dem Arm an der Rückenlehne ab und atmet tief durch. Nur ein bisschen verschnaufen, dann geht's weiter, es ist ja auch schon spät. Außerdem wollte sie noch die Geschichtsbücher wälzen. Wiebke bemerkt, dass der Wind sich dreht. Sie lauscht dem Glucksen der Wellen …

Die Wellen klatschten an die Schiffswand der nagelneuen Dreimastbark *Johanne*, als wollten sie ihr sagen, dass sie den Anker lichten sollte. Am Morgen des 2. Novembers 1854 sah Kapitän Johann Diedrich Oldejans über die Reling ins Wasser und hatte es damit nicht ganz so eilig. Die See brütete was aus, das spürte er in seinen Gliedern, da machte ihm keiner was vor. Einige kleine Stürme hatten ihr Gesicht schon gezeigt, aber dabei würde es nicht bleiben.

Es war die Jungfernfahrt der *Johanne*. Wie würde sie am Wind liegen, wie die hohen Wellen nehmen? Die lange Reise nach Baltimore barg viele Gefahren. Mit einem Schiff, dessen Fahreigenschaften er gar nicht einschätzen konnte, fühlte sich Oldejans sichtlich unwohl. Er musste auf die Auswahl seiner dreizehnköpfigen Mannschaft vertrauen, dass sie gehorsam seinem Befehl folgte und fleißig ihren Aufgaben nachging. Alles andere war gut organisiert. Verpflegung, Wasser, Medikamente, Ersatzteile und Feuerung waren verstaut.

Im Zwischendeck richteten sich die 216 Auswanderer, so gut es eben auf dem engen Raum ging, ein. Auch für diese Menschen war es die erste Fahrt. Ihnen war nicht bewusst, auf was sie sich da eingelassen hatten. Die Seekrankheit wurde oft unterschätzt. Dazu kam die schlechte Luft, wenn sie bei starkem Seegang tagelang nicht an Deck konnten. Kindergeplärr, Streitereien, Toben und Lachen würde an den Nerven zerren. Frauen und Männer waren, selbst bei Toilettengängen und Körperpflege, ständig den Blicken anderer ausgesetzt.

Kapitän Oldejans kreuzte seine Arme hinter dem Rücken und ging mit bedächtigem Schritt über das Deck. Noch einmal ließ er seine Augen über die See schweifen, der Wind aus Südost war günstig. Er sah auf seine Taschenuhr, die acht Uhr anzeigte. Zeit den Befehl zu geben, jetzt den Anker zu lichten und Segel zu setzen.

Leevke stapfte durch die Dünen, der feuchte Sand bremste ihre Schritte immer wieder aus. Sie fasste mit der Hand an ihren Rücken, bog sich leicht nach hinten und blickte zum Himmel. Der Wind hatte sich gelegt und kam aus Südost, sie hoffte, dass es so blieb. Niemand durfte von ihrem Versteck wissen. Vor allem der Bauer nicht. Sie wusste nicht, wann und wie lange sie hier ausharren musste, aber sie spürte, es würde bald geschehen.

Wie hatte es nur so weit kommen können? Wenn ihre kranke Mutter damals geahnt hätte, dass Bauer Habbo Brunken sein Versprechen, gut für sie zu sorgen, so schändlich brechen würde, hätte sie sich sicher anders entschieden. Ihrer Mutter, Gott hab sie selig, machte sie keinen Vorwurf, ihr war nichts anderes übrig geblieben, nachdem der Vater am Marschenfieber gestorben war und die Krankheit auch die Mutter nicht verschont hatte. Es gab keine Verwandten, zu denen Leevke hätte gehen können.

Sie hatte ihrer Mutter auf dem Sterbebett versprochen ein folgsames Mädchen zu sein, und nahm die Arbeit bei der Familie Brunken gerne auf. Mit ihren damals vierzehn Jahren konnte sie schon recht gut zupacken und scheute auch das frühe Aufstehen nicht.

Die kleine Insel Spiekeroog inmitten der großen See machte ihr Angst, aber ihre Bewohner waren umgänglich, auch wenn die Bäuerin sie nicht allzu herzlich aufgenommen hatte. Der Bauer gab sich anfangs bescheiden freundlich, des Nachts aber zeigte er sein wahres Gesicht. Seine Frau Taalke bekam das nicht mit.

Endlich erreichte Leevke ihren Unterschlupf, der sich zwischen zwei Dünen befand. Mit einem alten Eimer und ihren Händen hatte sie über Wochen daran gearbeitet, sie entfernte die Holzabdeckung von der Höhle und legte ein Stück Schaffell hinein. Leevke betrachtete ihr Werk mit gemischten Gefühlen, sie konnte nur hoffen, dass der Sand nicht nachgab. Vielleicht sollte sie doch noch ein paar Bretter auftreiben, um die Seiten abzustützen. Aber jetzt hatte sie keine Zeit, um darüber nachzudenken.

Das hatte Kapitän Oldejans befürchtet. Kaum lag das Festland hinter ihnen, nahm der Wind beständig zu und hatte in der Nacht auf Südwest gedreht. Trotzdem hatte er den Kurs noch halten können. Doch nun kam der Sturm aus Nordwest. Regen und Graupelschauer erschwerten zunehmend die Sicht. Oldejans musste wegen der heftigen Böen mehrere Segel streichen, andere setzen und den Kurs ändern.

Unter Deck bereute so mancher, die Reise angetreten zu haben. Mütter versuchten, ihre Kinder dicht an sich zu drücken. Zwischen Klagen und Beten verfielen einige in starres Schweigen. Andere ergaben sich der Übelkeit. Erbrochenes, Urin und Exkremente kippten aus den Eimern, verteilten sich auf dem Schiffsboden und vermischten sich zu einem bestialischen Gestank. So kämpfte sich die Bark, deren Position nördlich vor Norderney war, mühsam durch den 3. November.

Am darauffolgenden Sonnabendmorgen flaute der Sturm ein wenig ab. Die Passagiere und die Besatzung atmeten auf. Das Oberdeck wurde wieder hergerichtet, das Zwischendeck ebenfalls aufgeräumt und gesäubert. Der Wind drehte nun wieder auf Südost, fasste in die vollen Segel und nahm den alten Kurs auf.

Leevke hatte nicht gut geschlafen, müde hob sie ihre schweren Beine von der Bettstatt, die sich in einer kleinen, abgetrennten Ecke des Stalls befand. Der Wind hatte ordentlich an den Fensterläden und der Stalltür der Bauernkate gerüttelt. Doch ihre Sorge, die Dünenhöhle könnte Schaden genommen haben, trieb ihr den Angstschweiß auf die Stirn. Sie musste sich in Geduld üben, es war nicht leicht, sich unbemerkt davonzuschleichen.

Sie verrichtete ihre Notdurft in einem Eimer, so sparte sie sich den Weg nach draußen zum Abtritt, zumal ihre Blase immer öfter auf Entleerung pochte. Auf diese Weise ließ sich auch verhindern, dass die Hausherrin misstrauisch wurde, die es gleichfalls zum Örtchen zog. Die bange Frage, wie lange sie ihr Geheimnis noch verbergen konnte, schob sie beiseite.

Beim Melken stützte Leevke ihren Kopf gegen den Bauch der Kuh. Die Wärme, die von dem Tier ausging, tat ihr gut und spendete ein wenig Trost. Sie schloss die Augen und dachte an die Zeit mit ihrer Mutter vor zwei Jahren. Wie sehr es ihr fehlte, von ihr liebevoll »mein Herzchen« gerufen

zu werden. Den Namen verdankte Leevke einem herzförmi-
gen Muttermal.

Als plötzlich die raue Hand von Bauer Brunken in ihre Bluse glitt und die schwieligen Finger ihren Busen fest umschlos-
sen, hätte sie fast den Milcheimer umgestoßen. »Pass doch
auf, du dumme Göre, träum nicht rum, beeil dich lieber, bist
heute spät dran.« Leevke biss sich auf die Lippen und stöhnte
leise auf.

»Deine Brüste sind ja praller als das Euter der Kuh, ich hab
dir gesagt, was zu tun ist, wenn es so weit ist, vergiss das nicht.«
Die letzten Worte hauchte er mit seinem heißen Atem in ihr Ohr
und strich dabei mit seinem Mund über ihre Wange.

Leevke machte sich steif und gab keinen Mucks von sich.
Wenigstens ließ er seit einigen Nächten von ihr ab. Morgen
am Sonntag würde sie mehr Zeit für sich haben. Dann konnte sie letzte Vorbereitungen treffen. Sie raffte ihre Röcke und
machte sich ans Tagwerk.

Der Schreck über die turbulente Nacht steckte einigen tief
in den Gliedern. Während manche glaubten, das Schlimmste überstanden zu haben, war Kapitän Oldejans sicher, dass
es nicht die letzte Katastrophe bleiben würde. Argwöhnisch
schaute er über das Meer. Fast zärtlich strich seine Hand über
die Reling. »Hast deine Sache recht gut gemacht, mein Mädchen«, flüsterte Oldejans, der genau wusste, dass sein flaues
Gefühl im Magen nicht vom Sturm her rührte. Er schüttelte
den Kopf, um die düsteren Gedanken darin zu vertreiben.

Auf dem Weg in seine Kajüte zogen die nächsten Wolken
am Firmament zusammen. Und Baltimore war noch weit entfernt. In der Nacht zum Sonntag, den 5. November, drehte der
Wind wieder auf Nordwest und nahm in kurzer Zeit an Heftigkeit zu. Starke Böen peitschten die raue See, bis sie Sturm-
stärke erreichte.

Die *Johanne* befand sich nun ungefähr fünfzehn Kilometer
westlich von Helgoland. Wieder ließ der Kapitän mehrere Segel streichen. Ein Matrose wurde beim Festmachen der Bramsegel über Bord gerissen. Die Wogen verschlangen ihn.

In Wellen trieb der Schmerz vom Rücken in den Bauch, dass Leevke der Atem stockte und ihr Tränen in die Augen trieb. Es durfte noch nicht sein. Nicht jetzt, nicht bei diesem Sturm.

Sie hatte nicht gelogen, als sie über Übelkeit und Bauchschmerzen geklagt hatte, um Familie Brunken nicht zum Gottesdienst begleiten zu müssen. Nun blieb ihr etwas Zeit, aber sie musste sich trotzdem beeilen. Das Unwetter machte ihr Vorhaben schier unmöglich, und doch blieb ihr keine andere Wahl.

Leevke legte ein Messer, eine Schnur, etwas Brot und das Medaillon mit dem Bild ihrer Mutter auf einen alten Lumpen, gab noch einige Tücher dazu und zurrte alles zu einem Bündel zusammen. Band sich ein Kopftuch um und knotete das Schultertuch fest vor ihre Brust.

Sie holte tief Luft, drückte kräftig gegen die Stalltür und versuchte diese zu öffnen. Der Wind hielt dagegen und zeigte ihr schon hier ihre Grenzen auf. Leevke trat mit dem Fuß gegen die Holzstreben, was nichts brachte, außer einem stechenden Schmerz in ihrem rechten Zeh. Selbst wenn sie die Tür aufbekäme, sie würde sie nicht mehr schließen können. Sie musste die Seitentür im Vorderhaus auf der windgeschützten Seite nehmen.

Kaum hatte Leevke die Nebentür hinter sich geschlossen, erfasste sie eine Sturmböe und drückte sie gegen die Hauswand. Der kalte Regen schlug ihr wie eine Ohrfeige ins Gesicht. Die Wolken hingen so tief und schwarz am Himmel, als wollte die Welt untergehen. Sollte der Sturm sie doch einfach ins Meer wehen! Dann müsste sie das Furchtbare nicht tun, was der Bauer von ihr verlangte.

Keuchend schleppte sich Leevke durch die Sandhügel. Immer wieder zwangen sie die heftigen Böen und Krämpfe in die Knie, bis sie keine Kraft mehr zum Aufstehen hatte und das letzte Stück kriechend zurücklegte. Leevke war erleichtert, als sie sah, dass ihr Unterschlupf unversehrt war.

Völlig durchnässt und entkräftet verschanzte sie sich in ihrer Höhle. Hier wurde ihr schmerzlich bewusst, wie allein sie war. Erfahrung und Beistand fehlten ihr ebenso wie die Laterne, die sie im Stall vergessen hatte. Nun war sie von Dunkelheit umhüllt. Sie schluchzte so sehr, dass ihr Körper sich zu schütteln begann.

Die Passagiere wurden mehr als durchgeschüttelt.

Unaufhörlich stürzten die Wassermassen auf das Schiffsdeck und drangen ins Innere. Das ständige Abpumpen konnte eine Katastrophe nur kurzweilig verhindern.

Den ganzen Sonntag verbrachten die Reisenden in den engen Zwischendecksräumen. Es roch nach Exkrementen und Angst. Die Gebete fanden genauso wenig Gehör wie die Flüche.

Gischt und Wellen machten Kapitän Oldejans die Sicht unmöglich, er war nicht mehr in der Lage, die Bark zu manövrieren. Der Orkan nahm das Schiff wie ein Spielzeug und trieb es mit großer Geschwindigkeit nach Süden, dem Eiland zu.

In der Nacht drehte der Wind auf Nordnordwest und erreichte Orkanstärke. Am Morgen des 6. November türmten sich Berge von Wellen über dem Schiff auf und warfen es von einer Seite auf die andere. Die oberen Segel rissen von den Masten. Das Tauwerk wirbelte von den Rahen. Hagel prasselte vom Himmel, der in Schneeschauer überging und jedwede Orientierung zunichtemachte. Die reißende Strömung trieb die *Johanne* schnell der Brandungszone vor den Inseln zu.

Die Ladung ging über Bord, manches rutschte über Deck und zerfetzte die Schutzbekleidung der Kajüten. Plötzlich stieß die Bark mehrmals auf den Grund, wobei das Loskiel wegriss und das Schiff an Stabilität verlor. Starke Böen drückten die Bark vor den Strand der Insel Spiekeroog, wo sie den an- und ablaufenden Brandungswellen ausgeliefert war und sich auf die Seite warf. Der Großmast durchschlug beim Abkippen die Oberdeckskajüte und zermalmte wahllos seine Opfer. Die gewaltigen Wassermassen spülten die armen Seelen, die verzweifelt um ihr Leben kämpften, über Bord. Die Passagiere im unteren Deck schleuderten durch den Kajütenraum und schrien ihre Todesnot aus sich heraus. Kinder riefen nach ihren Müttern.

»Mama, es tut so weh.« Leevke umfasste ihren harten Bauch, bäumte sich auf und schrie, wie sie noch nie in ihrem Leben geschrien hatte. Dann fiel ihr Körper schlaff zurück. Das schwache Licht, das durch die Ritzen der Abdeckung brach, ließ sie den Morgen erkennen. Schon vor Stunden war ein Schwall Flüssigkeit aus ihr herausgeschossen. Aber die Geburt ging einfach nicht voran. Mit jeder Wehe wuchs ihr Hass auf Habbo Brunken und seine Frau, die ihre beiden Kinder in einem warmen Bett zur Welt gebracht hatte und das beim dritten ebenfalls tun würde.

Doch ihre Angst galt dem mit dem Stein gefüllten Jutesack, in dem sie später ihr Baby ertränken sollte. Obwohl sie dies lieber ihrem Peiniger antun würde. Leevke zweifelte, ob sie überhaupt zu solch einer Grausamkeit fähig war.

Zu allem Übel löste sich immer mehr Sand von den Seiten und der Decke. Hatte sie sich ihr eigenes Grab geschaufelt? Und wenn schon, was machte das jetzt noch aus, das hier würde sie sowieso nicht überleben.

Doch dann überwältigte sie wieder dieser Schmerz, der sie zu zerreißen drohte. Ihre Finger krallten sich in den Jutesack zu ihrer Rechten, die linke Hand bohrte sich in den Sand. Sie presste mit der noch letzten verbliebenen Kraft. Ihr Kopf schwoll an und glich einer glühenden Kugel, die jeden Moment platzen konnte.

Dann gab der Druck in ihren Lenden nach und zwischen ihren Beinen flutschte der blutverschmierte Säugling auf die spärlich ausgelegten Tücher. Dort lag er still und bewegte sich nicht.

Die Schreie derer, die von den eisigen Wellen verschlungen wurden, verstummten auf ewig. Die Hilfeschreie der Überlebenden und Verletzten erreichten die Spiekerooger, die sich allesamt am Strand einfanden, und dem Grauen hilflos gegenüberstanden. Sie verfügten über kein Rettungsboot und mussten abwarten, bis der Sturm sich legte. Einigen der Inselbewohner gelang es, den einen oder anderen Schiffbrüchigen, der es in Strandnähe geschafft hatte, aus dem Wasser zu ziehen. Doch der Schock traf die Helfer tief, wenn sie nach einer sinkenden Hand griffen und nur einen abgetrennten Arm erwischten. Der Tod hatte erbittert zugeschlagen und nicht einmal die Kinder verschont.

Erschöpft blieb Leevke liegen, erleichtert, dem Schmerz endlich entkommen zu sein. Stille breitete sich aus, selbst der Hagel trommelte nicht mehr gegen die Höhlenabdeckung. Augenblicklich setzte sie sich auf, hob das winzige Mündel zu sich in den Schoß, durchtrennte mit dem Messer die Nabelschnur und band es mit der Schnur ab.

Ungläubig starrte sie die leblose Gestalt an und schrie: »Kind, mach die Augen auf, ich tu dir nichts, wirklich.« Leevke streichelte das kleine Gesicht, Tränen rannen an ihrer Nase hinab.

Hatte sie doch die ganzen Monate geglaubt, ein Monster unter ihrem Herzen zu tragen, das der Bauer ihr eingepflanzt hatte und nicht zu ihr gehörte. Aber nun erkannte sie das Muttermal am Unterarm des Kindes, genauso wie sie eins hatte. »Bitte, bitte, lieber Gott, mach, dass meine Tochter lebt!«

Aber es rührte sich nicht. So blieb ihr keine andere Wahl, als zu glauben, dass Gott sich der Seele ihres Kindes angenommen hatte.

Fruchtwasser und Blut hatten den Untergrund zu einem matschigen Brei werden lassen, dem der Sand immer mehr nachgab. Wie in Trance ergriff sie das Stück Schaffell, legte ihr kleines Mädchen hinein und umwickelte es mit dem Kopftuch.

Kaum war sie aus der Dünenhöhle gekrabbelt, sackte diese in sich zusammen und begrub ihre Habseligkeiten.

Sie mochte ihr Kind nicht hier in ungeweihten Boden verscharren. Vielleicht sollte sie es doch dem Meer übergeben. Sie drückte die Kleine fest an sich, als sie durch die Dünen stolperte. Der Sturm hatte sich gelegt, trotzdem fegte immer noch ein eisiger Wind über die Insel. Leevke aber glühte, und dicke Schweißperlen rannen ihr von der Stirn.

Als sie vom Dünenkamm zum Strand hinunterblickte, sah sie das gestrandete Schiff und wie die Insulaner Menschen aus dem Wasser zogen. Mit einem Seil gesichert, sprangen ein paar Mutige in die Fluten, um zu retten, was zu retten war. Ohne Rücksicht auf ihr eigenes Leben. In diesem ganzen Wirrwarr spendeten die Spiekerooger nicht nur warme Decken und Trost. Sie kümmerten sich auch um die Toten.

Vor Leevkes Augen begann das Geschehen zu verschwimmen. Müde fiel sie auf die Knie, ihr Kleines immer noch im Arm.

Als sie den leblosen Körper eines Mannes entdeckte, der unterhalb der Düne am Strand lag, sah Leevke eine Möglichkeit, doch etwas für ihre Tochter tun zu können.

Dem Schiffbrüchigen, dem sie ihr Kind unter die dicke Jacke geschoben hatte, war das Gesicht zerschmettert worden. Leevke nahm das nicht wahr. Tränen hatte sie auch keine mehr. Alles, was sie ihrem Mädchen noch geben konnte, war die Hoffnung auf ein christliches Begräbnis und das Versprechen, es immer in ihrem Herzen zu tragen und nie zu vergessen.

So unbemerkt, wie sie den Strand betreten hatte, verschwand sie auch wieder in den Dünen.

Das Ziehen in ihrem Bauch traf sie heftig und unvorbereitet und ließ sie glauben, ein weiteres Kind gebären zu müssen. In wilder Panik griff sie unter ihren Rock und fühlte das warme Blut, das aus ihr herausströmte. Sie musste durchhalten, nur noch wenige Schritte, die Bauernkate lag direkt vor ihr.

Habbo Brunken ärgerte sich über die schlecht aufgewickelten Taue. Nun wo die Zeit drängte, musste er dieses Durcheinander erst entwirren. Dabei ging es da draußen um Leben und Tod. Die Laterne erhellte den Stall nur mäßig, was seine Arbeit nicht erleichterte. Ein eisiger Luftzug ließ ihn innehalten. Als er sich umdrehte, sah er Leevke, wie sie ihn in ihrem erbärmlichen Zustand mit irrem Blick anstarrte.

»Wie ich sehe, bist du den Bastard losgeworden. Hast dir ja lange Zeit gelassen. Taalke fühlt sich nicht gut, der Sturm hat sie ganz schön mitgenommen, sie hat sich mit den Kindern schlafen gelegt. Sieh mal nach ihnen. Wasch dich aber vorher, du siehst ja zum Fürchten aus. Und mach um Gottes willen die Stalltür zu. Ich muss zum Strand, da ist ein Schiff in Seenot geraten.«

Habbo wendete sich wieder seiner Arbeit zu, bückte sich, um das Tauwerk aufzuheben. Den schwachen Schatten der Axt nahm er nicht wahr. Als er vornüber ins Stroh stürzte, streifte seine Schulter die Laterne, die mit zu Boden fiel. Gierig fraßen die Flammen die trockene Streu.

»Kommt her, schnell, hier liegt noch einer.« Die Bäckersfrau schlug beide Hände vors Gesicht, zu furchtbar war der Anblick. Der armen Seele war nicht mehr zu helfen. Sie erschrak, als sie ein Wimmern vernahm, und wollte sich schon abwenden, doch dann bemerkte sie die dicke Wölbung unter der Jacke des Toten.

Beherzt fasste die Bäckersfrau hinein und nahm das Bündel in den Arm. Dann rannte sie zwei Frauen entgegen, die ihr zu Hilfe eilen wollten. »Seht mal, der kleine Wurm hier lebt noch. Der Vater ist tot.«

Die Kuh trat unruhig auf der Stelle, nachdem Leevke den Strick gelöst hatte, stürzte sie durch die offene Stalltür ins Freie. Keuchend schleppte sich die junge Frau in die Wohnkammer, schloss die Tür hinter sich, nach der schon die Feuerzungen leckten, und lugte durch die Butzentüren. Taalke saß mit dicken Kissen gestützt an die Rückwand gelehnt und schlief. Ihr Bauch wölbte sich stark hervor, hob und senkte sich gleichmäßig mit jedem Atemzug.

Neben ihr lagen die beiden Kinder, ebenfalls im Tiefschlaf. Jan nuckelte an seinen Daumen, wobei der kleine Zeigefinger auf dem Nasenrücken ruhte. Gesine hielt ihre Stoffpuppe an sich gedrückt. Ungerührt schloss Leevke die Türen und schob den Riegel vor.

Weißer Rauch breitete sich in der Kammer aus. Leevke hustete heftig, krümmte sich und schlang die Arme um ihren Leib. Das blutgetränkte Kleid klebte an ihren Beinen. Ohnmächtig sank sie zu Boden.

Der Wind schürte die Feuersbrunst und das Haus brannte bis auf die Grundmauern nieder.

Wiebke schreckt hoch und tastet neben sich nach dem Nachtlicht. Langsam gewöhnen sich ihre Augen an die Dämmerung.

Erst jetzt wird ihr bewusst, wo sie sich befindet. Gott, was für ein Albtraum. Ein kühler Wind streift ihre Wangen, und sie zieht sich ihre Kapuze tiefer ins Gesicht. Plötzlich durchfährt Wiebke eine Hitzewelle. Sie greift an ihren Unterarm, schiebt den Ärmel nach oben und starrt auf ihr herzförmiges Muttermal.

Historischer Hintergrund

Am 28. Oktober 1854 lag die nagelneue Dreimastbark Johanne an der Mole von Geestemünde und wurde unter Führung von Kapitän Johann Diedrich Oldejans und der dreizehnköpfigen Mannschaft seeklar gemacht. Das Ziel war die Ostküste von Baltimore.

Vom 29. - 31. Oktober richteten sich die 216 Auswanderer auf eine Reisedauer von 50 - 70 Tagen unter Deck ein.

Nachdem Kapitän Oldejans am 2. November in der Wesermündung den Anker lichten ließ, begann die Fahrt in die noch ruhige See. Das änderte sich schnell, ein heftiger Sturm setzte schon am 3. November ein.

Der 5. November war bereits so stürmisch, dass ein junger Matrose, bei dem Versuch, das Bramsegel festzumachen über Bord ging. Er konnte nicht gerettet werden.

Am verhängnisvollen 6. November 1854 strandete die Bark Johanne vor Spiekeroog.

Von den 216 Passagieren fanden 77 den Tod. Davon wurden 37 auf den dafür eigens angelegten Drinkeldodenkarkhof am 9. November 1854 beerdigt. 8 Frauen, 3 Männer und 3 Kinder konnten nicht identifiziert werden. Das Schicksal der restlichen 40 Toten liegt wohl für immer auf dem Meeresgrund.

Der Kapitän und seine nur noch zwölfköpfige Besatzung konnten lebend geborgen werden.

Quellennachweis:
Schiffstragödie vor Spiekeroog
Verfasser, Johannes Meyer-Deepen

LANGEOOG

Langeoog gehört zum Landkreis Wittmund, hat einen 14 Kilometer langen Sandstrand, und ist von Bensersiel aus zu erreichen. Markante Punkte der Insel sind Flinthörn im Südwesten und Osterhook im Osten.

Erstmals urkundlich erwähnt ist Langeoog 1398.

1651 durchbrach die *Petriflut* Langeoog, die Weihnachtsflut 1717 riss sie schließlich in zwei Teile. Drei Jahre später lebte niemand mehr auf der Insel, weil die Sturmflutschäden zu groß waren. Wiederansiedlungen scheiterten zunächst.

Auch Langeoog durchlebte die napoleonische Zeit und wurde 1813 wieder preußisch. Zu der Zeit kam der erste Badegast auf die Insel, der Seebadtourismus ging aber zu Beginn nur schleppend voran. Erst als ein regelmäßiger Fährverkehr stattfand, belebte sich der Tourismus, vor allem als 1901 die Pferdebahn für die Gäste in Betrieb genommen wurde und sie zum Kloster Loccum brachte.

Während des Zweiten Weltkrieges war Langeoog eine Luftwaffenbasis.

Als bedeutende und geschätzte Persönlichkeit gilt Lale Andersen, die Zuflucht auf dem Sonnenhof am Ortsrand gesucht hatte. Ihr Grab befindet sich auf dem Dünenfriedhof, eine Statue steht in der Nähe der Kaapdüne.

1949 erhielt Langeoog die Anerkennung als Nordseeheilbad. Heute ist Langeoog eine autofreie, beschauliche Insel mit wunderbaren Rückzugspunkten und immer eine Reise wert.

Regine Kölpin

»Um Neid ist keiner zu beneiden«
(Wilhelm Busch)

Langeoog, im Winter 1636

Der Nordweststurm wehte über die Insel *Langeoch*. Die Dünengräser bogen sich unter den Böen, dunkle Wolken verdunkelten den Himmel und würden bald Schnee über die Insel speien.

»Auf uns kommen schwere Zeiten zu«, sagte Hauke Voss und sah besorgt zu seiner hochschwangeren Frau und der achtjährigen Tochter Gretje, die sich mit der Handspindel versuchte. Der Flachs aber schnitt ihr ständig die Fingerkuppen ein. Das Befeuchten mit Spucke brachte nur kurzfristig Erleichterung. Besser half Milch, nur die war in Zeiten wie diesen kostbar und Gretjes Mutter wollte nicht einen Tropfen verschenken.

Es reichte alles weder zum Leben noch zum Sterben, obwohl Gretjes Familie viele Dinge hatte, die die anderen nicht besaßen. Die anderen: Das waren die sieben weiteren Familien auf Langeoog, die noch weniger als Gretjes Familie wussten, wie sie den nächsten Tag überstehen sollten. Vor allem jetzt im Winter war der Hunger ihr ständiger Begleiter, doch in den übrigen Jahreszeiten darbten die Insulaner auf ähnliche Weise. Der Gemüseanbau gestaltete sich wegen des sandigen Bodens als äußerst schwierig, für die Viehhaltung fehlten Geld und Weideflächen. Ein wenig Erleichterung brachten nur Frühling und Sommer.

Gretjes Familie war gut bekannt mit dem Inselvogt Melchior Edden Grammers. Das brachte ihnen so manchen Vorteil ein. Außerdem besaßen sie eine Kuh, wenngleich sie von magerer Statur war. Vor allem den Sibbelts war die Familie Voss ein Dorn im Auge. Jens Sibbelt hatte ein steifes Bein und war deshalb nicht in der Lage zum Fischen rauszufahren. Er konnte auch die Muschelschalen nicht mehr aufs Festland bringen.

Die Familie wollte jedoch nicht fortziehen, denn um so vieles besser wäre die Lage woanders ebenfalls nicht. Hier hatten sie wenigstens ein Dach über dem Kopf.

Die Schillgewinnung war ohnehin nur mit einem geringen Einkommen belohnt. Aus den Schalen der Muscheln wurde Kalk gebrannt und die Steuern auf den ans Land gebrachten Schill waren hoch. Dennoch war es eine der wenigen Einnahmequellen der Insulaner.

Da aber sämtliche Familien zusehen mussten, wie sie über die Runden kamen, war es schwer, die Sibbelts ausreichend zu unterstützen. Jeder tat, was er konnte, nur genügte es den Sibbelts nicht. Vor allem den Anteil der Familie Voss schätzten sie als viel zu gering ein.

Jeder Langeooger sehnte sich nach dem Frühjahr, wenn die Möwen ihre ersten Eier ablegten und so den Speiseplan erweiterten. Albert Sibbelt, der Nachbarssohn, schlich manchmal in den Kuhstall und stahl sich ein paar Spritzer Milch aus dem Euter der Kuh. Wenn Gretje das sah, verpetzte sie ihn bei ihrem Vater und Albert bekam Hiebe, die er stets mit einem verächtlichen Grinsen zur Kenntnis nahm.

Weil Albert aber im letzten Jahr Gretjes Katze ertränkt hatte, waren ihre Arroganz und die Petzerei die einzige Waffe gegen ihn, denn er war mit seinen sechzehn Jahren doppelt so alt wie sie. Ganz abgesehen von der stattlichen Körpergröße, er überragte sogar ihren Vater um einen halben Kopf, der sie nichts entgegenzusetzen hatte. Gretje war klein und stämmig und hatte durchaus Kraft, sodass ihr die Jungen in ihrem Alter aus dem Weg gingen und sich lieber nicht mit ihr anlegten. Aber gegen Albert Sibbelt konnte sie nichts ausrichten. Außer ihn zu verpetzen.

Hauke Voss warf einen besorgten Blick hinaus. »Hauptsache, es bleibt bei dem einsetzenden Schnee und artet nicht auch noch in eine Sturmflut aus. Der Wind frischt immens auf und steht ungünstig.«

Er wandte sich zu seiner Frau. »Haben wir genügend gepökelten Fisch?«

Die schüttelte den Kopf und flüsterte: »Ein wenig ist noch im Schuppen. Wenn der Schnee nicht zu lange liegen bleibt, wird es reichen.« Ihre Stimme klang matt und überaus müde.

Gretjes Vater war das offenbar nicht genug. Er wollte seine Familie versorgt wissen, wenn das neue Kind das Licht der Welt erblickte. Er starrte eine Weile aus dem Fenster, nickte dann seiner Frau und Tochter zu, schlüpfte in seine Joppe und verließ das Haus. Ein eisiger Wind fuhr in die Stube, als die Tür sich hinter ihm schloss.

»Wohin geht Papa?«, fragte Gretje, doch sie erhielt von ihrer Mutter keine Antwort, denn die war eingeschlafen und hatte die Hände auf den stark gerundeten Bauch gelegt. Gretje war das recht, denn so würde sie sie nicht daran hindern, dem Vater zu folgen. Das Mädchen legte die Spindel ab und huschte aus dem Raum. Sie schnappte sich den letzten Apfel aus der Vorratskammer und öffnete die Tür. Der kalte Wind nahm ihr beinahe die Luft.

»Na, wieder etwas im Haus, was die anderen nicht haben?«, fragte Albert, der sich ebenfalls draußen aufhielt und den Himmel mit besorgtem Blick musterte. »Ihr hungert nie und das nur, weil der Vogt euer Freund ist.« Albert spuckte Gretje vor die Füße. »Auf der Insel aber müssen alle gleich sein und sich helfen.«

Gretje kniff die Lippen zusammen. Erst überlegte sie, ob es klug war, Albert noch mehr zu ärgern. Was er sagte, war so unendlich gemein. Ihr Vater arbeitete Tag und Nacht hart und so war es rechtens, dass sie auch ein wenig zu essen hatten. Und wenn er mit dem Inselvogt befreundet war, war das eben Glück. Sie drehte sich langsam zu Albert um und zeigte ihm den rotbackigen Apfel, den ihr Vater vom Festland mitgebracht hatte. Die Schale war zwar schrumpelig und es waren sogar Einstiche des Wurms zu erkennen und doch galt dieses Stück Obst als Kostbarkeit. Gretje hieb ihre Zähne ins saftige Fleisch und kaute schmatzend.

Jens Sibbelt sah das und zog seinen Sohn mit verächtlicher Miene in die Kate. »Lass das Pack«, zischte er und knallte die Tür hinter ihnen zu. Gretje wusste, dass Vater ihr Tun nicht mochte. Er war einfach dankbar, dass es ihnen einen Deut besser ging als den Sibbelts.

Gretje wandte ihren Blick in die Dünen in der Hoffnung, ihren Vater irgendwo zu entdecken. Er verschwand immer mal wieder heimlich, vor allem am Abend, und wenn er zurückkam, hingen immer zwei Kaninchen über dem Herd. Das waren Festtage und Vater behauptete stets, er habe sie gefunden. Das hatte Gretje nie hinterfragt, denn der Blick der Mutter war dabei flehend und so dachte sie sich schon, dass Vater da etwas tat, was nicht erlaubt war. Und Gretje wollte ganz sicher nicht schuld daran sein, wenn der Inselvogt böse mit ihrer Familie war.

Aber heute, heute wollte sie wissen, was er tat. Sie umwickelte ihren Kopf fest mit einem Schal und stapfte über den sandigen Boden. Über ihr tobten dunkle Wolkengebilde, die ersten Schneeflocken suchten ihren Weg. Ständig hinderten sie die kräftigen Windböen daran, weiterzugehen. Deshalb musste Gretje sich schließlich im Schutz einer hohen Düne fallen lassen. Sie hörte das Dröhnen des Windes und das Donnern der Wellen an den Strand. Wenn Vaters Ahnung stimmte, würde sich die See ganz dicht an die Dünen heranwagen und einige von ihnen verschlingen. Wie mit der Sense rasiert sahen sie dann aus. Es wäre nicht das erste Mal.

Ihre Eltern waren bei solchen Witterungen immer sehr besorgt, doch heute schien Vaters Furcht vor dem Hunger größer zu sein als der vor der tobenden See. Nicht mehr lange und die Flut hätte ihren höchsten Stand. Das wussten auch die Inselkinder, denn gerade bei heftigem Nordweststurm war es ihnen untersagt, sich dann in der Nähe des Strandes aufzuhalten.

Nachdem Gretje sich einen Augenblick ausgeruht hatte, wollte sie sich erheben und weiter nach ihrem Vater suchen, als sie sich plötzlich nicht mehr allein glaubte. Sie duckte sich und sah einen Mann durch das Dünengras huschen. Sie konnte nicht erkennen, wer es war, aber der Körperhaltung nach handelte es sich keinesfalls um ihren Vater. Vorsichtig folgte Gretje der Gestalt, doch schon bald darauf verlor sie die aus den Augen.

Kurz bevor sie den Übergang zum Strand erreichte, erblickte sie auch ihren Vater in einer Senke. Er hantierte mit Stricken und Seilen, hatte aber bei dem heftigen Wind große Mühe damit. Der andere Mann war verschwunden.

Dann erkannte Gretje, was ihr Vater da tat. Er legte Fallen für die Kaninchen. Und das war verboten. Kaninchen durfte auf *Langeoch* niemand jagen, auch wenn ihr Fleisch noch so schmackhaft war. Das oblag dem Fürsten allein. Vater hatte also gelogen, als er behauptete, er hätte die Tiere gefunden.

Gretje war unschlüssig, was sie weiter tun sollte. Sie fror und sie verspürte keine Lust, dem Töten der Kaninchen zuzusehen. Doch als sie sich abwenden wollte, spürte sie eine Bewegung hinter sich. Sie duckte sich ins Dünengras und war froh, dass die fatale Witterung eine schlechte Sicht bescherte, denn der Mann hatte sie nicht gesehen. Dieses Mal erkannte sie, um wen es sich handelte. Es war Albert, der ihren Vater verfolgte. Er wartete, bis Hauke Voss das erste Kaninchen gefangen und getötet hatte. Gretje biss sich auf die Zunge, als der Todesschrei des Tieres den Wind übertönte.

Nun aber zerschnitt die keifende Stimme Alberts die Luft. Mittlerweile war es dämmrig geworden und die Sicht hatte sich noch mehr verschlechtert. »Hey, Voss! Du weißt, dass das verboten ist!«

Gretjes Vater sah auf. »Was willst du?«

»Meinen Anteil und dann sage ich dem Vogt nichts von deiner frevelhaften Jagd.«

Papa, gib ihm das Kaninchen und komm nach Hause, betete Gretje im Stillen.

Ihr Vater aber ließ sich in seinem Tun nicht beirren und legte eine weitere Schlinge aus. »Wer versichert mir, dass du danach deinen Mund hältst und nicht die Beute an dich nimmst und mich dennoch verpfeifst?«

Albert lachte hämisch auf. »Damit musst du leben! Immer. Wenn du zukünftig nicht das tust, was ich dir sage und nicht anständig mit meiner Familie teilst, bist du die längste Zeit ein Freund des Inselvogtes gewesen. Ich glaube nicht, dass er sehr glücklich darüber wäre, betrogen zu werden.« Albert holte tief Luft. »Und wenn das nächste Schiff strandet und du wieder mit dem Strandvogt bei der Aufteilung des Gewinns unter einer Decke steckst, wirst du mir zwei Drittel abgeben. Die fetten Jahre sind vorbei!«

Noch wirkte Hauke Voss ruhig. »Ich habe mich nie unlauter an dem Strandgut bereichert. Nie!« Gretjes Vater ließ sich nicht beirren. »Ich bin kein Lügner. Das Einzige, was ich mache, ist, meine Familie zu ernähren. Und ohne diesen Fang geht es nicht. Meine Frau steht kurz vor der Niederkunft. Ich bin kein Dieb!« Er bückte sich nach der Schlinge.

Albert lachte boshaft auf und stürmte die Düne abwärts auf ihn zu. Er versuchte, Hauke das Kaninchen zu entreißen, doch der kämpfte darum, als gelte es sein Leben. Gretje hatte solche Furcht um ihren Vater. Zwar war er von kräftiger Statur, aber Albert überragte ihn um einen Kopf. Außerdem hatte der junge Mann ein Brett dabei, mit dem er nun ausholte. Hauke duckte sich und konnte dem Holz gerade noch ausweichen.

Gretje sah sich um. Hinter ihr lag ein dicker Ast, als Treibholz angespült und von keinem Insulaner zum Verfeuern gefunden. Sie konnte und durfte doch nicht zusehen, wie Albert Sibbelt, der verhasste Albert Sibbelt, ihren Vater zusammenschlug, ihn vielleicht sogar tötete. Ihre Mama bekam ein Kind, wie sollten sie ohne ihren Vater auf der Insel überleben?

Gretje ergriff das Holz, stürzte sich bar jeden Nachdenkens in die Dünenkuhle und hieb dem verdutzten Albert den Ast quer über den Rücken. Als er sich umdrehte, holte sie ein zweites Mal aus, und weil sie sich über ihm auf der Düne befand, und deshalb größer war als sonst, hieb sie ihm das Holz nun mitten ins Gesicht. Ein zweiter Schlag traf die Schläfe. Ein merkwürdiges Geräusch ertönte, dann brach Albert zusammen und sein Blick wurde starr.

»Gretje«, stieß Hauke Voss aus und nahm seine Tochter in die Arme. »Gretje!«

Er drehte sie weg. Das Mädchen sah nur die Schneeflocken zwischen den Gräsern tanzen. »Du träumst nur, Kind! Das passiert hier nicht«, sagte er. Er schob sie in die nächste Dünenkuhle.

Gretje drückte ihre Hände gegen die Ohren. Sie wollte das Tosen des Windes nicht mehr hören. Vater hatte recht. Sie träumte nur und würde bald erwachen. Sie musste nur auf Vater warten, er käme sicher gleich zurück.

Am nächsten Morgen war der Sturm vorbei. Die Dünen wirkten vom Schnee wie gepudert und die Sonne brach sich in den Kristallen. Es war bitterkalt. Gretje war froh, dass ihre Mutter den Ofen ordentlich angefeuert hatte. »Vater hat wieder ein Kaninchen gefunden. Aber nur eins. Dieses Mal nur eins «, sagte sie. Es roch nach Braten.

Gretje suchte ihren Vater. »Ist Papa nicht da?«

»Er ist mit den anderen Männern draußen. Albert ist in der letzten Nacht rausgelaufen und nicht zurückgekehrt. An den Dünen hat es vom Sturm Abbrüche gegeben. Sie vermuten, dass die See ihn mitgenommen hat. Was treibt sich der Junge bei dem Wetter denn auch dort herum? Ich verstehe es nicht.«

Kurze Zeit später kam Gretjes Vater herein. Er hatte den Arm voller Brennholz. Ein dicker Ast kam Gretje bekannt vor, aber ihr Vater sah sie gar nicht an, als er den zuerst in die lodernde Glut warf. Die Funken stoben auf.

»Albert ist von der See verschluckt«, sagte Hauke Voss. »Nun hat die Familie Sibbelt einen Esser weniger. Wie dumm von ihm, sich bei der Witterung an den Dünenkanten herumzutreiben. Er hätte es besser wissen müssen.«

Historischer Hintergrund

Melchior Edden Gramers war der erste namentlich bekannte Inselvogt auf Langeoog, oder Langeoch genannt. Das ist bekannt, weil er im Jahr 1636 ein Gesuch nach Aurich schickte.

Es gab auf der Insel damals acht Familien, die unter widrigen Bedingungen ihr Dasein fristeten. In erste Linie haben sie vom Fischfang (den Fisch verzehrten sie frisch oder gepökelt) und von der Schillgewinnung gelebt. Sie haben also Muscheln gefangen und die Schalen aufs Festland gebracht. Dort wur-

de Kalk daraus gebrannt. Für den Schill mussten sie allerdings Steuern zahlen, was die Insulaner weiter verarmen ließ. Möweneier galten als besondere Delikatesse. Wegen des sandigen Inselbodens war es fast unmöglich, Gemüse ertragreich anzubauen, auch die Viehhaltung war schwierig. Kaninchen zu jagen war verboten und nur dem Fürsten erlaubt.

Wenn ein Schiff strandete, galt es als herrenloses Strandgut und durfte von den Insulanern geborgen werden. Aber sie mussten Anteile an die Herrschenden abtreten. Der Inselvogt überwachte, dass das reibungslos vonstattenging. Heute leben auf Langeoog keine Kaninchen, nur Hasen. Kaninchen sind für die Dünen eine große Gefahr, wenn sie dort im Sand ihre Höhlen bauen. Auch Hauskaninchen werden deshalb auf der Insel nicht gehalten.

Quelle: Nordseeinsel Langeoog, Schöning Verlag
Interviews mit Langeoogern

Manfred C. Schmidt

Schlitzohr – Drei Jahre und ein Tag

Hermann lag auf der harten Holzbank mit dem Rücken zum eisernen Kanonenofen in der Werkstatt des Onkels. Dort war er am Vorabend während des ausgelassenen Festes, das aus Anlass der Rückkehr des Gesellen von der Walz gefeiert wurde, übermüdet eingeschlafen. Die acht zünftigen Maurer- und Zimmermannsgesellen hatten den Kameraden nach Hause begleitet und veranstalteten zum Abschied ein deftiges Fress- und Saufgelage. Die kantigen Handwerker verweigerten Hermann wegen seines jugendlichen Alters anfangs den Trunk aus dem Krug; dennoch gelang es ihm, den einen oder anderen Schluck zu ergattern. Zuerst half er dem Fassgesellen, der Tante und seiner älteren Schwester Sophie beim Bedienen der Gäste, aber schließlich saß er bei den Männern am Tisch und lauschte den Liedern, die sie zwischen den Erzählungen ihrer Geschichten von der Walz schallerten. Hermann war hin und weg; der Wunsch, es diesen Männern später gleich zu tun, verfestigte sich immer mehr.

»Halt dem Mannus die Ohren zu, wenn du deine Sauereien erzählst«, rief der Heimkehrer dem ältesten Maurergesellen Richard Frerichs zu. Dieser haute Hermann mit seiner rechten Pranke auf die Schulter und sagte: »Davon kann man nie früh genug erfahren, nicht wahr, Mannus!« Einen kurzen Moment später schlug er Hermanns Schwester Sophie mit der flachen Hand auf den Hintern, als sie frisch gezapfte Krüge auf den Tisch stellte.

»Lass das«, rief sie zornig, »oder ihr könnt euch euren Kram selber holen.«

»Holla«, lallte Richard, »die hat aber Feuer!« Die anderen Männer lachten derbe. »Na, Mannus?« Er wandte sich wieder Hermann zu. »Hast du auch schon 'ne flotte Biene in Sicht? Und läuft da was?« Richard machte eine obszöne Geste. Hermann stieg die Röte in den Kopf. Er hasste solche Anzüglichkeiten; er mochte den Typen nicht: Richard Frerichs hatte einen verschlagenen Blick, eine linke Art.

Kurze Zeit danach war Hermann auf der Ofenbank eingeschlafen, wozu der ungewohnte Alkoholgenuss seinen Beitrag leistete, während die anderen weiter kräftig feierten. Plötzlich schreckte er durch das Geschrei und Gebrüll der Männer mitten in der Nacht hoch. Er sah acht muskulöse Arme, die Richard Frerichs Körper mit zahllosen Fausthieben bearbeiten. Sie schleiften ihn in die Mitte der Werkshalle. Nicht nur die schwarze Cordhose mit geöffnetem Latz baumelte auf Halbmast, sondern die gesamte Kluft hing blutverschmiert an Frerichs herunter. Der wehrte sich mit aller Kraft, kam aber gegen die Übermacht nicht an. Er schien zu wissen, was auf ihn zu kam, bevor sie ihn den Gendarmen übergeben würden.

Hermanns Augen wanderten durch den Raum. In der Nähe der Tür hielt die Tante schützend beide Arme um Sophies Schultern und drückte sie an sich. Sie strich mit der linken Hand tröstend über den Kopf seiner Schwester, deren Kleid zerrissen und schmutzig war. Sophies Augen blickten ins Leere.

»Mannus, schmeiß den Latthammer rüber!«, brüllte der Onkel. Hermann gehorchte. Er sah in die wütenden Gesichter der Männer. Am liebsten hätte er mitgemacht. Das Ritual war klar: Sie würden den Kerl bestrafen, ihn ausschließen, weil er die Regeln gebrochen, sich unzüchtig und unehrenhaft benommen hatte. Das Zechgelage, der hohe Alkoholkonsum und die Ausgelassenheit konnten die Tat nicht entschuldigen. Hermann wünschte, sie würden das Schwein totschlagen.

Richard Frerichs Kopf lag auf der Werkbank am Fenster. Einer der Gesellen hielt ihn mit beiden Händen am Hals und drückte das Haupt auf die harte Platte. Ein anderer griff in den Haarschopf und drehte Frerichs Gesicht seitlich nach oben, sodass das linke Ohr flach auflag. Gezielte Hammerschläge trieben einen dicken Nagel mittig durch Frerichs Ohrring. Der letzte Schlag krümmt den Drahtstift und fixierte das Schmuckstück im Holz. Nun packten die Männer den Übeltäter und rissen ihn mit einem kräftigen Ruck zur Seite. Der Ring mit dem eingefassten blauen Stein schnitt sich durch das Ohrläppchen. Frerichs jaulte kurz auf.

»Wegen dieser Freveltat wirst du als Schlitzohr nach den Regeln der Zunft aus unserem Schacht ausgeschlossen«, schrie der Meister. Er wies die anderen ehrbaren Freireisenden an, den Verbrecher in den Schuppen zu sperren, um ihn anderntags den Gendarmen zu übergeben.

Die restliche Nacht schlief Hermann unruhig; er wachte früh auf. Er lag in der Kammer und sah an die Zimmerdecke. Von heut auf morgen war die kleine Idylle, die seine Schwester und er nach dem Tode der Eltern im Hause seines Onkels gefunden hatten, zu Bruch gegangen. Was würde nun werden? Hermanns Hass auf den Vergewaltiger stieg immer mehr an, je länger er dort lag. Sollte er in den Stall gehen und so lange mit dem Hammer auf den Kopf des Schlitzohrs einschlagen, bis der sich nicht mehr rührte?

Hermann stand wütend auf und schlüpfte in die Manchesterhose. Mit dem ersten besten Knüppel, den er fand, rannte er zum Schuppen. Vor dem Holztor blieb er stehen und stutzte: Es war aufgebrochen und stand einen Spalt offen. Hermann stürmte hinein – vom Gefangenen keine Spur. Durch sein Geschrei weckte er die Erwachsenen, die von allen Seiten heranströmten. Zum Teil noch im Unterhemd machten sich die Gesellen auf die Suche. Jeden Winkel des Grundstücks durchkämmten sie: »Der ist über alle Berge und seinen Ring hat er auch mitgenommen«, rief Hermanns Onkel, der aus der Holzwerkstatt kam.

Die folgenden Tage und Wochen wurden zu einer großen Belastung. Sophie verfiel immer mehr. Sie starrte lethargisch vor sich hin und sprach kein Wort. Sie befolgte zwar die Anweisungen und Arbeitsaufträge, zeigte aber sonst keinerlei Regungen. Sie verlor ihre Lehrstelle und half nur noch im Haushalt mit. Ihre Arme waren übersät von Narben. Nicht nur Hermann sah ohnmächtig zu, sondern auch Onkel und Tante standen dem Problem hilflos gegenüber. Sie stritten immer häufiger darüber, was aus dem Mädchen werden sollte.

»So kann es nicht weitergehen. Ihre Arbeit hat sie verloren und einen Mann wird die auch nicht mehr finden, so verstockt, wie die ist!« Hermann war eines Nachts von dem Streit wach geworden. Er hörte auf dem Flur im oberen Stock die Worte des Onkels, die er in seiner Hilflosigkeit der Tante an den Kopf warf. Als sich Sophies Zimmertür leise schloss, bemerkte Hermann, dass auch seine Schwester mitgehört hatte.

Am anderen Morgen erschien sie nicht zum Frühstück, und als sie sich auch am Vormittag nicht blicken ließ, sah die Tante nach: vergebens.

Die ganze Nachbarschaft wurde alarmiert. Sie suchten einen Tag lang, dann stand fest: Sophie war ins Wasser gegangen.

Hermann trauerte lange. Nach dem Tod seiner Eltern hatte er zu seiner Schwester ein sehr inniges Verhältnis gehabt und sie waren immer mehr zusammengerückt. Auch wenn Onkel und Tante sich sehr um die beiden Waisen bemühten, war doch Sophie der ruhende Pol in seinem Leben gewesen. Nun fehlte sie; es war, als ob ein Teil von ihm selbst gestorben sei. Einsamkeit umhüllte ihn. Er hatte nun niemanden mehr. In die Trauer mischten sich Verzweiflung und Wut. Hermann spaltete bergeweise Holz mit der Axt, um seine Aggressionen abzuarbeiten: Er machte die ganze Welt für dieses Elend verantwortlich, die ganze Welt und diesen Lump Richard Frerichs.

Hermann veränderte sich, er wurde zunehmend erwachsener. Er beendete eine Ausbildung als Maurer und als Zimmermann, vergrub sich in der Arbeit im Betrieb des Onkels und interessierte sich vermehrt für die Politik. Verschiedene Tippelbrüder, die als Zimmerer auf der Walz beim Onkel eine Arbeit fanden, waren intelligente Menschen und gewerkschaftlich organisiert: Die sechs Knöpfe an der Jacke ihrer Kluft symbolisierten die Sechs-Tage-Woche; die Acht an der Weste die Forderung nach dem Acht-Stunden-Tag: acht Stunden Arbeit, acht Stunden Schlaf und acht Stunden Erholung.

So etwas gefiel den Herrschenden natürlich nicht und Kaiser Wilhelm rief im Silvesterbrief 1907 zur Bekämpfung dieser politischen Bestrebungen und der Sozialdemokratie auf: Das alles wusste Hermann nicht und das alles erzählten ihm die freien Gesellen. Der Onkel sah es nicht gern, doch letztlich konnte er dagegen nichts unternehmen, ebenso wenig wie gegen Hermanns Fernweh. Der Drang, etwas von der Welt zu sehen, raus aus der Enge des Dorfes, wurde stärker, bis er letztendlich dem Onkel mitteilte, er wolle als freier Geselle auf die Walz gehen.

Das Abschiedsfest und die Zimmermannskluft wurden schnell organisiert. Der Onkel steckte Hermann die Ehrbarkeit, eine Art Schlips mit den Worten »Mach mir keine Schande!« in den Hemdkragen und die Tante flüsterte ihm ein »Komm gesund wieder!« ins Ohr. Es hatten sich viele Freunde und Tippelbrüder auf ein letztes Bier eingefunden.

»Halt«, rief plötzlich einer von ihnen, »da fehlt noch etwas!« Muskulöse Arme packten Mannus und zerrten ihn in die Mitte der Werkstatt. Sein Kopf lag nun auf der Tischlerbank, sodass das linke Ohr auf der Holzplatte lag. Sein Onkel setzte einen Nagel auf das Ohrläppchen und durchlöcherte es mit einem gezielten Hammerschlag. Nun stellten die Gesellen Mannus wieder auf die Beine und der Älteste reichte ihm den goldenen Ohrring: »Für schlechte Zeiten als Notgroschen oder für ein ehrbares Begräbnis!« Mit einem Tuch wischte Mannus die Blutstropfen vom Hals und bedankte sich lächelnd. Er nahm den Charlottenburger und den Stenz, winkte ein letztes Mal und schritt ohne sich umzusehen davon: Für drei Jahre und einen Tag würde er sich nun dem Bannkreis um seinen Heimatort nicht mehr nähern.

Für Mannus brach eine tolle Zeit an. Er lernte viele Länder und Menschen kennen sowie die unterschiedlichsten Arbeitsmethoden. Er genoss die Zeit und scharniegelte immer nur so viel, wie er zum Leben und zum Reisen brauchte. Die Wintermonate verbrachte er im Süden und im Frühjahr ging es gen Norden.

Nachdem Mannus zuletzt an einer Holländermühle in der Nähe Amsterdams die Galerie gezimmert hatte, überquerte er die *Zuider Zee* in Richtung Friesland. Hier verdiente er sich seine Wegzehrung bei einem Krauter, einem Reetdachdecker in Begum bei Leeuwarden. Aber er hielt sich dort nur kurz auf und haute bald in den Sack: Sein Ziel war das ostfriesische Esens, wohin sein langjähriger Kamerad und Reisebegleiter Jan Maat endlich nach langer Walz zurückkehren wollte.

Viele Gesellen ihres Schachtes fanden sich in der Diele des Maatschen Bauernhofes ein. Sie begannen sofort nach dem Begrüßungsschnack und dem geheimen Handschenk, dem Erkennungszeichen der Gesellenvereinigung, wobei beim Händedruck gegenseitig mit dem Daumen der erste Knöchel des Zeigefingers des anderen zweimal hintereinander gedrückt wurde, mit einer für Außenstehende befremdlichen Sprache: Sie redeten vom Anklopfen, Bütteln, Schmoren, Schnasseln, Schietendicken, Schmalmachen, Ehrbarkeit, Tippeln und Trudeln, aber auch von Knax, Fechten, Grüner August, vom Kuhkopp, Kübelgesellen und Harzgängern. Es wurde gescherzt, gelacht, getrunken, gesungen, erzählt und politisiert: Karl Liebknecht wäre verhaftet worden, in Russland braue sich etwas zusammen, im Ruhrgebiet streikten die Bergleute und vieles mehr.

Mannus blieb drei Tage, einen brauchte er allein zum Ausnüchtern. Auch die Anwesenheit von Jans hübscher Schwester trug nicht unwesentlich dazu bei: Sie warf Mannus mehrfach einen langen Blick zu und lächelte. Er schwebte auf Wolke sieben, doch gleichzeitig versetzte ihr Anblick ihm einen Stich und machte ihn traurig; sie ähnelte auffallend seiner Schwester Sophie.

»Warum bleibst du nicht noch ein paar Tage?«, fragte Jan, der mitbekommen hatte, dass die beiden sich mochten.

»Ich möchte hier nicht als Speckjäger absahnen und auf den Kübel kommen. Ich brauche Arbeit, das Geld geht mir aus und ich will mir keine Latte anballern«, entgegnete Mannus.

»In Esens werden Zimmerer und Maurer für Arbeiten auf Langeoog angeworben«, meinte Jans Schwester und lächelte vielsagend. »Dann bist du zwar auf der Insel, aber immerhin in der Nähe«.

»Und hin und wieder bringen die Segler und Fischer auch Passagiere hin und her.« Jan Maat zwinkerte mit dem rechten Auge. Er wusste, worauf seine Schwester anspielte. Außerdem solle er seinen langen Bart abnehmen, dann hätte er größere Chancen, meinte sie noch. Doch Mannus schüttelte den Kopf. Den Bart würde er erst am Ende der Wanderschaft abrasieren, das hatte er sich fest vorgenommen.

Zwei Stunden später saß Mannus mit zwanzig Bewerbern im Vorraum des Esenser Büros der Berlin-Anhaltischen-Maschinen-Actien-Gesellschaft (Bamag). Im dichten Gedrängel wurde er plötzlich von einem anderen Bewerber, dessen Mütze tief im Gesicht hing, zur Seite gedrückt.

»Conrad Meyer«, tönte der unverschämte Typ bereits beim Eintreten, was die Sekretärin sogleich notierte und ihn ins Ingenieurbüro bat. Die Stimme und der Gang kamen Mannus bekannt vor, doch der Name sagte ihm nichts. Fünf Minuten später öffnete sich die Tür und Mannus sah direkt in Meyers Gesicht, der an ihm vorbeilief, ohne ihn eines Blickes zu würdigen. Mannus hatte ihn erkannt, kein Zweifel.

»Wir benötigen qualifizierte Arbeitskräfte, die sich mit verschiedenen Gewerken auskennen«, meinte der leitende Ingenieur, der in Mannus' Fleppe, dem Wanderbuch, blätterte. »Wie ich sehe, haben Sie ausgezeichnete Zeugnisse. Sie sind unser Mann!« Dann ließ er die Katze aus dem Sack, als sie die Zusage mit Handschlag besiegelten: Zu Mannus' Überraschung drückte er ihm zweimal mit dem Daumen auf seine Hand, was verriet, dass er auch ehemaliger Wandergeselle und Mitglied des Schachtes gewesen war. Er lächelte Mannus an: »Morgen früh geht's los, Kamerad. Am Bensersieler Hafen steht ein Kutter bereit, der euch rüberbringt! Und falls es weitere Gesellen gibt, die Arbeit suchen, schick sie zu mir!«

So kam es, dass Mannus anderntags nach Langeoog übersetzte. Er hatte Jan Maat, der eigentlich noch länger zu Hause bleiben wollte, überredet, ebenfalls bei der Bamag anzuheuern. Der Wind frischte auf. Bei auflaufendem Wasser nahm das Boot Kurs auf Langeoog. Mannus blickte sich unter den angeworbenen Männern um. Er entdeckte den Mann, der sich als Conrad Meyer ausgab, am Bug der Schiffs. Er nahm sich vor, ihn im Auge zu behalten und bei Gelegenheit zu stellen.

Jan Maat stieß Mannus an: »Dort die hölzerne Bake, das Westkap wird abgerissen. Wir Zimmerleute wissen, wie man so etwas zusammenbaut, daher denken sie, wir seien die Richtigen, um es abzureißen.« Er deutete auf das weithin sichtbare Seezeichen, das als Erkennungszeichen ein auf dem Kopf stehendes Dreieck besaß. »An gleicher Stelle wird auf der Düne der neue Wasserturm gebaut.«

Mannus zog Jan zur Seite und deutete auf Conrad Meyer, der sich mittlerweile hinter das Ruderhaus gestellt hatte und hin und wieder zu den Zimmerern herüberblickte.

»Kennst du den Typen?«

Jan verneinte: »Was ist mit ihm?«

»Er hat einen falschen Namen angegeben. In Wirklichkeit heißt er Richard Frerichs, ein ehemaliger Kamerad. Ich bin mir zu neunundneunzig Prozent sicher. Er hat sich im Laufe der Jahre etwas im Gesicht verändert, aber dennoch!« Dann erzählte er von der Tragödie um seine Schwester Sophie.

»So ein Schwein! Ein Schlitzohr also. Wir müssen ihm nur die Mütze vom Kopf reißen, dann hast du den endgültigen Beweis!« Jan ballte die Faust und war von Mannus nur mit Mühe zurückzuhalten.

»Wir behalten ihn im Auge; es wird sich schon eine Gelegenheit ergeben!«

Bei der Ankunft auf der Insel teilte der Vorarbeiter die Gruppen ein und wies den Männern die Schlafbaracken zu. »Ihr beginnt gleich morgen früh mit dem Abriss der Bake.« Er zeigte auf Mannus, Jan und zwei andere Arbeiter. »Die anderen helfen beim Transport des Baumaterials für den neuen Wasserturm.«

Die nächsten Tage legten die beiden Zimmerleute das ehemalige Seezeichen nieder und sortierten Bruchholz und Bohlen, die verkauft werden sollten. Unterdessen arbeitete eine andere Gruppe am Fundament.

Am kommenden Morgen erschien der Langeooger Gemeindevorsteher zur Grundsteinlegung und hielt eine Rede über die Unverzichtbarkeit der verbesserten Trink- und Abwasserversorgung für die Bevölkerung, wie auch für den aufstrebenden Badebetrieb für die wohlhabenden Gäste mit ihren hohen Ansprüchen: »Neben der guten Kanalisation wird mit dem Bau des Turms die Versorgung der Insel, insbesondere der Bevölkerung und der Badegäste, durch einen 100 Kubikmeter fassenden Tank mit gutem und sauberem Trinkwasser gewährleistet.« Mit markigen Worten beschrieb er die rosige Zukunft eines prosperierenden Badeortes und die Notwendigkeit der Finanzierung mittels Einführung einer Kurtaxe. Zum Schluss des Vortrags bat er sowohl die geladenen Gäste als auch die Arbeiter zu einem zünftigen Umtrunk auf den Platz nahe der Baustelle.

Die Männer saßen noch bei Einbruch der Dunkelheit bei Vollmond um das Lagerfeuer. Den Durst löschten sie mit viel Bier und Schnaps. Die Stimmung schwappte hoch, bis sie kippte und sich zwei Arbeiter in die Haare gerieten. Beim Gerangel verrutschte dem Älteren die Mütze und der Schlitz in seinem Ohrläppchen war deutlich zu sehen.

Mannus sah, wie Conrad Meyer alias Richard Frerichs, auf den jüngeren Mann einprügelte und ihn in den Schwitzkasten nahm. Noch bevor die Umstehenden eingreifen konnten, gelang es dem Jüngeren sich zu befreien. Er schlug eine fürchterlich harte Gerade auf Frerichs Nase. Ein weiterer Faustschlag traf ihn ungedeckt ans Kinn. Richard Frerichs fiel lang hin. Während er sich nur langsam wieder aufrichtete, hielten zwei weitere Männer den rasenden jungen Mann nur mit großen Mühen davon ab, weiter auf seinen Gegner einzuschlagen.

Frerichs betastete sein Gesicht und torkelte in die Dämmerung. Niemand bekam das mit, da alle Augen auf den Kontrahenten gerichtet waren, niemand außer Mannus. Der nahm seinen Stenz, schlich sich langsam aus dem Schein des Lagerfeuers und lief Frerichs hinterher. Dort, wo tags zuvor die Balken des niedergerissenen Westkaps zum Abtransport gestapelt worden waren, löste der Schlagbolzen eines Feuerzeugs einen Funken aus. Im Schein der Flamme erkannte Mannus das zerschlagene Gesicht Richard Frerichs: »Suchst du mich?«

»Ja, es nützt dir nichts, dass du einen falschen Namen angenommen hast, Schlitzohr Frerichs!«, sagte Mannus.

»Was spionierst du mir hinterher? Das geht dich gar nichts an«, brüllte Frerichs wütend.

»Da täuschst du dich aber; ich bin Sophies Bruder, falls dir das etwas sagt«, schrie Mannus genauso heftig.

»Ach, die kleine, geile Sophie! Der hab ich es damals richtig besorgt. Wie geht es ihr denn?« Frerichs schmieriges Lächeln erstarb, als Mannus Wanderstock seine Schläfe traf. Er taumelte rückwärts, stolperte, fiel und schlug mit dem Kopf auf einen Balken. Wie ein Irrer schlug Mannus weiter auf ihn ein. Frerichs war kaum mehr in der Lage die Schläge mit dem Arm abzuwehren. Mannus warf den Stenz zur Seite und entriss seinem Gegner den Hosengürtel. Dann drehte er ihn auf den Bauch und band seine Arme auf dem Rücken zusammen. Nun riss er Draht von der Absperrung und schmiss den bewusstlosen Frerichs in eine Schubkarre von der Baustelle. Nur mit großer Kraftanstrengung schob er seine Ladung den langen Weg durch den Sand zum Strand.

Hier kippte er das Schlitzohr ab, lief erneut zur Baustelle und kehrte mit drei dicken Kanthölzer zurück. Diese verdrahtete er im knietiefen Wasser zu einem Floß. Nun zerrte er Frerichs auf die Holzbalken und fesselte ihn daran mit einem dünnen Draht. Das kalte Wasser holte das Schlitzohr aus der Bewusstlosigkeit; allerdings begriff dieser überhaupt nicht, was mit ihm geschah. Mannus drückte Frerichs seine Ehrbarkeit, die Krawatte, als Knebel in den Mund: »Du Saukerl wirst jetzt das gleiche Schicksal erleiden wie meine Schwester!« Er zerrte das Floß weiter ins Meer und sah bis zum Bauch im Wasser stehend, wie es vom Ebbstrom in die Nordsee gezogen wurde.

Historischer Hintergrund

100 Jahre Langeooger Wasserturm
Ein Wunderwerk des technischen Fortschritts einer Gemeinde von gerade mal 340 Einwohnern aus dem Jahr 1909, die bis dahin unter primitiven Bedingungen Trinkwasser als Regen-

wasser in Zisternen oder Fässern auffingen, oder Brunnen in den Boden gruben, die an einigen Standorten gelbliches und faulig riechendes Wasser lieferten. Die Brunnen waren nach schweren Sturmfluten oft genug verdorben und lange Zeit versalzen, zuletzt in der Sturmflut vom 13. März 1906, die der gesamten deutschen Nordseeküste schwer zusetzte. Das Los der Insulaner brachte diese Härte der schwierigen Wasserbeschaffung mit sich. Aber seit Mitte des 19. Jahrhunderts wurde auch die Insel Langeoog zum interessanten Erholungsgebiet für die in den Städten lebenden wohlhabenden Schichten und den gebildeten Mittelstand, die die frische raue Natur der Inseln als seelische und körperliche Erbauung aufsuchten. Für die Insulaner eine Chance, sich aus der absoluten Abhängigkeit von den Naturkräften zu befreien. Allerdings eine Chance, die angesichts ihrer Armut nur mit enormem persönlichen Einsatz und bisweilen auch widerwillig ergriffen wurde, weil der Badebetrieb die gesamte bisherige Lebensweise auf den Kopf stellte. Seit Errichtung des ersten Hotels 1884 (Ahrenholtz, heute Hotel Flörke) und besonders des Hospizes 1885 auf Langeoog, kamen Menschen hierher, die relativ viel Geld hatten, aber für Insulanerverhältnisse auch sehr hohe Ansprüche stellten. Diese Ansprüche zu befriedigen, erforderte zunächst erhebliche Investitionen. Um 1900 begann ein regelrechter Bauboom im kleinen Inseldorf. Die alten Anbauernhäuser wichen den Hotels und Logierhäusern, die Schiffsverbindung wurde verbessert, eine Pferdebahn transportierte seit 1901 die Gäste bequem in den Ort. Wege wurden gepflastert. Die Gäste suchten Natur und der Ort wurde voll im Sommer. Strand und Dünen waren weit, aber im Ort wurde es eng. Im Juli 1905 reisten mehr Badegäste an als Quartiere vorhanden waren. Sie mussten zurückgewiesen werden! Wer weiß, wo und wie sie unterkamen bei all der Beschwerlichkeit der Anreise in jenen Jahren. Aus den Gräben stank es im Sommer zum Himmel! Güllegeruch und Sommerfrische, das passte nicht zusammen. Aber wohin mit den Abwässern von 3000 Badegästen? Die meisten Häuser hatten Senkgruben, die unten offen waren. Sie wurden einmal jährlich im Winter geleert, aber gerade das ers-

te Haus am Platze, das prunkvolle Kurhaus des Hoteliers Falke, 1902 errichtet, hatte eine viel zu kleine Grube und so leitete der Besitzer die Abwässer über die offenen Gräben durch das Dorf zum Watt. Auch andere Eigentümer hatten große Entsorgungsnöte. Es hagelte Beschwerden an den Inselvogt und den Landrat. Der Inselvogt Oeljeschlager erachtete in einem Bericht an den Landrat in Wittmund vom 25.September 1904 eine Kanalisation als dringlich für Langeoog. Der Landrat Budde drohte 1906 mit einem polizeilichen Verbot der Einleitung von Abwässern in die Gräben, wenn nicht sehr bald ein Grundsatzbeschluss des Gemeindeausschusses zur Errichtung einer Kanalisation gefasst würde. Aber die Insulaner lehnten einstimmig ab. Zu teuer und nur wegen eines rücksichtslosen Hoteliers? Der solle gefälligst seine Pflicht und Schuldigkeit erfüllen. Doch auch das zweite Problem nagte und hing natürlich direkt mit dem Ersteren zusammen. Es gab im Sommer kein ausreichendes, qualitativ gutes Trinkwasser mehr. Die Bedeutung sauberen Trinkwassers für die Volksgesundheit war aber längst bekannt und die hygienischen Verhältnisse passten nicht zum Anspruch auf Erholung in gesunder Umgebung. Der im Jahr 1906 gewählte Gemeindevorsteher Jakob Pauls, der bis 1923 im Amt blieb, trieb die Sache mit anderen Gemeindevertretern taktisch geschickt voran und als am 03.10.1908 die Langeooger Gemeindevertreter den Vertrag mit der »Berlin-Anhaltischen Maschinenbau Actien-Gesellschaft« über die »Ausführung eines Wasserwerkes und einer Kanalisation« für Langeoog unterschrieben hatten, war die Sache entschieden. Eine Wasserleitung mit Wasserwerk, vier neue Brunnen im umliegenden Dünengebiet, ein Wasserturm und gleichzeitig der Bau einer Kanalisation, deren Dimension bei den Rohrdurchmessern bis heute im Wesentlichen ausreichend ist, waren ein Qualitätssprung für das aufstrebende Seebad Langeoog. Der Weg für einen qualitativ hochwertigen Badebetrieb mit gleichzeitigem hohen Nutzen für die Bewohner war frei. Jakob Pauls hatte zur Finanzierung für diese Investition 1906 die Kurtaxe eingeführt. Am 16.02.1909, vor genau 100 Jahren, wurde das Westkap niedergelegt und am selben Tag begann der Bau des Wasserturms. Der staatliche Wasserbauinspektor in Aurich erfuhr davon im Nachhinein durch den Gemeindevorsteher Jakob Pauls mit Schreiben vom 17.02.1909 und war nicht begeistert. Er war zuständig für die Seezeichen, nicht etwa die kleine Gemeinde Langeoog. Das Holz des Westkaps wurde für 200 Mark auf der Insel versteigert. Ein erheblicher Schaden für das Wasserbauamt, wie der Herr Inspektor meinte. Jakob Pauls war der Meinung, dass mit dem alten Holz sowieso kein Staat mehr zu machen gewesen sei. Und der Bau des Wasserturms duldete keinen Aufschub. Das hundertjährige Jubiläum des Wasserturms, des Wasserwerkes und der Kanalisation wird das ganze Jahr über begangen werden. Die Kalenderdaten wichtiger Ereignisse der Entstehung dieser Anlagen werden als Wegmarken für die Inselgemeinde und die Kurverwaltung dienen, zu erinnern, zu berichten und mit Insulanern und Gästen zu feiern. Dass der Wasserturm durch eine Dorferneuerungsmaßnahme bald wieder alt aussehen wird, ist durchaus Absicht .

Quelle:
Uwe Garrels, Archiv der Inselgemeinde Langeoog
http://www.langeooger-wasserturm.de/hist.htm

Mit freundlicher Genehmigung vom Langeooger Bürgermeister Uwe Garrels

Die Zeugin

Schnee, nur Schnee und Eis. Der Sturm wütete um die Häuser, türmte die Schneemassen auf und riss sie in Böen doch wieder weg, so als könne er sich nicht entscheiden, was er wirklich wollte.

Mieke saß zusammengekauert in ihrem Zimmer und harrte dem, was kam. Nur war der grausame Winter in diesem Jahr 1929 ihr geringstes Problem. Sie musste aufs Festland, musste melden, was sie wusste, denn hier war sie nicht mehr sicher. Nicht, nach dem, was passiert war. Und hier konnte sie es auch nicht sagen. Hier nicht. Nicht auf der Insel.

Wenn Magnus herausbekam, dass sie ihn gesehen hatte, würde er nicht zögern, sie zu töten. So wie er Janne Frommsen abgestochen und ins Meer gestoßen hatte. Warum auch immer. Mieke hatte doch nur Holz sammeln wollen, weil ihr kalt gewesen war.

Eine Woche zuvor

Der Winter hatte die Insel fest im Griff. Eine solche Eiszeit hatten sie auf Langeoog ewig nicht mehr gehabt. Schon zur Jahreswende bahnte sich der lange Winter an und schließlich ging gar nichts mehr.

»Wir müssen mit den Gespannen über das Eis nach Esens«, hatte der Bürgermeister angekündigt, nachdem die Eisdecke so festgefroren war, dass ein Überqueren nicht mehr Leib und Leben bedrohte. »Wie sonst sollen wir uns ernähren? Schiffe fahren ganz sicher nicht.«

Einige wenige wagten es schließlich zuerst und schon bald waren immer mehr Langeooger zum Festland hin unterwegs. Ein paar ganz Mutige fuhren sogar mit dem Auto, was den Gefährten allerdings wegen der holprigen Strecke nicht besonders gut bekam und so ließen sie es meist. Der Stellmacher hatte ebenfalls gut zu tun, denn auch die Räder der Pferdefuhrwerke litten. Schließlich fuhr man nicht mehr zum Vergnügen rüber, sondern nur, wenn es tatsächlich notwendig war.

Mieke wäre damals gern einmal dabei gewesen, allein des Abenteuers wegen, aber als Dienstmädchen im Hotel war eine solche Idee völlig aus der Luft gegriffen. Sie hatte sich um die Gäste zu kümmern. Es waren zwar nur wenige, aber genau die konnten Langeoog ja schließlich nicht auf bequemen Weg verlassen und brauchten ein besonderes Augenmerk.

Nur ein einziges Mal konnte Mieke sich freimachen, nachdem sie sonst rund um die Uhr arbeitete. Sie lief in die Dünen, wollte das Schneetreiben am Strand genießen. Frei sein. Etwas anderes atmen als die stickige Zimmerluft des Hotels. Und dabei etwas Holz sammeln, denn sie fror und der Hotelier gab den Bediensteten nicht genügend Brennmaterial, weil er es für die Gäste aufsparen wollte.

Kurz vor der Kaapdüne hatte sie Stimmen gehört. Vom Wind verzerrt, viel zu laut. Anstatt umzudrehen hatte sie sich genähert. Leise, wie auf Katzenpfoten, um die Streithähne nicht zu stören. Da würde sie morgen ja richtig was zu berichten haben. Eine Schlägerei oder eine handfeste Auseinandersetzung waren willkommene Ablenkungen in dieser tristen Zeit. Andere gingen tanzen, genossen das Frausein. Mieke hatte die feinen Leute im Hotel Charleston tanzen sehen. Dazu trugen sie wunderschöne Kleider, die viel Bein zeigten. All dies wünschte sie sich auch.

Stattdessen galt es für sie schon als Abwechslung, wenn sich zwei Kerle in den Dünen in die Wolle bekamen. Mieke musste selbst grinsen bei dem Gedanken. Sie war einfach niemand, der lange Trübsal blasen konnte.

Als sie sich ein Stück an die Männer herangetastet hatte, erkannte sie Magnus' Stimme. Die andere gehörte zu Janne Frommsen. Warum auch immer die beiden sich trafen, denn Janne war mit Jens Dirks verheiratet und es schickte sich nicht für eine Ehegattin, sich mit fremden Männern zu treffen. Es gab immer wieder welche, die sich nicht daran hielten.

Mieke duckte sich ins Dünengras, schob nur ihre Nasenspitze über den Rand. Mittlerweile hatte Magnus Janne an den Schultern gepackt und rammte ihr plötzlich ein Messer in den Bauch. Sie blickte ihn ungläubig an, schüttelte dann den Kopf und sank in sich zusammen.

Magnus stieß sie weg und wischte das Messer im Dünengras ab. Dann war es mit einem Mal schrecklich still. Sogar der Wind hatte aufgehört, sein Lied zu singen. Mieke glaubte nicht einmal mehr zu atmen. Es war, als stünde die Welt einen Moment lang still.

Mieke brauchte eine Weile, ehe sie in der Lage war, wieder zu reagieren. Gerade, als sie sich entschlossen hatte, zurückzurobben, sah sie, wie Magnus die Tote ergriff, und durch den Sand in Richtung Meer zerrte. Warum sie ihm auch dabei folgte, war ihr im Nachhinein noch immer unverständlich. War es Neugierde? Falsches Heldentum oder einfach nur der unbändige Lebenshunger, endlich etwas anderes zu erleben, als die triste Arbeit im Hotel. »Jawohl, werte Dame. Natürlich, mein Herr.«

Magnus hatte mit seiner kräftigen Gestalt nicht allzu sehr an der dürren Janne zu schleppen. Da der Boden gefroren war, sackte er auch im Sand nicht ein und hinterließ keine Spuren. Die Nordsee hatte sich auch hier an der Nordseite mit Eisschollen hoch aufgetürmt, doch war das Eis lange nicht so fest wie im Wattenmeer. Immer wieder gab es Lücken, die sich die See aus dem Eis zurückerobert hatte. In ein solches Loch versenkte Magnus sein Opfer und übergab es der See. Wenn er Glück hatte, würde Janne mit der nächsten Ebbe hinausgezogen und ward auf ewig verschwunden.

Mieke war mittlerweile kalt geworden. Sie wollte sich stiekum zurückziehen, doch da hatte sie die Rechnung ohne Magnus gemacht. Er hatte es natürlich eilig, den Strand schnell zu verlassen und so rannte er mit großen Schritten an Mieke vorbei. Sie wollte schon erleichtert ausatmen, weil er sie nicht gesehen hatte, doch genau in dem Moment verharrte Magnus, wandte den Kopf und witterte in die Nacht, wie es ein Raubtier tun würde, das seine Beute im Visier hatte. Er lief ein Stück zurück und dann sah er sie. Zusammengekauert in der Senke. Mieke legte den Kopf auf die Knie und tat so, als weine sie. Magnus ließ sich täuschen, sie war nicht sicher, ob er sie erkannt hatte. Ohne ein Wort zu sagen, stürmte er von dannen und wurde schon bald von der Schwärze der Nacht verschluckt.

Magnus hatte kein Glück gehabt, man fand Janne zwei Tage später. Das Meer hatte sie unter das Eis am Strand gedrückt und ein Fischer sie freigeschlagen. In der kurzen Zeit, in der er Hilfe geholt hatte, waren die hungrigen Möwen über Janne hergefallen, hatten ihr die Augen ausgepickt. Ein paar Krähen taten sich an den Händen gütlich, hungrig, wie sie waren. Die verstümmelte Frau ließ den Hass der Langeooger hochschlagen, dennoch wagte Mieke es nicht, Magnus' Tat anzuzeigen. Was war, wenn man ihr nicht glaubte? Oder wenn Magnus sich an ihr rächte und dasselbe mit ihr tat, wie mit Janne?

Doch seit sie Zeugin dieses Mordes geworden war, schlief sie nicht mehr. Während der Arbeit war sie fahrig, ließ ständig etwas fallen oder reagierte nicht auf den Zuruf eines Gastes. Ihrem Chef fiel das bald auf und rügte sie. Da überlegte sie, den Weg über das festgefrorene Watt aufs Festland zu wagen, den Mord in Esens anzuzeigen und nie wieder nach Langeoog zurückzukehren. Doch die Insel war ihre Heimat. Sie konnte und sie wollte sie nicht verlassen.

Wenn Mieke aber jetzt durch den Ort lief, sah sie sich ständig angstvoll um, in der Furcht, Magnus würde ihr begegnen. Sie wollte ihn aber nicht wiedersehen. Nie mehr, nur war das auf einer Insel unmöglich.

Und so begegneten sie sich ungefähr eine Woche nach seiner Tat. Magnus war ein gutaussehender Mann mit kräftigen Oberarmen und einem steten Lächeln im Gesicht. Sein Kinn schmückte ein zarter Bart und seine Augen strahlten große Warmherzigkeit aus. »So allein unterwegs?«, fragte er, als er in Miekes verschrecktes Gesicht sah. Nichts deutete darauf hin, dass er sie als das Mädchen in den Dünen wiedererkannte. Seinem Gebaren haftete auch nichts von einem schlechten Gewissen an.

In dem Augenblick glaubte Mieke, sich geirrt zu haben. Der Mann in der Nacht war ein Monster gewesen, ein Unhold. Die Ausgeburt des Bösen. Ein Bösewicht mit Pranken, die mordeten und brandschatzten. Dieser junge Mann mit lustig blitzenden blauen Augen und dem leicht verlegenen Lächeln im Gesicht war nicht der, den sie in der Nacht gesehen hatte. Aber Janne war tot. Erstochen. Und doch glaubte Mieke immer stärker daran, dass sie dieses Ereignis nur geträumt hatte.

Magnus passte sie von da an öfter ab und schließlich bat er Mieke darum, sie allein sehen zu dürfen. Es gab in ihr eine Stimme, die sie warnte, aber es war zu spät. Sie hatte sich in Magnus verliebt.

An ihrem nächsten freien Abend verabredeten sie sich in den Dünen, gleich hinter dem Friedhof. Es war noch immer lausig kalt. Die Dünengräser schauten unter einer dichten Schneedecke hervor und ihre Spitzen wiegten sich im Wind. Der Mond thronte am Firmament, Wellengang war nicht zu hören, weil die See noch immer zu sehr vom Eis in ihre Schranken gewiesen wurde.

Kaum standen sie sich gegenüber, zog Magnus Mieke an sich und küsste sie. Er tat es genauso, wie sie es sich erträumt hatte. Alles, was war, verblasste und verschwand schließlich ganz. Janne hatte man unter großen Mühen in der gefrorenen Erde begraben und Mieke wollte von all dem nichts mehr wissen. Für sie gab es nur Magnus und sie und die Liebe.

Schon eine Woche später hielt Magnus um ihre Hand an. Mieke war glücklich, als sie ihre Arbeit als Zimmermädchen aufgeben und zu Magnus in die Mansarde ziehen durfte. Sie kochte für ihn, machte sauber und bemühte sich, ein schönes Heim auf Langeoog für ihn zu schaffen. Die ersten Wochen genossen die beiden ihre Zweisamkeit, es gab keinen glücklicheren Menschen als Mieke auf der Insel. »Ich muss ihn in jener Nacht wirklich verwechselt haben. Nie und nimmer ist er ein Mörder. Meine Fantasie hat mir einen Streich gespielt«, sagte sie sich immer wieder.

Nur in den Nächten, in denen der Wind um ihr kleines Refugium pfiff, und Magnus sich ruhelos von einer Seite zur anderen wälzte, weinte und im Schlaf schrie, kamen die finsteren Ahnungen in ihr hoch. Doch sobald der Tag das Sagen hatte, verschwanden die Gedanken und sie verflüchtigten sich ganz, als Mieke schwanger war. Nichts konnte ihr Glück mehr trüben.

Magnus kümmerte sich liebevoll um sie, ging abends hin und wieder raus und verschwand ein bis zwei Stunden. Danach war er stets ausgeglichen und sein Strahlen galt einzig Mieke. Einmal hatte sie ihren Mann vorsichtig gefragt, wo er denn immer sei, war aber entsetzt zurückgewichen, als sie seine Augen gesehen hatte. Er hatte die Stirn gerunzelt, den Blick verengt. Für einen Augenblick hatte sie das Gesicht an das in jener Nacht erinnert. Doch da hatte sie sich doch geirrt. Er war es ja nicht gewesen. Und schon, als sie das dachte, war auch der Glanz in seinen Augen wieder da. »Ich bin immer nur am Meer. Ab und zu brauche ich das.« Mieke hatte nie wieder nachgefragt.

Drei Wochen später, die See war lange getaut, fand man in der Gegend von Flinthörn eine tote, hochschwangere Frau. In Mieke zog sich alles zusammen. Sie war, genau wie Janne damals, erstochen worden, das Messer direkt von vorn in ihren Leib gerammt. Magnus aber benahm sich ganz normal, ging nicht einmal abends fort. Mieke verdrängte ihre Ahnungen, nahm wieder alles so hin, wie es war. Magnus hatte mit den Morden an den Frauen nichts zu tun. Sie selbst erlebte doch jeden Tag, was für ein liebevoller Ehemann er war.

Eines Morgens war Magnus verschwunden. Das Bett war noch warm, die Decke lag zerwühlt neben Mieke. Sein Duft hing in der Luft, und doch stimmte etwas nicht. Ein unbestimmtes Gefühl sagte ihr, dass sie ihren Mann nicht wiedersehen würde.

Dennoch suchte Mieke ihn überall. Durchkämmte die Dünen und all ihre Lieblingsplätze. Die Tritte ihres Kindes trieben sie durch die Landschaft, die sich mit dem zu Ende gehenden Sommer freundlich zeigte. Als sie zur Melkhörndüne gelangte, hatte sich dort eine größere Menschenmenge versammelt. Miekes Mund wurde trocken, ihr Herzschlag beschleunigte sich. Sie glaubte zu wissen, was sie dort vorfinden würde. Und sie ahnte auch, wer das getan hatte. Dieses Mal war es die alte Meier, die zum zehnten Mal schwanger war und nun sechs ihrer Kinder mutterlos zurückließ. Drei waren schon vorher gestorben.

»Dieses Monster«, weinten die Umstehenden. »Wer tut das? Es ist die dritte schwangere Frau in einem halben Jahr. Aufhängen muss man den, der das tut. Foltern, alles abhacken!« Die Verwünschungen nahmen kein Ende.

Mieke zog sich unauffällig zurück. Janne war also auch schwanger gewesen.

Die Unsicherheit wuchs sich zu der quälenden Gewissheit aus, dass sie sich in jener Nacht nicht geirrt und wirklich ihren Mann Magnus gesehen hatte.

Wo zum Teufel steckte der und warum tat er diese schrecklichen Dinge? Er wurde doch selbst Vater. Er hatte so liebe Augen, dieses warmherzige Lächeln. Es passte alles nicht zusammen.

Weinend brach Mieke zusammen. Sie hatte sich damals nicht getäuscht. Sie hatte sich blenden lassen von seiner zweiten Seite. Nun aber war deutlich, was er tat, wenn er verschwand, sein Opfer ausspähte und dann stets auf ein und dieselbe Art tötete.

Sie schleppte sich zurück zu ihrer kleinen Wohnung. Sie lag still, fast tot vor ihr. Der Wind blähte die Gardine, von Magnus fehlte weiterhin jede Spur. Mieke ließ sich auf einen der beiden Küchenstühle fallen, legte den Kopf in die Hände und wusste nicht, was sie tun sollte.

Hatte sie sich auch in Gefahr befunden oder verhielt Magnus sich so wie ein Marder, der nicht im eigenen Einstand wilderte? Einer plötzlichen Eingebung folgend stand sie auf und ging zu seinem Mantel, den er immer nur dann trug, wenn der Wind zu heftig wehte. Sie fasste in seine Jackentasche und fand dort das, was sie vermutet hatte. Magnus hatte ihr ein paar Zeilen hinterlassen.

Liebste Mieke,

ich danke dir, dass du stets an meiner Seite warst. Ich weiß, dass du von Beginn an Bescheid wusstest. Ich habe dich damals in den Dünen gesehen. Trotzdem hast du an mich geglaubt, mich sogar geheiratet. Ich habe dein Vertrauen missbraucht, weil ich dachte, diese Liebe zu dir und später zu unserem ungeborenen Kind könne mich heilen. Ich wollte Vater werden, damit ich die schwangeren Frauen nicht mehr hasste. Doch es gelang mir nicht. Diese andere Macht ist stark.

Es ist ein Zwang, dem ich mich nicht entziehen kann. Ich hasse alle schwangeren Frauen. Bis auf dich. Nein, dich hasse ich nicht. Und unser Kind auch nicht.

Ich weiß nicht einmal mehr, wie viele Frauen und ungeborene Kinder ich schon getötet habe. Ich wollte nie Namen wissen, hab es verdrängt, weil der unbändige Druck nach den Taten kurz weg war. Aber die Abstände werden kürzer und ich habe Angst vor mir selbst. Ich habe meinem Leben nun ein Ende gesetzt, habe mich der See übergeben. Es ist der einzige Ausweg, dem zu entfliehen. Sie würden es ohnehin bald wissen und mich lynchen. Dein Leben wäre zerstört. So kannst du auf Langeoog bleiben.

In der Truhe findest du etwas Geld, es wird dir über den Anfang hinweghelfen. Verzeih mir. Und wenn du mir noch einen großen Gefallen tun willst. Bitte schweige weiter über das, was du weißt. Es wird für unser Kind leichter sein als mit dem Makel eines Vaters zu leben, der ein Mörder ist.

In Liebe, Magnus

Mieke ließ den Brief sinken. Sie griff nach ihrem Bauch. Das Kind trat heftig nach ihrer Hand. Ja, sie würde weiter schweigen. Es gab nichts mehr, was sie tun konnte.

Drei Jahre später

Mieke sah Knut zu, der fröhlich spielte. Im Arm hielt sie ihren Säugling, der vor drei Wochen auf die Welt gekommen war. Sie hatte wieder geheiratet und so Ruhe in ihr Leben bekommen. Magnus hatte die See mitgenommen und nie wieder ausgespuckt.

Ihr Mann Christian kam eben von draußen herein und brachte einen Schwall kalte Luft mit. In der Hand hielt er eine Zeitung, die er auf den Tisch legte, wo sie sich auseinanderfaltete. Die Schlagzeile sprang Mieke sofort ins Gesicht.

Schwangere Frau in Esens erstochen. Vom Täter fehlt jede Spur.

Historischer Hintergrund

1929 herrschte auf Langeoog ein sehr strenger Winter. Das Wattenmeer war zugefroren und die Schifffahrt kam zwischen Januar und März zum Erliegen. Die Inselbewohner wagten es aber oftmals, die geschlossene Eisdecke mit ihren Pferdegespannen, ja sogar mit den Autos zu überqueren. Ungefährlich war das ganz sicher nicht. Vor diesem Hintergrund spielt die Geschichte. Die Morde und Figuren hingegen sind frei erfunden.

BALTRUM

Baltrum ist die kleinste der Ostfriesischen Inseln. Das stimmt sowohl von der Fläche als auch von der Einwohnerzahl her.

Schon im Jahr 100 nach Christus gab es erste Hinweise auf die Insel, die sich damals aber wegen der Winde noch an anderer Stelle befand. Im Laufe der Jahrhunderte hat sie sich stetig weiter nach Osten bewegt. Urkundlich erwähnt wurde sie aber erst 1398, also in einer ähnlichen Zeitskala wie die anderen Inseln.

Im 17. Jahrhundert war Baltrum von der Form her ähnlich lang gebildet wie Norderney. Die Menschen lebten in erster Linie vom Fischfang und zahlten in Naturalien. So erhielt das ostfriesische Grafenhaus jährlich ein bestimmtes Kontingent an Schollen. Auch die Kaninchen und anderen Meerestiere oder Vogeleier mussten abgeliefert werden.

Im 18. Jahrhundert begannen die Insulaner Austern zu züchten, die Fänge wurden vom Inselvogt genau kontrolliert. Auch die Schillgewinnung war Bestandteil des Einkommens in jener Zeit.

Ab dem 19. Jahrhundert begann man die Insel abzusichern, damit Wind und Sturmfluten Baltrum nicht mehr so viel anhaben konnten. Ein sehr bekannter Besucher im 20. Jahrhundert war der Maler Paul Klee, der während seiner Sommerfrische etliche Werke schuf.

Ab 1927 fuhr das erste Bäderschiff, aber im Zweiten Weltkrieg fand kein Tourismus auf Baltrum statt. 1949 erhielt die Insel den Heilbadstatus, 1966 wurde es Nordseeheilbad. Seitdem floriert der Tourismus auf der Insel. Scherzhaft begründet man den Namen Baltrums damit, dass man auf der kleinen Insel »Bald rum« ist. Historisch gibt es mehrere Erklärungen, eine davon ist die Ableitung aus dem friesischen *Balteringe*, was übersetzt Weideland bedeutet. Baltrum ist aber, egal, woher der Name stand, eine Reise wert.

ANNE GROENEWEG

Rena Kind

Hero Schuster saß in der letzten Reihe der Inselkirche und nestelte nervös an seinen Nägeln.

»Was ihr habt getan einem unter meinen geringsten Brüdern, das habt ihr mir getan«, ertönte die klare Stimme des Pastors nach der sinnigen Melodie des Harmoniums.

Überrascht hob Hero seinen Blick. Entgegen seiner Gewohnheit hatte der Pastor scheinbar vor, die Traueransprache dieses Mal anders zu gestalten. Und das zu Recht. Doch Heros Hoffnung zerstob, als der Pastor begann »seinen« Psalm vorzutragen und ausführlich darzulegen.

»Der Herr ist mein Hirte, mir wird nichts mangeln. Jeder von uns ...«

Der Meinung war Rena gewiss nicht, war Hero sich sicher. Nur wenige Baltrumer nahmen an diesem Gottesdienst teil. Mühelos konnte er Renas Profil in Augenschein nehmen. In steifer Haltung, darauf bedacht sich nicht anzulehnen, saß die junge Frau in tiefem Schwarz neben der Frau des Pastors in der ersten Reihe. Mit erhobenem Kopf starrte sie den Pastor über den Sarg hinweg an. Hero ließ seinen Blick nach oben gleiten. Über Rena hing eine Engelsfigur an der frisch getünchten Wand. Die Ähnlichkeit mit ihr erstaunte ihn immer wieder. Der leicht nach vorne geneigte Kopf, mit den locker zu einem Kranz hochgesteckten Haaren, ebenso die langen schlanken Hände.

»Er weidet mich auf einer grünen Aue ...« Die Worte des Pastors erleichterten es Hero, seine Gedanken in andere Bahnen zu lenken. Vor fünf Jahren, im Frühjahr 1856 war Hero der Schulgehilfe des Pastors geworden. Sein Lohn langte nicht annähernd an den eines Fischers heran. Aber als einziger Baltrumer, der stets seekrank wurde, war er froh, Arbeiten auf der Insel verrichten zu können. Beim Bau des Zollhauses hatte er kräftig mit angepackt. Hier konnte er sich auf dem Dachboden auch eine Kammer einrichten. Bei Sturm verbrachte er seine Nächte am Strand, um bei Dünenabbrüchen sofort Alarm zu schlagen. Ebenfalls war er stets zur Stelle, wenn ein Schiff vor Baltrum in Seenot geriet.

Wegen dieser tiefen Verbundenheit mit der Insel konnte Hero seine Mutter absolut nicht verstehen. Sie hatte Baltrum verlassen, nachdem sein Vater auf See geblieben und ihre jüngste Schwester im Kindbett verstorben war. Die Selbstverständlichkeit, mit der sie Hero seiner Meinung nach im Stich gelassen hatte, und mit der sie zu ihrem Schwager samt den vier kleinen Kindern nach Dornum gezogen war, war für ihn unverzeihlich.

Rot lief sein Gesicht an, als er an die vielen Briefe seiner Mutter dachte, die er unbeantwortet ließ. Wenn sie Zeit fand, die Insel zu besuchen, richtete er es so ein, dass sich ihre Wege nur kurz kreuzten.

»... und führet mich zum frischen Wasser«, rezitierte der Pastor aus dem Psalm.

Hero bekam prompt einen trockenen Hals. Ihm fiel ein, wie Rena vor zwei Jahren in der Schule eine Tasse Tee strikt abgelehnt hatte.

Vorausgegangen war, dass Rena, die begabteste Schülerin des achten und somit letzten Jahrgangs, ständig kränkelte und sichtlich viel Gewicht verloren hatte. Ein Umstand, dem Hero normalerweise keine Bedeutung beigemessen hätte. Als er selbst die Schule besuchte, fehlten die Mädchen auch oft. Sobald die Mutter aus irgendwelchen Gründen ausfiel, hatten sie die Familie zu versorgen. Egal, wie alt sie gerade waren.

Unterhielt Hero sich allerdings mit Rena oder hörte etwas von anderen über sie, war ihm stets, als wenn die Glocke in dem hölzernen Glockenstuhl neben der Inselkirche nicht nur den Schulalltag sowie die Gottesdienste begleitete, sondern in seinem Inneren Alarm schlug. Weil Hero dieses merkwürdige Gefühl als Mann von fast dreißig Jahren nicht einordnen konnte, war es auch schwierig für ihn, mit jemandem darüber zu reden. Dieses steigerte nur seine Aufmerksamkeit.

»Rena hat sonst nie den Unterricht versäumt«, wunderte sich der Pastor beim Unterzeichnen des Abschlusszeugnisses über ihre langen Fehlzeiten. »Weder in der Kirche noch hier bei mir im Schulzimmer des Pfarrhauses.«

»Rena ist ein liebes, ein folgsames Mädchen«, sagte die Oma zwischen zwei Hustenanfällen nach einem ihrer seltener gewordenen Besuche des Gottesdienstes.

»Rena hatte stets einen guten Appetit«, wusste die Mutter von Tjark zu berichten. Ihr Haus Nr. 12 lag in unmittelbarer Nähe zu Renas Elternhaus. »Wenn die beiden Kinder Pfannkuchen bei mir gegessen haben, musste ich schon einen ordentlichen Haufen backen.«

»Renas Mutter will nicht, dass sie im Handarbeitsunterricht lernt, wie man einen Kissenbezug näht und bestickt«, regte sich die Frau Pastorin auf. »Als Mädchen braucht man doch eine Aussteuer!«

»Rena will gar nicht zu Hause bleiben«, behauptete Tjark und begann zu schmunzeln. »Die ist doch in sie verliebt, Herr Schuster!« Auf die mögliche Schwärmerei der jungen Mädchen hatte der Pastor Hero gleich zu Anfang seines Schuldienstes hingewiesen.

Menno, der neben Tjark stand, nickte zustimmend, trieb seinen Freund jedoch zur Eile an. Bei Janssens im neuen Ostdorf, Haus Nr. 29, wurden Hühner geschlachtet. Die Jungs mussten die kopflosen Tiere wieder einfangen. Zur Belohnung bekamen sie die noch darin befindlichen Eier, die schönsten Federn sowie die Füße.

Hero machte sich bereits gefasst auf das Gekreische der Mädchen während des Unterrichts. Der alte Janssen würde die Sehnen wieder so weit herausgucken lassen, dass die Jungs die Krallen über die Pulte halten konnten, um sie dann durch das Ziehen an der Sehne zu bewegen.

»Mein Rena Kind ist eben in einem Alter, in dem Mädchen leicht kränkeln«, lautete die schlichte Erklärung der Mutter Alida Göken. Schon immer hatte Hero eine Abneigung gegen die hohe eintönige Stimme im Zusammenspiel mit ihrem Lächeln empfunden. Außerdem war sie seiner Meinung nach um einiges zu korpulent.

»Er erquicket meine Seele.« Der Pastor lenkte Heros Gedanken in eine andere Richtung.

Seine Seele steckte in einer großen Klemme. Denn die grundverschiedenen Aussagen über Rena konnte er nur mit seiner Mutter bereden.

Besuchte sie dann die Insel und Hero hatte sich zu einem Gespräch mit ihr überwunden, wurde seine Hilfe jedoch nach dem Schuldienst woanders benötigt. Nachdem der alten Frau Gerdes die Glut vom Ofen ins Fußstövchen daneben gefallen war, musste die Kammer wieder hergerichtet werden. Zum Glück hatte sie den Saum ihres Kleides schnell löschen können.

Anschließend war eine riesige Schiffsladung Brennmaterial angekommen, die auf die einzelnen Häuser verteilt und dort verstaut werden musste. Von dem enormen Dünenabbruch mal ganz abgesehen. Hero hatte das Gefühl, alles passierte immer dann, wenn die meisten Männer auf See waren.

»Er führet mich auf rechter Straße …«, platzte der Pastor in Heros aufkommendes Selbstmitleid und sandte einen düsteren Blick zum Sarg.

Hero sah sich den Weg zum Pfarrhaus hinabrennen. Bevor er das Klassenzimmer betrat, schaute er an sich hinunter, ob auch alle wichtigen Kleidungsstücke ordentlich saßen. Es war das erste Mal, dass er verschlafen hatte. Rena hingegen saß nach mehreren Fehltagen mit äußerst blassem Gesicht an ihrem Pult.

Sie bot Hero sofort ihr Pausenbrot an. Dabei fiel ihm das kindliche Muster ihrer Schürze ins Auge. In der Pause bat er bei der Frau Pastorin im Nebenzimmer um zwei Tassen Tee. Rena lehnte das Getränk strikt ab. Flüssigkeiten würde sie nicht vertragen. Hero überzeugte sie, dass es ihr ohne zu trinken erst recht schlecht gehen würde. Nachdem Rena den Tee getrunken hatte und zu den anderen Schülern nach draußen gegangen war, biss er herzhaft in die aufgeklappte Brotscheibe. Die Leberwurst war mit einer ihm unbekannten Würzung versehen. Sehr schmackhaft, wie er fand.

Zur nächsten Pause stellte sich bei Hero eine ungewohnte Übelkeit ein. Abgeschlafft überlegte er, dass es an den Schnäpsen vom Vorabend bei dem Fischer Siebo Remmers nicht liegen konnte. Ein derartig guter Fang musste nach der langen Verarbeitung entsprechend begossen werden. Das war schließlich Sitte auf Baltrum. Hero hatte schon ganz andere Mengen an Hochprozentigem gut vertragen.

Am späten Nachmittag bat Hero Leni, die Frau des Zollbeamten, ihm einen Kräutertee zu kochen. Langsam beruhigte sich sein Magen. Um die schlaffen Gliedmaßen wieder in Gang zu bekommen, ging Hero einige Schritte und schaute auf das Wattenmeer hinaus. Sein Blick wanderte zu der Schar Kinder, die sich an diesem schönen Märztag singend bei einem Kreisspiel vergnügten. Rena dirigierte sie auf ihre liebevolle Art. Eifrig und mit glühenden Gesichtern folgten die ihren Anweisungen.

Als das Spiel beendet war und Hero sich Rena zuwenden wollte, bemerkte er einen dunklen menschlichen Umriss vor der untergehenden Sonne. »Rena Kind, kommst du nach Hause. Sonst bist du morgen wieder krank«, schien die Sonne Alidas Stimme in ihre Richtung zu spucken. Sofort folgte das Mädchen der Aufforderung.

Ein Ausflug in die Dünen blieb Rena ebenfalls verwehrt. An diesem Tag beanspruchte Alida Renas Hilfe bei der Pflege der Großmutter. Die Schüler hatten an etlichen Stellen in den Dünen Gräser zu pflanzen. Außerdem hatte der Pastor Kartoffelrosen besorgen können. Hierzu stellte er den Schülern die Zusatzaufgabe, das *Frühlingslied* von Heinrich Heine aufzusagen. Natürlich würde das Angenehme auch nicht zu kurz kommen. Frau Gerdes hatte einen Kuchen versprochen.

»Wenn du eine Rose schaust, sag, ich lass sie grüßen.«

Hero überkam ein Schauer, als ein Schüler die letzte Zeile aufsagte. Sollte Rena am Blühen gehindert werden?

Keine Woche später war Heros Mutter zu Besuch und saß ihm gegenüber auf dem einzigen Stuhl in der kleinen Dachkammer im Zollhaus.

»Alida war das dreizehnte Kind von Gerti und Alfred«, begann seine Mutter. »Bei dem zehnten hat die Hebamme bereits gesagt, dass sie keins mehr haben dürfte.«

Die eingeklappte Sitzhaltung auf dem niedrigen Bett stellte sich als große Herausforderung für Hero heraus.

»Es kam dann auch so. Gerti war schon tot, als man Alida bei ihr anlegen wollte.«

Die deftigen Ausdünstungen eines Pferdes sowie dem Schaf mit ihren beiden Lämmern, die direkt unter ihnen weilten, machten Hero normalerweise nichts aus. In Gegenwart seiner Mutter hatte er jedoch Mühe zu atmen.

»Alfred und die anderen Kinder haben es Alida stets merken lassen, dass sie ihr die Schuld am Tod der Mutter gaben«, fuhr Heros Mutter fort, um dann kurz zu stocken. »Die meisten Baltrumer waren doch sehr verwundert, als es hieß: Klaas Göken will Alida Brunsema heiraten.«

»Warum verwundert?«, fragte Hero unfreundlicher als beabsichtigt.

»Gökens sind seit jeher feine Leute.«

Hero war mit dem Begriff feine Leute groß geworden. Man konnte fein sein, auch wenn man nicht reich war.

»Aber Klaas hat sich in Alida verliebt«, stellte Hero fest.

»Nee«, winkte seine Mutter ab. »Hätte mich gewundert, wenn sich jemand in Alida verliebt hätte. Die konnte man nicht mal zum Einsammeln von Strandgut gebrauchen. Und 'ne Axt zum Holzhacken durfte man ihr erst recht nicht in die Hand geben.«

Heros Mutter ließ ihren Blick schräg von oben nach unten über ihren Sohn gleiten.

»Klaas war kurz vorher von Svea Dirks in den Wind geschickt worden.«

»Rena wurde geboren«, durchschnitt Hero die spitz in der Luft hängende Frage der Mutter nach seinem Liebesleben und ließ sie ungerührt ins Leere laufen.

»Richtig. Das war 1845. Das weiß ich so genau, weil dein Vater ...«

»Klaas ist dann zwei Jahre später vor Norderney in Seenot geraten«, unterbrach Hero seine Mutter.

»Ja, mit seinem Vater sowie der kompletten Besatzung ist er dabei ums Leben gekommen.« Seine Mutter fuhr mit dem Handrücken über den schwarz glänzenden Stoff ihres Sonntagskleides.

Für Hero das Zeichen, dass sie endlich zum Kern der Sache kam.

»Nach meiner Meinung hat Alida damals zum ersten Mal menschliche Wärme erfahren.«

Fragend schaute Hero sie an.

»Alle Baltrumer haben Alida ihr ehrliches Mitgefühl bekundet. Der alte Hansen hackt bis heute für sie das Holz. Vorausgesetzt, es ist was da.«

»Ja, das stimmt.« Erst jetzt wurde es Hero richtig bewusst.

»Eine junge Mutter war plötzlich völlig allein auf sich gestellt. Mit einer schwerkranken Schwiegermutter, allerdings in einem der sichersten Häuser hier auf der Insel.«

Hero musste lächeln. Spitz konnte seine Mutter sein, wie keine andere.

»Und dieses Mitgefühl, mein Junge, das war, wenn du mich fragst, einfach zu viel des Guten für Alida.«

»Zu viel?«

»Ja. Die anderen jungen Frauen haben sich verhältnismäßig schnell wieder verheiratet. Bis auf Alida.«

Klammerte die sich deshalb so an Rena, fragte sich Hero.

»Die alte Frau Göken muss viel aushalten, sage ich dir. Mann und Sohn bleiben auf See und von der Schwiegertochter muss sie sich anmeckern lassen, dass ihre Auswürfe nach dem Husten nicht haargenau im Eimer landen. Aber sie ist eben auf Alida angewiesen.«

Jetzt kam seine Mutter richtig in Fahrt.

»Alida besorgt für Frau Göken auch stets die Medikamente bei uns aus der Apotheke. Der Herr Apotheker hat sich letzte Woche gewundert, dass sie inzwischen die doppelte Menge an Kräutern benötigt. Sogar beim Doktor hat er nachgefragt, hat Frau Pollmann mir erzählt.« Seine Mutter hielt inne und setzte leiser hinzu: »Sie wohnt neben uns.« Nach einem kurzen Räuspern war ihre Stimme wieder fest. »Und wenn Rena sich um ihre Oma kümmert, das kann Alida überhaupt nicht haben.« Unvermittelt erhob sich Heros Mutter. »Ich will jetzt ins Ostdorf, bevor der alte Albers mich wieder mit rüber nimmt. Frau Nannen hat noch Puppenkleider für deine kleinen Kusinen.«

Beide nestelten an ihren Nägeln.

»Auch wenn du mich nur über andere Leute ausgefragt hast, war es schön mit dir, mein Junge.«

Wie sehr seine Mutter dieses Beisammensein vermisst hatte, konnte Hero in ihren Augen lesen.

Es verging kein ganzer Monat nach diesem Gespräch, als Tjarks Mutter aufgeregt die Straße hinunter zur Schule eilte und nach dem Pfarrer rief.

»Die alte Frau Göken ist verunglückt!«, rief sie entsetzt.

Schnell traten Hero und die Schülerschar nach draußen. Rena fehlte erneut. Sofort rannte Hero bis zum Haus Nr. 11.

Die hintere Tür stand weit auf. Vor der Herdstelle lag die alte Frau Göken mit verdrehtem Oberkörper. Unter ihrem Kopf bildete sich eine Blutlache. Hero näherte sich behutsam dem Leichnam und schloss die weitaufgerissenen Augen. Sein Blick fiel auf den umgekippten Holzstuhl, bevor er Rena mit ihrer Mutter vor dem Schrank kauern sah. Alida hielt mit starrer Miene ihre inzwischen großgewachsene, überschlanke Tochter wie ein Schraubstock umspannt.

»Sie hat nichts gesehen, nicht wahr, Rena Kind?«, stieß Alida hastig aus.

Rena, weiß wie die Wand hinter ihr, versuchte zu sprechen. Hero musste an einen Fisch auf dem Trockenen denken und wandte betreten den Blick zur Seite. Ein kleiner dunkelroter Stoffbeutel lugte zwischen dem groben Fußboden und der breiten Schublade des Schrankes hervor. Hero nahm ihn auf und wollte daran riechen. Blitzschnell entriss Alida ihm das Bündel.

Hero beobachtete sprachlos, wie Alida sich in den folgenden Minuten in eine tief trauernde Schwiegertochter verwandelte. Auf einem Holzstuhl unter der leeren Wäscheleine sitzend, beklagte sie dem nun auch eingetroffenen Pastor gegenüber ihr großes Leid.

Das ehrliche Mitgefühl nahm sie äußerst dankbar entgegen. Wie hatte Heros Mutter es ausgedrückt: Es war zu viel des Guten für Alida. Aber heute war dieses zu viel des Guten gepaart mit etwas anderem. Er sah es in ihren weit aufgerissenen, mit angsterfüllten Augen.

Nachdem Hero mit Siebo Remmers die Verstorbene auf den Küchentisch gebettet hatte, fiel sein Blick auf Alidas Finger, die sich verkrampft in Renas Handgelenke bohrten. Das Mädchen hockte mit leerem Blick neben Alida im Gras.

»Wenn du willst, nehme ich Rena mit zu uns«, bot Siebo Alida teilnahmsvoll an.

»Nein«, schrie Alida mit erstickter Stimme. »Auf keinen Fall geht mein Rena Kind mit zu euch!«

»Du könntest in Ruhe mit dem Pastor und den Frauen das Einsargen und die Trauerfeier besprechen.«

»Nein, Rena Kind, du bleibst schön hier bei Mama.«

Auf dem Weg zurück zur Schule, wo die Kinder in braver Haltung still auf ihn warteten, fuhr sich Hero mit beiden Händen übers Gesicht und durch das Haar. Er gab den Kindern frei mit der Anweisung, sich nicht dem Trauerhaus zu nähern, sondern sich leise an der Nordseite der Schule fortzubewegen.

War Renas Oma wirklich verunglückt? Die kranke Frau stieg doch nicht mehr auf einen Stuhl. Fassungslos setzte Hero sich in die nächstbeste Bank. Plötzlich erkannte er den Duft an seiner Hand. Es glich dem des Gewürzes, das ihm nicht bekommen war, als er Renas Pausenbrot gegessen hatte. War der alten Frau Göken der Zusammenhang zwischen den Kräutern und Renas gesundheitlichem Befinden aufgegangen? Hatte Alida es ihr auch verabreicht? War sie vielleicht beim Suchen und Finden von Alida überrascht worden? Und wie viel hatte die arme Rena davon miterleben müssen?

Unbewusst fuhren Heros Finger über das Pult, während er den Kopf schüttelte. Niedergeschlagen fiel sein Blick nach unten. Die Finger seiner rechten Hand ertasteten zwei nebeneinanderstehende große R mit einem kleinen Plus dazwischen. Hero saß auf dem Platz von Siebo Remmers Sohn, Reemt.

»Und ob ich schon wanderte im finsteren Tal ...«, Hero hatte Mühe die Stimme des Pastors während der Trauerfeier in seine Gedanken einzuordnen, »... fürchte ich kein Unglück; denn dein Stecken und Stab trösten mich.«

Und das war noch nicht einmal das finsterste Tal für Rena, dachte Hero kopfschüttelnd. Sie und ihre Mutter bewohnten weiterhin eines der sichersten Häuser der Insel. Eine Untersuchung zum Tod der alten Frau Göken gab es nicht. Nur bei Hero blieben die Zweifel lebendig.

Gleich zu Anfang des neuen Schuljahres reagierten zwei junge Schüler ungewohnt verdrießlich auf Heros Anweisungen. Da er eine längere Wattwanderung plante, nahm er sich vor, mit den Eltern zu reden.

Abends auf dem Weg zu den Eltern von Jakob kamen Hero einige bereits aus der Schule entlassene Mädchen entgegen. Rena war nicht dabei. Alle ahnten sofort, welcher Gedanke hinter Heros Stirn arbeitete. »Rena Kind, wir wollten doch den Pullover von Oma abrippeln«, äffte die größte von ihnen Alidas Stimme nach. »Dann hast du nächste Woche den schönsten grünen Pullover von ganz Baltrum.« Mit lautem Gelächter setzen sie ihren Weg fort.

Im Ostdorf angekommen hörte Hero bereits aus einiger Entfernung, wie jemand im Haus Nr. 30 stark hustete. Beim Näherkommen klang es eher wie ein Bellen und wurde von der aufgeregten Stimme der Mutter begleitet.

Als Hero das Haus betrat, erkannte er den ansonsten zarten Schüler Jakob nicht wieder. Sein Gesicht war eine aufgedunsene bläulich-rote Masse. Seine Augen angstvoll geweitet.

Hero stand fassungslos in der Tür, als der Junge anfing zu spucken. Schleim, in merkwürdigen Hautfetzen klebte an ihm, seiner Mutter, verteilte sich auf dem Bett.

Um sich Luft zu verschaffen, schleuderte Jakob plötzlich seinen Kopf gewaltsam nach hinten. Die Hände krallte er verzweifelt in den Dutt seiner Mutter. Sie fing an zu schreien. Hero machte zwei lange Schritte und versuchte Jakob aus der jetzt offenen Haarflut zu lösen. Sobald die eine Hand des Jungen befreit war, fuhr sie zu seinem Mund. In seiner großen Luftnot begann Jakob derart an der Zunge zu ziehen, dass der ausgeworfene Schleim nun tiefrot war.

»Oh Gott, hilf uns, steh uns bei«, flehte die Mutter fassungslos.

Hero musste miterleben, wie der erste Schüler seiner Klasse kurz vor Mitternacht an der *Brandigen Bräune* erstickte.

Die Rachenkrankheit mit ihrem grauenvollen Verlauf bestimmte in den kommenden Wochen das Leben auf Baltrum. Angeleitet durch den Doktor organisierte Hero gemeinsam mit dem Pastor und seiner Frau die Versorgung der Betroffenen. Zum Teil waren ganze Familien von der Rachenerkrankung befallen. Am schlimmsten war es für Hero mitzuerleben, wie den Totgeweihten noch Brechmittel eingetrichtert wurde. Denn es war vorgekommen, dass Erkrankte danach die ganze häutige Schwellung ausgeworfen hatten. Danach war eine äußerst schnelle Besserung eingetreten. Dieses Glück hatte unter anderem Alida Göken.

Hero haderte stark mit dem doch eigentlich gnädigen Gott, als eine Mutter mit ihren beiden Kindern erkrankte. Während dieser Zeit gewöhnte sich der Pastor an, ständig nur die Zeile »nicht mein, sondern dein Wille geschehe« zu beten.

Hero hingegen sprang in die Nordsee. Egal wie kalt das Wasser war. Dort konnte er ungestört weinen.

Nach dem glücklichen Verlauf ihrer Erkrankung war Alida nicht mehr auf Renas Pflege angewiesen. Der Pastor bestimmte deshalb, dass Rena Berta Langer Gesellschaft leisten sollte. Die junge Frau verging fast vor Angst um ihr ungeborenes Kind. Eine Möglichkeit auf dem Festland zu wohnen gab es für sie nicht. Und absolut niemand wollte von dort zu ihr nach Baltrum kommen.

Jedes Mal, wenn Hero bei den beiden nach dem Rechten sah, fand er Rena verändert vor. Ihre Haltung war wieder gerader, das Gesicht bekam Fülle und vor allem Farbe und die Haare hatten einen ungewohnt hellen Glanz.

Erschrocken fuhr Hero zusammen, als Tjarks Mutter niesen musste und ungewollt einige Tasten des Harmoniums der Inselkirche drückte.

»Du bereitest vor mir einen Tisch im Angesicht meiner Feinde. Du salbest mein Haupt mit Öl und schenkest mir voll ein.«

Bei den Worten des Pastors zog sich Heros Magen vor Entsetzen zusammen. Es war auf den Tag genau vor drei Wochen.

Keiner auf der Insel wusste, wo ihm der Kopf stand. Die Pflege der Kranken rund um die Uhr, die Hilflosigkeit bei deren Hinscheiden sowie die Aneinanderreihung der vielen Begräbnisse hatte die Baltrumer körperlich und seelisch ausgezehrt. Zudem war nachts ein Sturm über die Insel gefegt. Bei Hochwasser hatten hohe Wellen den Dünen hart zugesetzt sowie etliches an Strandgut an Land gespült.

Einige wenige Männer und Frauen arbeiteten unermüdlich mit Hero am Strand, als der Erstklässler Gerhard bereits in großer Entfernung aufgeregt mit den Armen wedelte und schrie:

»Herr Schuster, Herr Schuster! Du musst sofort kommen. Rena ist was passiert.«

In Windeseile war Hero bei Gerhard, um weiter zum Pfarrhaus zu rennen.

»Gutes und Barmherzigkeit werden mir folgen mein Leben lang.« Der Pastor schwieg so lange, bis Hero zu ihm aufschaute.

Hero war sich sicher, dass der Pastor ahnte, welches Bild sich gerade vor seinem inneren Auge aufbaute. Was sollte in

Renas Fall gut und barmherzig gewesen sein, fragte Hero sich und ballte die Fäuste. Es half ihm der Erinnerung standzuhalten.

Reemt und der Pastor standen im Pfarrhaus vor dem Ehebett und beugten sich über Rena.

»Dein Wille geschehe, wie im Himmel also auch auf Erden«, betete der Pastor bis er Hero in der Tür bemerkte.

»Herr Schuster, meine Frau ist schon zu den Mennengas vorgegangen. Unser Herrgott wird heute wohl den kleinen Derk zu sich rufen. Der siebte unserer Schüler.« Der Pastor schluckte schwer, bevor er auf das unaufhörlich weinende Mädchen deutete.

»Sie kümmern sich bitte.«

»Diese verdammte Krankheit.« Wütend schlug Hero mit der Faust gegen den Türrahmen, als der Pastor das Haus verließ. Alles in Hero trieb ihn nach draußen in die Nordsee.

»Rena hat nicht die *Brandige Bräune*«, zischte Reemt durch seine zusammengebissenen Zähne. Ruckartig zog er Rena die Schuhe aus. Ihr kurzer Aufschrei ließ sein Gesicht noch wütender anschwellen. Ungläubig betrat Hero das Zimmer.

»Rena, es wird jetzt wehtun«, entschuldigend streichelte Reemt ihr über den Hinterkopf.

Erst da erfasste Hero die Situation. Eine riesige Brandblase, die sich vom Nacken bis zum unteren Rücken hinzog, war nach alter Manier mit einer Lage Mehl versorgt worden. Als Reemt begann, die breiigen Krümel vorsichtig mit einem Tuch zu entfernen, riss Rena den Kopf hoch und schrie gellend auf. Obwohl Heros Magen dagegen rebellierte, konnte er den jungen Mann nicht alleine lassen. Angespannt versuchte er, nicht auf die Wunde zu schauen. Dabei entdeckte er eine kleine Flasche Laudanum auf dem Nachttisch. Schnell holte er ein Glas mit frischem Wasser, ließ etliche Tropfen hineinfallen und flößte es Rena so gut es ging ein.

»Danke«, hauchte Reemt, als Rena einschlief.

»Was ist denn um Himmels willen passiert?«, fragte Hero entsetzt.

»Rena hatte zu Hause alles fertig, die Wäsche, die Koch-
stelle«, begann Reemt stockend zu erzählen, während er einen klebrigen Krümel nach dem anderen aufsammelte. »Dann
wollte sie der Frau Pastorin bei Mennengas zur Hand gehen,
sich um die anderen Kinder kümmern. Beim Wechseln ihrer
Schürze«, Reemt schnäuzte in seinen Ärmel, »ist der Zettel
von mir rausgefallen.«

»Der Zettel?«

»Ja, dass wir uns heute Abend hier zwischen Kirche und
Pfarrhaus treffen. Berta Langer hat meine Nachrichten immer
an Rena weitergegeben.«

Plötzlich ergab für Hero das kleine Plus auf Reemts Pult
einen Sinn. Reemt und Rena. Alida musste der Inhalt wie ein
Tier angesprungen sein. Ihre Versuche, das Rena Kind von
dem normalen Lauf des Lebens abzuhalten war absolut fehl-
geschlagen.

»Ihre Mutter wollte dann unbedingt Tee gemacht bekommen.« Reemt spie die Worte förmlich aus. »Als der Teepott
auf dem Tisch stand, verlangte die faule Sau auch noch nach
neuer Glut für ihr Fußstövchen. Und das mitten im Sommer!«

Reemt schaute zu Hero auf. Beim Anblick der Tränen, die
dem jungen Mann über die Wangen liefen, schnürte sich ihm
der Hals zu.

»Diese Hexe hat den kochend heißen Tee auf Renas Rücken ausgeschüttet.«

Den Rest konnte Hero sich mit Entsetzen ausmalen. Anschließend hatte Alida mit großer mütterlicher Fürsorge dem
armen Kind beim Entblößen geholfen und die Wunde versorgt.

»Der Pastor und ich waren in Haus Nr. 17, um Frau Garbrand einzusargen. Bis dahin haben wir Renas Schreie gehört!«

Heros Herz setzte einen Schlag aus. Die kinderlose Frau
Garbrand war ihm stets besonders zugetan gewesen. Hoffent-
lich behielt der Doktor recht mit seiner Vorausschau, dass die
Krankheit nur noch wenige Opfer fordern würde.

Ein lautes Gekreische drang von draußen ins Zimmer. Reemt schnäuzte sich erneut, während Hero hinaushastete. Alida trabte mit vorgebeugtem Oberkörper auf das Pfarrhaus zu. Schnell verriegelte Hero die Außentür.

»Wo ist mein Rena Kind?«

Alidas Augen nagelten Hero mit einem wirren Blick an die Hauswand. Sie hob ihren Arm. Eine Axt schälte sich aus ihren langen Rockfalten. Mit beiden Händen schlug sie zu. Hero machte einen Satz in den Vorgarten, rollte sich über die Seite fort. Weg hier, bloß weg hier, war sein einziger Gedanke. Doch plötzlich setzte eine gespenstische Stille ein. Seinen Körper noch in der Fluchtbewegung haltend, schaute Hero sich vorsichtig um.

Renas Mutter stand bewegungslos da. Mit weit aufgerissenen Augen und Mund starrte sie nach unten. Hero folgte ihrem Blick und fuhr entsetzt zurück. Die Scheide der Axt steckte tief in Alidas rechtem Knie. Der blaue Wollstoff ihres Rockes begann sich dunkel einzufärben. Kraftlos sackte Alida auf ihren breiten Hintern. Etliche Insulaner waren herangeeilt und blickten angewidert auf sie hinab.

Nachdem Reemt mit Gewalt die Haustür aufgebrochen hatte, stürmte er hasserfüllt auf Alida zu und riss ihr die Axt aus dem Bein.

»Versündige dich nicht, mein Junge«, schrie Hero.

Mit seinem beherzten Eingreifen konnte er gerade noch verhindern, dass Reemt Alidas Kopf spaltete.

»Und ich werde bleiben im Hause des Herrn immerdar«, schloss der Pastor den Psalm während der Trauerandacht.

Richtig. Zu Hause geblieben waren die Insulaner. Nur die Frau Pastorin hatte sich einmal am Tag um Alida gekümmert.

Rena hingegen wurde liebevoll von Berta Langer gesundgepflegt. Anschließend ging Rena allen Bedürftigen mit großer Hingabe zur Hand.

»Amen«, murmelten bereits einige Gemeindeglieder das Schlusswort. Hero schaute den Pastor verwundert an. Sollte er bei Alidas Trauerfeier doch noch auf die schrecklichen

Geschehnisse eingehen? Düster blickte der Pastor auf den Sarg.

»Herr, dein Wille ist geschehen. Amen.«

Bei der Beisetzung auf dem neu angelegten Friedhof hatte Hero im Angesicht der vielen frischen Grabstellen große Mühe sich aufrecht zu halten. Am offenen Grab wurde Rena von der Frau Pastorin gestützt. Im Fortgehen machte diese eine kleine Armbewegung. Als Hero an der Reihe war und seinen Blick hinunter auf Alidas Sarg senkte, glaubte er seinen Augen nicht zu trauen. Oben auf lag der dunkelrote Stoffbeutel, indem Alida ihre Kräuter verwahrte.

Historischer Hintergrund

1826 Im neuen Westdorf wird an der Stelle, an der schon 1810 ein Friedhof angelegt wurde, eine Kirche errichtet, es handelt sich um die vierte Kirche in der Baltrumer Geschichte und die heutige Alte Inselkirche

1840 Der noch heute benutzte Friedhof wird angelegt und der bisherige Friedhof an der Alten Inselkirche wird danach nur noch für vereinzelte Beerdigungen genutzt.

Der Pfarrer unterrichtet 39 Kinder im Pfarrhaus, das sich an der Nordseite der Inselkirche befindet.

1847 Ein Baltrumer Schiff gerät bei Norderney in Seenot. Die gesamte Besatzung kommt ums Leben.

1855 Im Sippenbuch wird erstmals ein Zollbeamter erwähnt. Der Bau des Zollhauses (Haus 18) wird für diese Zeit vermutet.

1856 Dem Pastor wird ein Schulgehilfe zugewiesen.

1861 Eine bösartige Epidemie (Brandige Bräune = Rachenerkrankung) lässt 50 Insulaner erkranken, 18 Personen sterben daran. Ein Drittel der Schulkinder sind Opfer dieser Krankheit.

(Quelle: »Chronik Baltrum 1398 – 2011«)

Andreas J. Schulte

Das stille Grab in den Dünen

Alles im Leben hat zwei Seiten. Auch das Leben auf dieser
Insel. Da waren diese Dünen, der allgegenwärtige Sand, der
durch alle Ritzen und jedes Loch ins Haus wehte. Und – da
waren die übrigen Inselbewohner, die sie jetzt, nach mehr als
zwanzig Ehejahren, immer noch für eine Fremde hielten. Eine
Fremde, die von drüben kam, vom Festland, eben nicht auf
Baltrum geboren war. Keiner hätte es zugeben wollen, aber es
war ein Makel. Unsichtbar trug sie ihn, spürte ihn wie den
Sand, der bei stürmischem Wetter zwischen ihren Zähnen
knirschte. Doch dieses Leben war allemal besser als die Jahre,
bevor sie Paul, den Fischer, geheiratet hatte. Sie war geflohen,
jetzt war sie frei. Frei und gesegnet mit einem Ehemann, der
sie wertschätzte, und mit fünf Kindern, die ihr ein Lächeln
ins Gesicht zauberten. Agnes Tiede atmete einmal tief durch,
schmeckte die salzige Luft auf den Lippen, bevor sie die Tür
ihres Hauses ins Schloss zog, um zum Krämer zu gehen. Es war
ein gutes Haus, das sie ihr Heim nennen durfte. Gebaut von
ihrem Schwiegervater nach der großen Sturmflut. Damals, in
der Februarnacht 1825, vor 23 Jahren, hatte der *Blanke Hans*
die Insel in zwei Stücke gerissen. Nur ein Hof im Ostdorf war
unbeschädigt geblieben, im Mitteldorf hatten zwölf von vierzehn Familien nach dieser Nacht kein Obdach mehr. Danach
begann auf der Insel der Wiederaufbau. Ein Wiederaufbau, bei
dem Agnes tatkräftig mitgeholfen hatte.

Agnes sah ihre einzige Freundin den Weg entlanglaufen. Amilia kam wie sie aus der Nähe von Veendam, wie sie war sie
einem Baltrumer als Ehefrau gefolgt. Doch während Agnes die
Zurückhaltung der anderen als Makel empfand, lachte Amilia
alle Sorgen aus der Welt, lächelte sie einfach zu Boden. Und
ob die anderen Frauen sie unter sich aufnahmen oder nicht,
war ihr schlicht egal. Agnes bewunderte Amilia für diese Hal-

tung. Jetzt aber war von der Fröhlichkeit ihrer Freundin nichts zu spüren. Als ihr Amilia gegenüberstand, sah sie rotgeränderte Augen und einen namenlosen Schrecken, der sich in ihr schmales Gesicht gegraben hatte.

»Aber Amilia, was ist denn los? Ist etwas mit Thorgen?«

Amilias Mann, Thorgen, war mit Paul seit Wochen unterwegs. Was war den Männern zugestoßen? Hatte ihre Freundin etwas im Hafen gehört?

»Nein«, Amilia schüttelte den Kopf, »nein, Thorgen und deinem Paul geht es bestimmt gut. Mit den Männern ist nichts. Es ist schlimmer, viel schlimmer.«

Amilia beugte sich vor, obwohl weit und breit keine Menschenseele hier auf dem Sandweg zwischen den Fischerhäusern zu sehen war.

»Er ist auf Baltrum. Der Teufel hat uns gefunden.«

Agnes prallte zurück, ihr Herz raste, die Angst nahm ihr die Luft. Das durfte doch nicht wahr sein. Nicht hier auf Baltrum, hier hatte sie sich immer sicher gefühlt. Doch jetzt wusste sie, dass sie sich selbst lange belogen hatte, sie war nirgendwo sicher.

Den wütend herausgestoßenen Satz des Kapitäns kannte mittlerweile jeder auf der Insel. Auf so einem elenden Sandhaufen möchte ich nicht leben, ja, nicht einmal begraben sein, hatte Henderik Dirks de Boer gewettert. Ein Strohfeuer im Hochsommer hätte sich nicht schneller verbreiten können, als dieses »möchte ich nicht einmal begraben sein«. Auch Agnes hatte davon gehört, gestern beim Krämer. Sie rückte noch näher an Amilia heran, die darauf bestanden hatte, mit ihr zurück ins Haus zu gehen.

»Stell dir vor, de Boer liegt mit der Jaltina im Watt fest und an Bord geht der Proviant aus. Also schickt er seinen Steuermann los, um Vorräte zu kaufen.«

»Weiß ich doch, beim Krämer gab es kein anderes Thema als de Boers Tjalk, die im Watt festsitzt.«

»Aber wusstest du, dass Arjen van Grouwen erster Steuermann des Schiffes ist? Dieser Teufel! Was tun wir denn jetzt?« Amilias Stimme zitterte.

Agnes, die ihren ersten Schrecken überwunden hatte, legte ihrer Freundin beruhigend die Hand auf den Arm. »Wir werden erst einmal gar nichts tun, hörst du? Er wird nicht lange auf dieser Insel bleiben. Wenn der Wind sich legt, der das Wasser zur See drückt, wird die Tjalk mit ihrem flachen Boden wieder flott sein und dann verschwindet das Schiff und mit ihm Arjen van Grouwen. Glaube mir, genau so wird es kommen.«

Amilia lehnte sich zurück. Erleichtert und beruhigt. Agnes' Gedanken dagegen rasten, denn sie hatte gelogen. Sie wusste, dass es nur noch einen Ausweg gab.

In dieser Nacht konnte Agnes keinen Schlaf finden. In der kleinen Kammer hörte sie die leisen Atemzüge ihrer Kinder. Sie selbst aber blieb am Herdfeuer sitzen und ließ zum ersten Mal seit Langem zu, dass die Bilder aus der Vergangenheit sie heimsuchten. Damals auf dem Hof in der Nähe von Veendam war sie ein junges Ding gewesen, etwas zu mollig, doch das schien den Burschen nichts auszumachen. Amilia und sie machten sich einen Spaß daraus, darüber nachzudenken, wem sie beim Jahrmarkt die Gunst eines Tanzes gewähren wollten. Bei diesem einen Jahrmarkt vor mehr als zwanzig Jahren kam alles anders. Es begann damit, dass Arjen von Grouwen und seine beiden Brüder aufdringlich wurden. Sie hatten getrunken, machten ihr und Amilia schöne Augen und wollten mehr. Doch in diesem Punkt waren sich die Freundinnen einig gewesen.

Die van Grouwens waren es nicht wert. Saufbrüder, Randalierer, die keinem Streit aus dem Weg gingen. Agnes schauderte bei der Erinnerung. Als sie schließlich mit Amilia allein zurück zum Hof gehen wollte, hatten die Kerle ihnen aufgelauert. Sie spürte immer noch die gierigen Hände auf ihrer Haut, hörte, wie der Stoff ihres Oberkleides riss, roch den schnapsgeschwängerten Atem. Hatte sie geschrien vor Angst, um Hilfe gewimmert? Agnes wusste es nicht mehr. Doch an die beiden dumpfen Schläge, das hässliche Knirschen von Knochen, daran konnte sie sich genau erinnern. Amilia hatte mit einem schweren Stein zugeschlagen.

Zwei der van Grouwen Brüder lagen danach in ihrem eigenen Blut. Arjen van Grouwen floh in dieser Nacht, aber er schwor den beiden Frauen Rache. Wochen später dann, in einer nebligen Herbstnacht, hatte Arjen ihr aufgelauert, sie halbtot geprügelt. Noch immer hörte sie seine Stimme: »Hör mir genau zu, du Hure. Ich werde mich rächen. Auch deine Freundin wird mir nicht entkommen. Das Blut meiner Brüder klebt an euren Händen. Das hier ist erst der Anfang.«

Agnes überlebte, die Wunden verheilten, ihr Haar aber war schneeweiß geworden. Eine junge Frau, kaum zwanzig Jahre alt, mit schneeweißem Haar, als ob ihr Körper sie an jene Nacht erinnern wollte. Als ob sie so eine Erinnerung nötig hätte.

Durch Zufall lernte sie Paul kennen. Paul, der eine sichere Zuflucht auf Baltrum bot. Und er hatte einen Vetter: Thorgen. Zwei Männer, eine Insel. Für sie und Amilia ein Geschenk des Himmels. Agnes zog ihr Wolltuch enger um sich. Aus ihrer Schürzentasche holte sie das Säckchen heraus, das sie beim Krämer auf dem Festland im letzten Herbst gekauft hatte. Samen des schwarzen Bilsenkrauts und Stechapfelsamen. Gegen die Ratten wollte sie damit zu Felde ziehen. Sie wusste genau, was zu tun war. Arjen van Grouwen würde wiederkommen. In einer Woche, in einem Monat, vielleicht erst in einem Jahr, und dann würde sie vorbereitet sein.

Nach mehr als einem Jahr stand die Flasche mit dem Schnaps immer noch in ihrer Truhe. Verschlossen und sorgsam bewacht. Würde Arjen van Grouwen je wieder einen Fuß auf Baltrum setzen? Agnes hielt längst nicht mehr Ausschau, zuckte nicht mehr bei jeder Ankunft eines fremden Schiffes zusammen. Und dann, an einem warmen Julimorgen, lief sie ihm direkt in die Arme. Als sie vom Hafen kam, wo sie Paul ein zweites Frühstück gebracht hatte, weil er gerade das Boot ausbesserte, kam van Grouwen ihr mit weitausholenden Schritten entgegen. Agnes senkte den Kopf, wünschte sich, unsichtbar zu sein. »Verzeiht.« Bei dem Klang seiner tiefen Stimme bekam sie eine Gänsehaut. »Verzeiht, ich suche die Kräuterfrau. Könntet Ihr mir den Weg zu ihrem Haus zeigen?«

Agnes hielt den Blick gesenkt, ein Windstoß erlaubte ihr, ihre Haube festzuhalten und noch etwas tiefer in die Stirn zu ziehen.

»Sicher, werter Herr. Ich bin es selbst. Wie kann ich Euch helfen?«

»Oh, es ist nur eine Kleinigkeit, aber ich fühle mich seit Tagen schwach und leide an Bauchschmerzen, wenn Ihr versteht, was ich meine.«

Ein Geschenk des Herrn, eine göttliche Fügung – Agnes hatte sich immer gefragt, was sie tun würde, wenn es einmal so weit war. Jetzt lieferte van Grouwen sich selber ans Messer.

»Unwohl, sagt Ihr? Nun, dann kommt mit. Ich werde Euch eine Flasche Kräuterschnaps geben, der stärkt Eure Kräfte.«

Das erste Glas trank Arjen van Grouwen noch in ihrer Wohnstube.

»Ah, großartig, ja, das tut gut.«

Als er das Glas absetzte, blickte er Agnes zum ersten Mal direkt ins Gesicht. »Kennen wir uns?« Misstrauen verdunkelte seinen Blick.

»Das glaube ich kaum, es sei denn, wir sind uns bei einem früheren Besuch von Euch auf der Insel begegnet.« Agnes wusste, dass sie mit ihrem weißen Haar, das unter der Haube hervorschaute, viel älter wirkte, als sie war. Ihr Gesicht war schmaler geworden in den Jahren auf Baltrum – mit der jungen Agnes hatte sie keine Ähnlichkeit mehr und dafür war sie heute zum ersten Mal dankbar.

»Ja, letztes Jahr lagen wir auch schon einmal hier fest. Ihr erinnert euch sicher an Henderik Dirks de Boer, meinen Kapitän. Er war ... nun ja, er war nicht gerade höflich.« Arjen van Grouwen grinste sie an. Agnes wandte sich ab. Dieses Grinsen und diese Augen wollte sie nie wieder sehen.

»Gut, dann werde ich Euch jetzt verlassen.« Ihr alter Widersacher erhob sich und ging zur Tür. »Was bin ich Euch schuldig?«

»Nehmt die Flasche als Geschenk und spendet in der Dorfkirche ein paar Kerzen. Ich helfe gern!«

Arjen van Grouwen hob erstaunt eine Augenbraue, das hatte er nicht erwartet, aber dann nickte er, murmelte einen Abschiedsgruß und verließ ihr Haus. Agnes schloss die Augen und ließ sich auf einen Hocker sinken. Tränen liefen ihr über die Wangen. Es dauerte eine Weile, bis sie mit zitternden Händen das Glas ausspülen konnte. Gründlich ausspülen, denn es sollte keine Spur ihres Schnapses im Glas bleiben. Schwarzes Bilsenkraut und Stechapfel: Zuerst fühlt man sich zufrieden und heiter, könnte Bäume ausreißen, dann folgt die Müdigkeit und am Ende, am Ende versagt das Herz und die Atmung setzt gleichzeitig aus.

Besser, es blieb kein Rest im Glas zurück.

»Hast du von dieser Tragödie auf der Jaltina gehört?« Paul Tiede blies vorsichtig in seinen Teebecher, um sich nicht die Lippen zu verbrennen.

Agnes blickte von dem Hemd hoch, das sie gerade stopfte. »Tragödie? Nein, was ist denn geschehen?«

»Ach, dieser Henderik Dirks de Boer, du weißt schon, der Schiffer aus Veendam, der im letzten Jahr auf unserer Insel nicht begraben sein wollte, ist tot. Und seinen ersten Steuermann hat es auch erwischt.«

»Zwei Männer tot? Wie schrecklich!« Agnes musste nicht einmal das Erschrecken vorgaukeln. Was war passiert? Hatte van Grouwen seinen Kräuterschnaps geteilt?

Mein Gott, daran hatte sie gar nicht gedacht. Was, wenn noch mehr Unschuldige ... Agnes begann zu zittern.

»Was ist denn mit dir?« Paul beugte sich besorgt vor. »Geht es dir nicht gut?«

»Ach, mir ist nur kalt, ich fühl mich seit Tagen nicht wohl.«

»Dann pass auf dich auf!«

»Das werde ich, das werde ich. Und was geschieht nun mit dem toten Kapitän?«

»Na, was denkst du? Sie werden ihn in den Dünen begraben, bei den Drinkeldooden, den angespülten Strandleichen. Auf unseren Friedhof lassen wir den nicht.«

»Und den anderen?«

»Ich glaube nicht, dass die Mannschaft Lust hat, ein zweites tiefes Grab zu schaufeln. Jede Wette, dass sie die beiden zusammen in eine Gruft werfen.«

»Und du weißt nicht, warum er starb?« Amilia schaute ihre Freundin prüfend an. Agnes schüttelte stumm den Kopf. Die beiden Frauen standen mitten in den Dünen, an der Stelle, an der die Mannschaft das Grab ausgehoben hatte.

Schweigend bat Agnes Henderik Dirks de Boer um Verzeihung. Vielleicht war er ja krank gewesen, vielleicht hatte er von dem Schnaps getrunken. Wer konnte das jetzt noch sagen?

Agnes hakte sich bei ihrer Freundin ein und sie wanderten langsam zurück ins Dorf.

Ein Grab – zwei tote Männer. Es war vorbei.

Historischer Hintergrund

»Up dat Eiland mugg ik net begraven wesen«

Da möchte ich ja nicht mal begraben sein – fast jeder kennt diesen Spruch in der einen oder anderen Form. Wer die Insel Baltrum besucht, der wird auch schnell dem einsamen Grab in den Dünen und seiner Geschichte begegnen. Dafür muss man nur aus dem Westdorf vorbei am Ostdorf und entlang des Vogelschutzgebietes gehen. Kurz vor dem Weg in die Dünen steht auf einer Wiese ein Gedenkstein für jenen unglücklichen Kapitän Henderik Dirks de Boer.

Von seiner Geschichte gibt es verschiedene Versionen. Mal stirbt er nach seinem Wutausbruch überraschend in wenigen Tagen, mal kommt er nach einem oder auch mehreren Jahren ein zweites Mal nach Baltrum. Dass die Inselbewohner in ihrem Stolz gekränkt waren, als sie dem Fremden Ziegenmilch und Schwarzbrot anboten, und dieses Angebot verschmäht wurde, kann man sich denken. Aber war dieser Stolz so groß, dass man ein christliches Begräbnis auf dem Inselfriedhof verweigerte? Möglich ist das schon ...

In einer Quelle fand ich die Vermutung, dass Henderik Dirks de Boer auch an Cholera gestorben sein könnte und deshalb außerhalb, weit weg von allen, verscharrt wurde. Heidi Gansohr-Meinel schreibt in ihrem Buch »Baltrum - eine kleine Insel und ihre Bewohner. Ein Rundgang.«, dass es mehrere Familien auf Baltrum gab, deren Männer genau wie Kapitän de Boer aus dem niederländischen Veendam kamen. Und sie wirft die Frage auf, warum Kapitän de Boer trotzdem kein anständiges Begräbnis erhielt.

Das war für mich der Ausgangspunkt für meine eigene Idee rund um das Grab in den Dünen. Da ich Kapitän de Boer nichts Böses »nachsagen« wollte, habe ich den fiktiven Steuermann Arjen van Grouwen erfunden. Und aus den Veendamer Männern wurden zwei Frauen.

Besuchen Sie Baltrum, dann können Sie auf einer Infotafel in den Dünen die Geschichte des Kapitäns de Boer selber nachlesen – auf einer Insel, auf der er nicht einmal begraben sein wollte.

BARBARA SALADIN

Gebete

Lieber Gott
Heute habe ich ein Schiff gesehen. Es lag draußen im Watt, die
Segel waren gesetzt, aber es schien nicht vorwärtszukommen.
Seit Tagen herrscht Flaute. Wer keine Ruder hat, kommt nicht
vom Fleck. Gott, wie oft peitschen uns die Stürme, und wir
hoffen auf Milderung der Naturgewalten, aber wenn gar kein
Wind mehr weht, dann wünschen wir uns, es würde wenigs-
tens ein Hauch die Segel blähen. Nicht zuletzt, weil es auch die
Winde sind, die unsere Männer zurückbringen, irgendwann.
Hoffentlich noch vor Weihnachten. Herr, lass den Wind kom-
men. Gesegnet seist du, Jesus Christus. Amen.
  Ach, wie ich Obbo vermisse.

Den letzten Satz sagte Hilke nicht mehr. Ihre murmelnde Stimme war nach dem Amen ganz verstummt. Nur im Kopf formten sich die letzten fünf Worte und brannten sich in ihr Herz.
Sie dachte an ihren Geliebten, den sie heiraten würde und der
nun auf großer Fahrt war, auf einem Schiff, irgendwo auf den
Weltmeeren. Oder wenigstens auf einem der sieben. Denn auf
welchem er fuhr, wusste sie nicht. Genaues würde sie dann im
Herbst erfahren, wenn Obbo wieder heimkehrte, zurück in ihr
kleines Haus auf Baltrum, das sich etwas außerhalb des Dorfes
hinter die Dünen duckte, als fürchte es sich vor der Welt.
  Hilke hob den Blick und blinzelte in die Sommersonne,
die vom stahlblauen Himmel brannte. Ihre Hände waren auf-
geraut und von Hornhaut gelblich verfärbt, und ihr Rücken
schmerzte, als sei sie schon eine alte Frau und zähle nicht erst
knappe zwanzig Lenze. Nach den paar Sekunden Verschnauf-
pause, die das Gebet ihr geschenkt hatte, fasste sie die Hacke
wieder fest um den Stiel und arbeitete weiter. Auf dem kleinen Gemüseacker kämpften ein paar mickrige Kohlköpfe und
Kartoffelstauden zwischen drahtigem Gras ums Überleben.

Seit vor ein paar Jahren die Kaninchenjagd auf der Insel verboten worden war, war es stets ein Kampf, wer mehr hatte von den kümmerlichen Pflanzen, die dem rauen Klima trotzten: die Menschen oder die Kaninchen.

Die alte Antje, die das Nachbarsgrundstück beackerte und immer wieder ächzend das Kreuz durchstreckte, fluchte hin und wieder lauthals und verwünschte die Arbeit, den Garten, den Hunger und die Welt an sich. Hilke bemühte sich, nicht hinzuhören, hackte weiter und sehnte sich weit fort.

Lieber Gott
Ich schäme mich. Vor zehn Tagen habe ich um Wind gebeten, als wir Flaute hatten, und du hast ihn geschickt. Allerdings Ostwind. Ich weiß, es ist meine Schuld, ich habe mich nicht genau genug ausgedrückt. Ich bin kein undankbares Ding, Allmächtiger, aber wenn ich noch einen Wunsch frei hätte: Westwind wäre mir lieber gewesen. Denn der Ostwind hat das Wasser in den vergangenen Tagen aus dem Watt gedrückt. Die Tide ist viel tiefer als normal, und bald kommen die Schiffe nicht mehr durch, wenn es so weitergeht. Die Sandbänke, lieber Gott, du weißt schon. Dann steht auch wieder alles still, wie bei Flaute. Heute sah ich wieder ein Schiff draußen liegen. Seit gestern bewegt es sich nicht. Ich glaube, es fährt des Öfteren zwischen unserem Eiland und der Küste hindurch übers Watt, und jetzt sitzt es wohl fest. Es ist eine Tjalk, und sie scheint schwer beladen zu sein.

Die Frauen saßen zusammen und tranken Tee. Er erinnerte sie an die Männer der Insel, die ihnen die Teeblätter jeweils von ihren Reisen nach Hause brachten. Antje sprach mal wieder von Tod und Teufel. Das tat sie öfters. Während sie sich ihre von der Gicht verformten Fingerknöchel massierte, referierte sie über die Kartoffelfäule. »Die heimtückische Krankheit befällt sicher bald auch unsere Kartoffeln, und dann gnade uns Gott«, prophezeite sie. In Irland herrsche bereits eine große Hungersnot, wusste sie zu berichten; dort faule den Menschen die Nahrung buchstäblich im Boden weg.

»Woher willst du das wissen?«, fragte Edda. Sie war eine jener Frauen im Dorf, die hin und wieder nachhakten und nicht einfach nur stumm zuhörten, wenn die Männer oder die Alten etwas sagten. Insgeheim bewunderte Hilke sie dafür, aber ihr mehrmals gefasster Vorsatz, so mutig zu werden wie Edda, hatte sie noch nie umzusetzen gewagt.

»Von meinem Jendrik natürlich. Er kennt sich als Kapitän doch in ganz Europa aus«, sagte Antje.

»Aber auch dein Jendrik war seit Monaten nicht mehr hier. Wer weiß, vielleicht wurde die Krankheit ausgerottet«, schöpfte Edda Hoffnung.

»Blödsinn! Wenn die Kartoffelfäule einmal hier ist, dann bleibt sie, bis Mann und Maus verhungert sind.«

Hilke versuchte, das Gerede zu ignorieren. Angst schlich ihr den Rücken hoch, und dennoch fühlte sie sich im Beisein der anderen Frauen am Wohlsten.

An diesem Abend, als die kleine Petrollampe in ihrem Haus noch Licht spendete, pochte es plötzlich an der Tür. Als Hilke öffnete, trat Enno ein, ohne um Erlaubnis zu bitten. Sie erstarrte. Lauthals verlangte er nach einem Glas Schnaps und wollte, dass sie ihm Gesellschaft leiste. Hilke tat, wie ihr befohlen und traute sich nicht, ihn aus dem Haus zu weisen. Denn Enno war ein angesehener Mann. Er war in der Fremde zu Geld gekommen und fuhr daher nicht mehr zur See, wie die meisten anderen Baltrumer Männer es taten.

Dass er einmal kommen würde, hatte Hilke befürchtet, denn sein Blick war, wenn sie sich im Dorf begegnet waren, immer länger an ihr haften geblieben, und sie war nicht an ihm vorbeigekommen, ohne dass er sie angesprochen hatte. Nachdem Ennos Frau im Frühjahr an Schwindsucht gestorben war, war er wieder auf Brautschau.

Steif wie ein Brett saß Hilke da, während Enno ihr ungefragt von seinen Reisen auf den Weltmeeren erzählte. Auch als er sie zu sich zog und den Arm um sie legte und sein saurer Schweißgeruch ihr fast die Sinne nahm, wehrte sie sich nicht. Er muss es doch merken, dass ich nicht will, dachte sie.

Sie war erleichtert, als Enno aufstand und ging, ohne dass er seine tellergroßen Hände von ihren Schultern, wo er sie hingelegt hatte, weiter nach unten bewegt hatte.

Gütiger Gott
Ich bitte dich: Halte Enno von mir fern. Schon zweimal hat er mich abends besucht und unzüchtige Bemerkungen gemacht. Ich will ihn nicht heiraten, mich ekelt vor ihm, und er ist viel zu alt für mich. Er hat mir gesagt, dass Obbo nicht mehr zurückkehre und mich nicht heiraten würde, auch wenn er käme, weil es draußen in der Welt in jedem Hafen viele Frauen gäbe, die schöner seien als ich. Ich kann es nicht glauben, dass Obbo mich nicht zur Frau nehmen will, aber ich kann ihn nicht fragen. Seit dem Frühling ist er weg. Enno hat mir eine goldene Zukunft versprochen, wenn ich ihn heirate. Aber das will ich nicht, allmächtiger Gott. Lieber will ich sterben, oder zumindest weg von hier. Ich möchte auf eines dieser Schiffe, die da draußen im Watt liegen, und weit, weit weg. Auf diese Tjalk zum Beispiel, die mich fortbringen würde, wenn sie nicht auf der Sandbank festsitzen würde. Gelobt seist du, Herr Jesus Christus. Ach, bring mir Obbo zurück! Amen.

Hilke graute vor dem Abend, wenn es dunkel würde und Enno wieder ihr kleines Häuschen etwas außerhalb des Dorfes aufsuchte. Er würde den Weg über die Dünen und zwischen den Sanddornsträuchern hindurch nehmen, damit die Dorfbewohner ihn nicht beobachten konnten, und irgendwann würde er sich an ihr versündigen, das wusste sie. Sie hatte das gierige Leuchten in seinen Augen gesehen.

Einmal schaffte Hilke es fast, den Mut zu finden, sich Edda anzuvertrauen. Die Worte lagen ihr bereits auf der Zunge, als sie sie auf dem Weg zur Hellerwiese traf, wo ihre Ziege weidete. Doch dann brachte sie keinen Ton heraus, schlug die Augen nieder und ging schweigend an ihr vorbei.

Als die Sonne sich dem Horizont näherte und die Nordsee in ein funkelndes Meer aus roten Diamanten verwandelte, klopfte es an Hilkes Tür. Augenblicklich trat ihr der Angst-schweiß auf die Stirn, und starr vor Schreck blickte sie zum Eingang. Es klopfte erneut. Ungeduldig.

Als sie die Tür doch noch vorsichtig einen Spalt breit öff-nete, sah Hilke einen fremden Mann mit nassen Schuhen vor dem Haus stehen. Zwei helle Augen funkelten aus einem wet-tergegerbten Gesicht, das von einem weißen Bart umrahmt wurde. Ihre erste Reaktion war Erleichterung: Gott sei Dank war es nicht Enno!

Sein Name sei Hendrik Dirks de Boer, er sei Kapitän einer Tjalk und auf Durchreise, sagte der Fremde auf Niederlän-disch. Er und seine Besatzung säßen im Watt fest und hätten keinen Proviant mehr an Bord: »Gebt uns etwas Weißbrot und Genever.«

»Das habe ich nicht«, erwiderte Hilke unsicher. Die letzten Reste aus ihrer einzigen Schnapsflasche hatte eben am Abend zuvor Enno getrunken, und Weißbrot war etwas, das sie noch nie in ihrem Leben gegessen hatte.

»Was, ihr wollt mir nichts geben?«, rief der Kapitän.

»Doch, gerne, bei Gott, natürlich möchte ich«, stotterte Hilke. »Aber ich habe nichts. Ich kann euch ein Schwarzbrot und einen Krug Ziegenmilch anbieten, ich …« Sie wollte sich umdrehen, um Speis und Trank aus der Küche zu holen, doch die Fluchtirade, die der Fremde ihr an den Kopf warf, ließ sie wie angewurzelt stehen bleiben.

»Auf diesem verdammten armseligen Sandhaufen möchte ich nicht leben, ja nicht einmal begraben sein!«, schrie er zor-nig, spuckte ihr vor die Füße und drehte sich um. Ihr Herz pochte bis zum Hals. Als sie sich endlich wieder bewegen konnte, war der Fremde weg. Sie schloss die Tür und bekreu-zigte sich.

Großer allmächtiger Gott
Man hat mich verflucht! Herr im Himmel, bitte erbarme dich
meiner Seele! Hilf mir. Heute war der Leibhaftige bei mir, in
Gestalt eines bärtigen Wüterichs, und hat mich verflucht. Ich
möchte nicht in der Hölle schmoren. Erbarme dich meiner, ich

habe nur einen einzigen Wunsch: Halte mir diesen Teufel vom
Leibe und nehme mich wieder auf in deinen Kreis.
   Amen

Die Entrüstung der anderen Frauen war groß, als Hilke ihnen
tags darauf von ihrem Zusammentreffen mit Kapitän Hendrik Dirks de Boer erzählte. Sein Fluchen hatten auch andere
Dorfbewohner gehört, als er lauthals vor sich hinschimpfend
zurück ins Watt gestapft war. Ohne Brot und ohne Schnaps.
Man war sich einig, dass dieser Mann vom Teufel geritten sei,
denn wer die Not der anderen nicht anerkenne und sogar die
ganze Insel verfluche, der könne kein gottesfürchtiger Mensch
sein.

   »Ganz im Gegenteil. Dieser Satan darf nie mehr einen Fuß
auf unser Eiland setzen«, ereiferte Antje sich. Die Frauen beschlossen, dass es am besten sei, gemeinsam zu beten, und
auch Hilke dachte sich, dass es nichts schaden könne, den
Herrn nochmals um die Abwendung des Fluchs zu bitten.

Seit ihrer beängstigenden Begegnung mit dem Kapitän sah
Hilke das festsitzende Schiff draußen im Watt mit anderen
Augen. Eine unheimliche Bedrohung schien von ihm auszu-
gehen.

   Als sie wenige Tage später nach der Hausarbeit damit beschäftigt war, den Mist ihrer Ziege einzusammeln und auf den
Handkarren zu laden, um die Kartoffeln damit zu düngen, sah
sie, wie drei Männer draußen im Watt aus der Tjalk kletter-
ten. Es war Niedrigwasser, und die Schlickebenen glänzten
trockengefallen in der Sonne. Hilke zog es vor, die Hellerwie-
sen zu verlassen, bevor die Fremden die Insel erreicht hatten,
deshalb vernahm sie die Kunde erst etwas später: Kapitän
Henderik Dirks de Boer war auf seinem Schiff an einer plötzlichen Krankheit gestorben, und seine Matrosen hatten die
Baltrumer darum gebeten, ihn auf dem Inselfriedhof beisetzen
zu dürfen. Ein kalter Schauder schlich Hilkes Rücken hinab:
Hendrik Dirks de Boer war tot! Gott hat mich erhört, schoss
es ihr durch den Kopf. Himmel, Gott hat mich erhört!

*Allmächtiger, es macht mir Angst. Gesegnet seist du, Jesus
Christus. Hendrik Dirks de Boer ist gestorben. Seine Männer
wollten ihn auf unserem Friedhof begraben, aber das haben
wir abgelehnt. Wer unsere Insel verflucht, darf hier kein christliches Begräbnis haben! Sie haben ihn dann draußen in den
Dünen verscharrt, und ich werde diesen Ort bis ans Ende meiner Tage meiden. Großer Gott, ich fürchte mich. Wenn alles
Wahrheit wird, was ich bete, dann beängstigen mich meine
Gedanken. Ist es besser, ich höre auf zu beten, um mich nicht
in deine Geschicke zu mischen? Ich habe dir gesagt, ich hätte
nur diesen einen Wunsch, dass du mir den Kapitän vom Leibe
hältst. Und du hast mich erhört! Gelobt seist du! Aber: Vielleicht könnte ich dich doch noch um etwas bitten? Es geht um
Enno. Dein ist das Reich und die Kraft und die Herrlichkeit in
Ewigkeit.*

 Herr, ich danke dir.

 Amen

Kaum war Hendrik Dirks de Boer in den Dünen begraben,
kam Nordwestwind auf, und die Besatzung der Tjalk konnte
die Reise ohne ihren Kapitän fortsetzen. Der Anblick der Küs-
tenlinie des ostfriesischen Festlands ohne die Tjalk davor gab
Hilke Mut. Ein Gefühl der Stärke keimte in ihr, das sie bisher
nicht gekannt hatte.

Als es August wurde, wollte Enno nicht länger warten. Noch
bevor die Männer der Insel im Herbst nach Hause kommen
würden, wollte er Hilke geehelicht haben. Mit dem Pastor
hatte er die Hochzeit bereits abgesprochen. Dann konnte ihr
Geliebter sehen, wo er blieb. Bei dessen Rückkehr würde man
Hilke im Idealfall die Schwangerschaft bereits ansehen, sodass
ihre Attraktivität und ihr Marktwert auf null sanken. Nein,
eine Schwangere würde Obbo nicht heiraten – auch nicht,
wenn er ihr im vergangenen Winter die ewige Liebe geschworen hatte.

 Nun war es Zeit. Nun würde Enno Hilke züchtigen. Sie
hatte sich lange genug geziert, nun war der Augenblick da,

wo sie die Beine für ihn spreizen würde. Ob sie wollte oder nicht.

Als er sich auf den Weg machte zu dem gedrungenen Haus etwas außerhalb des Dorfes, setzte starker Regen ein. Die dunklen Gewitterwolken, die sich über der Nordsee zusammengebraut hatten, begannen sich zu entleeren, und Enno schickte ein Stoßgebet zum Himmel, dass der Blitz ihn nicht erschlagen möge, ehe er sein Vorhaben in die Tat umgesetzt hatte.

Der Blitz tat es nicht. Aber eine Hacke, die kurz zuvor noch Erde auf einem kleinen Kartoffelacker gelockert hatte, durchbohrte seine Schädeldecke.

Hilke musste all ihre Kräfte aufwenden, um den toten Körper, der zwischen den Sanddornbüschen zusammengesackt war, auf ihren Handkarren zu laden. Im strömenden Regen schob sie das wacklige Gefährt über den Strand zum Spülsaum und übergab Enno der Nordsee. Der Regen wusch das Blut von der Holzpritsche, und das ablaufende Wasser nahm den Leichnam schließlich mit.

Zwar würde Ennos Verschwinden nicht lange unbemerkt bleiben, das wusste Hilke. Aber die See war unberechenbar, und immer wieder kam es vor, dass sie ihren Tribut forderte und eine arme Seele zu sich nahm. Dann würde das Dorf für Enno beten. Der Herr habe ihn zu sich gerufen, würde es heißen.

Hilke hatte bei dem Rufen zwar etwas nachgeholfen, weil es ihr doch ein wenig unsicher vorgekommen war, sich gänzlich auf ein Gebet zu verlassen, wenn es um ihre Zukunft ging. Doch das wussten nur sie und der Allmächtige allein.

Und dieser würde sie nicht verraten.

Historischer Hintergrund

Im Juli 1849 saß der holländische Kapitän Hendrik Dirks de Boer mit seinem Plattbodenschiff, einer Tjalk, im Watt vor Baltrum fest. Der Ostwind hatte das Wasser aus der Nordsee gedrückt, und schließlich ging de Boer an Land und verlangte von der Inselbevölkerung Weißbrot und Genever als Proviant. Weil sie aber so arm waren, konnten die Baltrumer dem Kapitän bloß Schwarzbrot und Ziegenmilch anbieten, worauf er die Insel verfluchte. Wie es das Schicksal wollte, starb Hendrik Dirks de Boer kurz darauf – immer noch vor Baltrum liegend. Wegen seines Fluchs verweigerten die Insulaner ein christliches Begräbnis auf ihrem Friedhof. Noch heute steht ein Gedenkstein an jener einsamen Stelle in den Dünen östlich des Dorfes, wo der Leichnam des Kapitäns einst verscharrt wurde.

Auf Norderney ist Autoverkehr zugelassen. Allerdings ist die Insel nur in bestimmten Zonen befahrbar.

Die ersten Siedler kamen vermutlich im 13. - 14. Jahrhundert auf die Insel. 1550 sind etwa 80 Familien dokumentiert. Sie lebten vermutlich vom Fischfang. Landwirtschaft war wegen der schwierigen Bodenverhältnisse kaum möglich. Im Laufe der Jahre begannen die Insulaner Muscheln anzubauen, aber auch angeschwemmtes Strandgut war eine Einnahmequelle. Letzteres aber konnte nur unter Aufsicht des Strandvogts verteilt werden. Um 1760 herum wurden die Norderneyer von Seuchen heimgesucht. Pest und Rote Ruhr wüteten und kosteten zahlreiche Menschen das Leben.

Nachdem sich der Seebadtourismus entwickelte, stieg auch die Bevölkerungszahl stetig an. Nach dem Zweiten Weltkrieg war die Einwohnerzahl auf dem Höchststand.

Am 1. Mai 1800 wurde Norderney als erstes deutsches Seebad eröffnet. Schon 1819 zählte die Insel zu den bekanntesten Bädern Europas, allein wegen ihrer Ernennung zum Königlich-Hannoverschen Seebad. Das prägnanteste Gebäude der Insel ist sicher das 1840 am Kurplatz erbaute Conversationshaus.

Die ankommenden Schiffe mussten noch bis 1850 im Südwesten Norderneys festmachen und die Gäste wurden mit Pferdekarren durchs Wasser an Land gebracht. 1872 gab es die erste Dampfschiffverbindung.

Norderney entwickelte sich zu einer Insel mit mondäner Seebadkultur und einer prachtvollen Architektur. Im Zweiten Weltkrieg wurde die Insel bombardiert.

Der Seebadtourismus wurde aber wieder aufgenommen und so konnten die Norderneyer 1997 ihr 200-jähriges Bestehen als Kurinsel feiern.

Um Kopf und Kragen

Norderney, 24. Juli 1948

Es ist ein traumhafter Sommertag. Der Himmel spannt sein Blau bis an den Horizont. Möwen jagen über die Wasseroberfläche, wiegen sich auf trägen Wellen. Mimke reibt sich die müden Augen, lässt ein letztes Mal den Blick zur Nordsee schweifen. Tief atmet er die salzige Luft ein, was gäbe er jetzt für eine Zigarette.

Mimke läuft den Strand hinauf, seine Füße versinken im Sand, doch das ist es nicht, was ihm die Schritte schwer macht. Zehn Jahre ist es her, dass er Norderney zuletzt betreten, zuletzt seine Mutter gesehen hat. Auch auf der Insel hat der Krieg seine Handschrift hinterlassen. Für die Nazis war seine Heimat nicht mehr als ein Bollwerk gegen die Alliierten. Aus dem Seebad war ein Marinestützpunkt geworden. Von einem Tag auf den anderen wurden die Badegäste durch Soldaten ersetzt.

Oben auf dem Lüttji Damenpfad bleibt Mimke stehen. Von hier aus konnte er die Straße hinauf die weiße Stuckfassade des Hauses in der Sonne glänzen sehen, wenn er als Kind vom Strand zurückgekommen war. Sehen kann er es auch jetzt, den Glanz hat es verloren. Es ist angeschlagen, aber es hat überlebt, nur das zählt in diesen Zeiten. Und weiter will Mimke nicht denken, weder nach vorne noch zurück.

Die Frau, die ihm die Tür öffnet, ist Mimke unbekannt. Sie hat ein Baby auf dem Arm, einen kleinen Jungen an der Hand. Im Hintergrund Stimmen, Töpfeklappern und Kindergeschrei. »Hier ist kein Platz mehr«, sagt sie. »Tut mir leid.«

»Das ist mein Elternhaus«, erklärt Mimke. »Mimke Claaßen, ich suche meine Mutter, Emma Claaßen.«

Die Frau tritt aus dem Schatten heraus, der Junge löst sich von ihr und rennt zurück ins Haus. »Emmas Sohn?«, fragt sie und lächelt. »Emma, Emma«, ruft sie, dann wendet sie sich wieder Mimke zu. »Kommen Sie!« Sie nimmt seine Hand und zieht ihn in die Diele.

Drinnen ist es schattig, einige der Fenster sind mit Brettern vernagelt. Dennoch erkennt er sie sofort. Sie kommt aus der Küche, wischt sich die Hände an der Schürze ab und streicht sich eine der grau gewordenen Strähnen aus dem Gesicht. Als sie ihn sieht, bleibt sie stehen, schlägt die Hände vor den Mund.

»Mein Junge«, sagt sie, als Mimke sie in die Arme nimmt. »Mein Junge.«

Mimke bringt kein Wort heraus. Sie fragt nicht, wo er die ganze Zeit gewesen ist, warum er sich nicht hat sehen lassen, seit damals. Sie hält ihn ein Stück von sich weg, sieht ihn sich an, sieht, dass alles an Ort und Stelle ist, und zeigt sich damit zufrieden. Erst jetzt gesteht Mimke sich ein, wie sehr er sie vermisst hat.

Am nächsten Tag versucht Mimke, sich nützlich zu machen. Es gibt viel zu tun, doch nur weniges, was er erledigen kann. Es fehlt an allem.

Die Mahlzeiten nehmen sie in Schichten in der Küche ein. Das Haus ist vom Dach bis zum Erdgeschoss voller Menschen.

Nach dem Abendbrot hilft Mimke seiner Mutter beim Abwasch. Zum ersten Mal seit seiner Ankunft sind sie allein.

»Hast du's schon gehört?«, fragt seine Mutter und reicht ihm einen der verbeulten Töpfe. »Irmi Schulze, kannst du dich an sie erinnern?«

Mimke muss nicht lang überlegen. Die kleine Irmi. Fast täglich war sie bei ihnen gewesen. War zusammen mit Anni von der Schule gekommen und erst nach dem Abendessen nach Hause gegangen. »Was ist mit ihr?«

»Nächste Woche wird ihr in Aurich der Prozess gemacht«, sagt seine Mutter und blickt ihn forschend an. »Sie soll ihre beiden Kinder ermordet haben.«

Mimke sieht sie vor sich. Das kleine schüchterne Wesen mit den dünnen Zöpfen. Anni und sie waren unzertrennlich.

136

Da Mimke nichts erwidert, fährt seine Mutter fort. »Es war ein Jahr, nachdem Anni ...« , sie sieht auf ihre Hände. »Es war im Sommer 38, sie hatte unten am Strand in dem Ausflugslokal gearbeitet, als Kellnerin. Sie hatte sich verliebt, in einen der Soldaten. Er hat sie geheiratet, obwohl seine Familie dagegen war. Du kannst dir denken, warum.«

Natürlich konnte er das. Jeder auf der Insel konnte das. Irmis Familie galt als asozial. Ihr Vater war ein Schürzenjäger und ein übler Schläger. Weder seine Heirat noch die Geburt seiner Kinder hatte etwas daran geändert. Und selbst vor seiner Familie hatte er nicht Halt gemacht. Jeder wusste es, und jeder hatte darüber hinweggesehen. Nur Mimkes Vater nicht. Als Arzt hier im Krankenhaus konnte er die Zeichen allzu gut deuten, für einen Beweis reichte es dennoch nicht. Immer hatte Irmis Mutter eine Erklärung bereit, für jeden blauen Flecken, jede Strieme und auch für den gebrochenen Arm.

»Sie zogen nach Oldenburg und Irmi wurde schwanger«, fuhr seine Mutter fort. »Dann musste Karl-Heinz an die Front. Und sie war alleine mit dem Lüttjen. Sie hielt es nicht lange bei seiner Familie aus und kam zurück auf die Insel. Sie nahm ihre alte Stellung wieder an. Stundenweise, nachdem man alle Kurgäste vertrieben hatte, war ja nicht mehr viel zu tun. Aber sie konnte mit dem Lüttjen im Gasthaus wohnen. Für viele war das natürlich ein willkommener Anlass, sich das Maul zu zerreißen. Wie der Vater so die Tochter. Natürlich erfuhr auch die Familie ihres Mannes von diesen Gerüchten, und die hatten nichts Besseres zu tun, als ihm an die Front zu schreiben. Karl-Heinz reichte beim Frontgericht die Scheidung ein. Wenig später, während seines Heimaturlaubes, haben sie sich ausgesprochen. Irmi wurde abermals schwanger mit der kleinen Lale. Schon wenige Tage, nachdem Karl-Heinz an die Front zurückgekehrt war, fiel er, noch bevor er die Scheidung hatte rückgängig machen können. Sie wurde rechtskräftig und Irmi eine schuldig geschiedene Witwe. Der Krieg war in vollem Gange. Das Wirtshaus geschlossen und Irmi mittellos. Was anderes hätte sie tun können, als in ihr Elternhaus zurückzukehren.« Mimkes Mutter schwieg, füllte das Abwaschwasser von der Schlüssel in den Eimer neben der Anrichte.

Sie brauchte nicht weiter zu reden, Mimke konnte sich vorstellen, wie es Irmi ergangen war. Ihr und ihren Kindern.

»Vor einem Jahr«, greift seine Mutter den Faden wieder auf, »hat sie ihre Kinder auf dem Dachboden erhängt.«

»Ist es sicher, dass sie es getan hat?«

»Sie hat ein Geständnis abgelegt.«

Mimke kann deutlich fühlen, dass seine Mutter ihm das nicht einfach so erzählt hat, und kommt ihrer Frage zuvor. »Ich bin kein Anwalt mehr«, sagt er, »schon lange nicht.«

»Aber du könntest es wieder werden.«

Mimke schüttelt den Kopf. »Nein, niemals.«

Emma legt ihrem Sohn eine Hand an die Wange, sieht ihm in die Augen. »Du konntest Anni nicht helfen. Kein Anwalt der Welt hätte das gekonnt. Damals nicht. Aber die Zeiten ändern sich.«

»Wenn dem so ist«, antwortet Mimke gereizt, »dann wird sie einen gerechten Richter finden.«

»Uecken wird ihr Richter sein.«

Der Name erzeugt in Mimke unbändige Wut und Ohnmacht. Ein zynisches Lachen quält sich über seine Lippen. »Ist dies nicht der beste Beweis? Nichts hat sich geändert.«

So sehr sich Mimke auch dagegen wehrt, die Erzählung seiner Mutter lässt ihn nicht los. Gleich nach Anbruch der Dämmerung steht er auf, geht hinunter zum Strand. Ueken! Mimke kann es nicht fassen. Er hatte gehofft, der Mann würde längst in der Hölle schmoren, stattdessen hat man ihn zum Vorsitzenden der Strafkammer im Landesgericht Aurich berufen. Wie konnte das sein? Was war aus den hehren Versprechen der sogenannten Befreier geworden, die Naziverbrecher würden nie wieder Einfluss über dieses oder irgendein anderes Volk erlangen. Fifty-percent-rule, Huckepack-Regelung, nennen sie es und beschönigen nun, was sie zuvor verteufelt hatten. Schnell war bei der Entnazifizierung klar geworden, dass nur wenige übrig bleiben würden. Zu wenige, um das Staats- und Rechtswesen aufrecht zu erhalten. Für jeden unbescholtenen Juristen konnte jetzt einer eingestellt werden, der dem Regime die Treue geschworen hatte. Uecken war einer von ihnen. Dabei spielt es für ihn keine Rolle, unter welchem Herren er dient. Ueken führt seinen eigenen, menschenverachtenden Krieg.

Mimke kickt mit der Fußspitze eine Muschel ins Meer und geht weiter Richtung Hafen.

Aurich, 27. Juli 1948

Der Verhandlungssaal ist voll besetzt. Als hätten die Menschen in den letzten Jahren nicht genug Abscheulichkeiten miterlebt. Irmi wird von einem Beamten hereingeführt, gefolgt von ihrem Anwalt. Sie hat den Blick zu Boden gerichtet, ihr Gang ist kraftlos. Sie hat sich längst aufgegeben, denkt Mimke. Widerwillig erhebt er sich von seinem Platz in der letzten Reihe der Zuschauerränge, als der Richter den Saal betritt. Schon jetzt ist seine Miene siegessicher. Ueken will sich gerade setzen, als sein Blick bei Mimke hängen bleibt. Nur eine Sekunde und ohne eine Regung, aber Mimke weiß, dass er ihn erkannt hat.

Der Staatsanwalt bittet den Kriminalsekretär, den Tathergang zu rekonstruieren. Er tut dies mit allen grausamen Details, berichtet von Irmis Flucht nach Oldenburg. Dort am Bahnhof hatte die Polizei sie aufgegriffen. Ihr eigener Vater soll den entscheidenden Hinweis geliefert haben. Woher er von Irmis Fluchtort gewusst hat, fragt sich Mimke, zur Sprache kommt es nicht. Irmi wurde erst in Untersuchungshaft und später in die psychiatrische Abteilung der Heil- und Pflegeanstalt Wehen verbracht, wo sie fast ein Jahr geblieben war, ehe man sie nach Aurich überführt hatte. Ein Weg, den unter den Nazis viele gegangen waren, denkt Mimke, über eine Nervenheilanstalt mittels kurzem Prozess direkt in den Tod. Mimke fixiert Ueken, der ihn nicht beachtet.

Wichtigster Zeuge der Staatsanwaltschaft ist der Leiter der psychiatrischen Abteilung der Heil- und Pflegeanstalt in Wehen. Ein hagerer Mann, die runde Brille mit den dicken Gläsern gibt seinem Blick selbst etwas Irres. Seine Stimme ist sanft und damit umso überzeugender, als er Irmis Seelenleben auseinandernimmt.

»Dennoch halten Sie die Angeklagte für schuldfähig?«, kürzt der Staatsanwalt die Ausführungen ab.

Der Psychiater nickt. »Eine so wohlüberlegte Tat kann nicht das Erzeugnis eines kranken Gehirns sein. Sie wurde präzise und mit größter Grausamkeit geplant.«

Mimke sieht zu Irmis Pflichtverteidiger, sieht ihn aufspringen, Einspruch rufen, doch er rührt sich nicht. Seine Miene ist so unbelebt wie die seiner Klientin. Verdammt, denkt Mimke, tu etwas! Es peinigt ihn wie Stockhiebe, nicht selbst einzugreifen.

Nun, endlich kommt Irmis Vorgeschichte zur Sprache. Wenn Irmi Hand an ihre Kinder gelegt hat, wovon Mimke ausgehen muss, dann ist die Ursache hier zu finden. Darauf hätte er seine Verteidigung aufgebaut. Umso mehr erstaunt es ihn, dass nicht der Rechtsbeistand, sondern der Staatsanwalt diesen Punkt ins Spiel bringt.

»Doktor Jansen, Sie kennen die Familiengeschichte der Angeklagten, respektive die ihres Vaters?«, fragt er in Richtung Zeugenstand. Der Arzt nickt. »Sehen Sie darin einen eventuellen Zusammenhang mit der Tat?«

»Durchaus. Nicht durch das Handeln des Vaters selbst, vielmehr durch seine Veranlagung. Wie die moderne Generik uns lehrt, können derartige Neigungen an die Kinder weitergegeben werden.«

»Was sich im vorliegenden Fall zudem durch den Lebenswandel der Angeklagten bestätigt hat«, ergänzt der Staatsanwalt, bedankt sich bei Dr. Jansen und ruft einen weiteren Zeugen auf.

Mimke ist schwindlig vor Wut. Einspruch will er schreien. Einspruch! Er schließt die Augen, um nicht die Beherrschung zu verlieren. Ein Fehler, denn mit einem Mal ist alles wieder da. All die Bilder und Erinnerungen, die er so verzweifelt zu verbannen versuchte. Seine kleine Schwester, die so oft weinend nach Hause gekommen war, weil sie von den anderen gehänselt wurde, nur weil ihr Verstand etwas zurückgeblieben war, ihr Herz dafür umso größer. Kinder sind grausam, und Ueken war ihr Anführer. Erst als Mimke ihm eines Nachmittags aufgelauert und ihn verprügelt hatte, hatte er von Anni abgelassen. Seine Rache hatte sich einige Jahre Zeit gelassen, um zu reifen.

Aurich, 28. Juli 1948

Mimke erwacht zwischen zwei Büschen der Grünanlage, die sich um das Gerichtsgebäude erstreckt. Sein Schädel brummt. Eigentlich hatte er gehofft, der Fusel, den er am Abend einem Schwarzhändler abgekauft hatte, würde ihn umbringen. Mühsam rappelt er sich hoch, die Flasche poltert zu Boden.

Als Ueken den Saal betritt, macht Mimke sich gar nicht erst die Mühe aufzustehen.

Stendal, Irmis Verteidiger, ruft ihre Mutter in den Zeugenstand. Mimke hat ein ungutes Gefühl. Schon früher hat sie ihr eigen Fleisch und Blut zugunsten ihres Mannes verraten. Ein Säufer, Schläger und Hurenbock, aber der Ernährer der Familie. Damals war ihr das wichtiger als das Seelenheil ihrer Kinder.

Frau Schulze sieht ihre Tochter nicht an, als der Gerichtsdiener sie zum Zeugenstand geleitet. Stendal bittet sie, die letzten Tage vor der Ermordung der Kinder zu schildern. Sie wirft einen kurzen Blick zum Staatsanwalt. Ein Blick, der ihre Worte vorwegnimmt. Sie erzählt, Irmi hätte sich nicht nur einmal nachts davon geschlichen. Es ihr, ihrer alten Mutter und dem kranken Vater überlassen, sich um die Blagen zu kümmern, während sich die feine Dame amüsierte. Eine Schande für die ganze Familie sei sie. Schon als Kind habe sie sich rumgetrieben.

Mimke wagt es kaum, Irmi anzusehen. Sie sitzt aufrecht, sieht ihre Mutter mit bewegungsloser Miene an. Als sie blinzelt, tropft eine Träne auf ihre gefalteten Hände.

Ueken ruft eine Verhandlungspause ein. Schon am Morgen hatte er mit sonorer Stimme vor der Presse getönt, dem grausamen Spiel bald ein Ende zu setzen. Mimke sieht nicht die geringste Chance ihn aufzuhalten, wieder einmal. Als wäre etwas anderes zu erwarten gewesen.

Mimke verlässt den Gerichtssaal, sucht die Toiletten auf, um seinen Brummschädel mit Wasser zu kühlen. Warum musste Emma ihm von Irmi erzählen, denkt er, wo alles vollkommen sinnlos ist. Er streicht sich die nassen Haare aus dem Gesicht und schickt sich an, das Gerichtsgebäude zu verlassen.

»Ein Arzt!«, schreit plötzlich jemand. »Schnell. Ein Arzt.«

Mimke ist kein Mediziner, aber er hat viel von seinem Vater gelernt. Seufzend bleibt er stehen und kehrt um. Es ist Irmi, die bleich und reglos im Flur auf dem Boden liegt. »Was ist passiert?«, fragt er und beugt sich über sie.

»Sie hat versucht, sich in der Toilette zu erhängen«, sagt eine Frau. Mimke ertastet ihren Puls am Hals, beatmet sie, bis er wieder Leben in ihr fühlt. Sie schlägt die Augen auf, sieht ihn an. Mimke glaubt Erkennen darin zu sehen, aber ehe er etwas sagen kann, wird er zur Seite gedrängt.

»Kann ich kurz mit Ihnen sprechen?«

Stendal sieht Mimke an, nimmt einen letzten Zug von seiner Zigarette und wirft sie auf die Straße. »Sie waren im Gericht«, sagt er und deutet mit dem Kopf auf das Gebäude hinter ihm.

Mimke nickt. »Können wir uns irgendwo unterhalten?«

Stendal geleitet ihn in ein nahe gelegenes Gasthaus. Als sie Platz genommen haben, stellt Mimke sich ihm vor. »Ich kenne Irmi von früher, sie war eine Freundin meiner Schwester.« Stendal kneift die Augen ein wenig zusammen, sieht ihn verwundert an. »Mimke Claaßen? Der Mimke Claaßen? Meine Güte, alle dachten, Sie wären tot.«

Womit sie im Grunde nicht unrecht haben, denkt Mimke.

»Wo haben Sie gesteckt, die letzten zehn Jahre?«

Mimke übergeht die Frage, kommt gleich zu seinem Anliegen.

Aurich, 31. Juli 1948
Mimke hat die drei Tage Verhandlungspause gut genutzt. Als er zurück nach Aurich zum vierten Prozesstag kommt, ist er nicht allein.

Sie mag alt geworden sein, aber von ihrer Würde und Entschlossenheit hat sie nichts eingebüßt, denkt Mimke, als seine Mutter auf dem Zeugenstand Platz nimmt. Sie erzählt von der kleinen Irmi, die eng mit ihrer Tochter Anni befreundet gewesen war. Emma setzt ihre Worte wie Florettstiche und lässt Ueken nicht aus den Augen. Sie berichtet von Irmis blauen Flecken und Knochenbrüchen, die angeblich davon stammten, dass sie so ein wildes Kind war. Ein Kind, das sich in der Schule nicht einmal traute, während des Unterrichts zum Klo zu gehen. Und sie stellt die Frage in den Raum, ob nicht auch Irmis Kinder zu Opfern ihres Großvaters geworden waren.

Natürlich erhebt die Staatsanwaltschaft Einspruch. Stendal pariert unverzüglich, fordert sowohl die Exhumierung der Leichen als auch ein neues psychiatrisches Gutachten für Irmi.

Während Ueken und der Staatsanwalt am Abend vor Wut schäumend den Gerichtssaal verlassen, fühlt Mimke zum ersten Mal seit langer Zeit etwas Ähnliches wie Zufriedenheit.

Mimke verabschiedet sich am Busbahnhof von seiner Mutter und macht sich auf den Weg zu dem Gasthaus, wo er sich mit Stendal treffen will.

»Mimke Claaßen!«

Mimke dreht sich um. Ueken steht vor ihm, die Daumen in die Rocktaschen eingehängt, blickt er Mimke von oben herab an. »Ich hatte gehofft, die Ratten hätten längst deinen Kadaver unter sich aufgeteilt.«

Mimke ringt sich ein zynisches Grinsen ab. »Tut mir leid, dich enttäuschen zu müssen.«

Ueken grinst selbstgefällig. »Was nicht ist, kann ja noch werden.«

»Mag sein, aber vorher werde ich dir gründlich die Laune verderben.«

Ueken lacht schallend. »Das Recht ist auf meiner Seite. Genau wie damals bei deiner Schwester.«

»Du hast sie auf dem Gewissen und nicht nur sie!«

»Sie selbst hat sich das Leben genommen. Sie war nicht nur schwachsinnig, sondern auch noch ein labiler Charakter. Ihr Selbstmord hat mein Urteil nur bestätigt.«

Mimke ballt die Hände zu Fäusten, ihm ist schwarz vor Augen. »Du hast sie mit der Zwangssterilisation in den Tod getrieben. Das wirst du büßen!«

»Was willst du tun? Mich wieder verprügeln? Na bitte!«

Ohne ein weiteres Wort dreht Mimke sich um und lässt Ueken stehen.

Erst als Ueken außer Sichtweite ist, lehnt Mimke sich gegen eine Hauswand und wartet, bis seine Knie aufhören zu zittern.

Aurich, 03. August 1948

Der fünfte und alles entscheidende Verhandlungtag beginnt mit fröhlichem Vogelgezwitscher, der Himmel ist klar und schon am Morgen sind es zwanzig Grad.

Stendal fährt sich unermüdlich mit seinem Taschentuch über das Gesicht, während der Staatsanwalt sein Plädoyer hält. Es ist ein verdammt gutes Plädoyer, das muss Mimke ihm lassen. Wie leicht es doch ist, selbst das größte Unrecht mit Worten glänzend zu verpacken. Auch Stendals Worte sind gut gewählt, seine Nervosität kann er hingegen nicht verbergen. Nachdem der Staatsanwalt es geschafft hat, Emmas Aussage so hinzudrehen, dass sie wie ein Indiz für Irmis Schuld wirkt, hat er keine Trümpfe mehr, außer den Appell an die Menschlichkeit im Allgemeinen und an das Mitleid mit einer Kindsmörderin.

Als die Richter nach zehn Minuten aus der Beratung zurückkommen, weiß Mimke, dass sie diese Runde verloren haben. Nur diesmal wird er weiterkämpfen und wenn es das Letzte ist, was er in diesem Leben tut. Er ist es seiner Schwester schuldig.

Irmi nimmt ihr Todesurteil unbeteiligt entgegen. »Ich bin immer gut gewesen zu meinen Kindern«, sagt sie, so leise, dass es kaum zu hören ist, dann senkt sie den Blick und schweigt. Der Hinrichtungstermin wird für den 18. Mai 1949 festgelegt.

Am Abend sitzen sich Mimke und Stendal im Gasthaus gegenüber. »Wir werden in Revision gehen«, sagt Mimke.

Stendal nimmt die Brille ab, reibt sich die Augen, er sieht erschöpft und mutlos aus.

Mimke redet sich in Rage. »Es darf nicht sein, dass in diesem Land weiterhin Menschenleben per Gesetz ausgelöscht werden.«

»Auch Irmi hat gemordet«, sagt Stendal.

»Aber das Motiv, Stendal. Das Motiv ... sie können es nicht einfach so übergehen. So grausam die Tat war, Irmi hat aus einer Notlage heraus gehandelt. Sie wollte nicht, dass ihre Kinder durchmachen, was sie durchgemacht hat.«

Stendal setzt die Brille wieder auf. »Das haben wir alles vorgebracht.«

»Eben, sie hätten es nicht übergehen dürfen, wir gehen in Revision.«

Aurich, 24. September 1948

Die Hoffnung währte nur wenige Wochen. Das Oberlandesgericht hat den Revisionsantrag abgelehnt, kaum, dass sie ihn auf den Tisch bekommen hatten.

»Damit sind alle juristischen Mittel ausgeschöpft«, sagt Stendal und stützt den Kopf in die Hände. »Sie haben mir einen neuen Fall zugeteilt, ich muss morgen nach Emden.«

»Wir können jetzt nicht einfach aufgeben!«

Stendal sieht ihn an und schüttelt den Kopf. »Wir haben alle Möglichkeiten ausgeschöpft. Man muss erkennen, wenn man verloren hat.«

Mimke versteht den Seitenhieb. Trotzdem. Vermutlich kann er Irmi nicht retten, aber niemals, niemals wird er Ueken davonkommen lassen.

Aurich, 22. Oktober 1948

»Der Gouverneur empfängt Sie jetzt.« Die junge Frau in der britischen Uniform lächelt Mimke freundlich an. Ihr Deutsch ist nahezu akzentfrei. Der Gouverneur erhebt sich von seinem Stuhl, als Mimke sein Büro betritt, schüttelt ihm die Hand, bittet ihn, sich zu setzen.

»Ich habe Ihren Brief gelesen, Mister Claaßen. But, how can I help you? Das Urteil ist rechtskräftig, auch ich kann daran nichts ändern.”

Mimke nickt. »Sie hat es getan und sie wird ihre Strafe erhalten. Aber finden Sie nicht auch, dass es in diesem Land genug Todesurteile gegeben hat?«

»Shure… sicherlich, but …«

Mimke legt ihm einen Stapel Zeitungsberichte vor. »Die Abschaffung der Todesstrafe ist längst im Gespräch.«

»Im Gespräch, aber wie die neue Verfassung Ihres Landes aussehen wird … nobody knows.«

»Sie könnten ein Zeichen setzen. Alles, worum ich Sie bitte, ist, dass Sie die Hinrichtung so lange zurückstellen, bis das Grundgesetz verabschiedet ist.«

»Oh boy, das kann Monate dauern.« Der Gouverneur sieht Mimke eine Weile an. »Sie sind selbst Anwalt, habe ich gehört. Warum haben Sie aufgehört?«

»Das sollten Sie am besten wissen. Wie kann man Recht vertreten, wenn es keines mehr gibt?«

Der Gouverneur bietet Mimke eine Zigarette an, gibt ihnen beiden Feuer. »Wir könnten Sie gut gebrauchen.«

Mimke schüttelt den Kopf. »Nein.« Er drückt die Zigarette aus und erhebt sich. »Bitte, denken Sie darüber nach. Setzen Sie ein politisches und ein menschliches Zeichen.«

Aurich, 1. Dezember 1948

Es ist schneidend kalt geworden, Mimkes schäbiger Wintermantel vermag kaum etwas gegen den scharfen Nordwind auszurichten. Mit gesenktem Kopf betritt er den Gastraum. Dieses endlose Warten raubt ihm den Verstand. Unbarmherzig ziehen die Wochen dahin, Irmis Hinrichtungstermin rückt unerschütterlich näher und noch immer hat Mimke nichts von den Briten gehört. Derweilen gehen die Diskussionen um die Todesstrafe weiter. Ein ständiges Hin und Her, ein Für und Wider.

Er ist auf der Treppe nach oben, als er zurückgerufen wird.

»Herr Claaßen?«

Mimke bleibt stehen, sieht hinüber zum Tresen.

»Der wurde für Sie abgegeben«, sagt der Wirt und streckt ihm einen Briefumschlag entgegen.

Mimke reißt ihn auf. Er ist so aufgeregt, dass er sich kaum auf die Zeilen konzentrieren kann. Als er sie endlich gelesen hat, lässt er den Brief sinken und seinen Tränen freien Lauf.

Aurich, 9. Dezember 1948
Mimke wird von einem lauten Pochen gegen seine Zimmertür geweckt. Sein Herz schlägt ihm bis zum Hals. Gestapo denkt er und erst Sekunden später fällt ihm ein, dass der Krieg zu Ende ist.

»Mach die verdammte Tür auf, Mimke!«

Mimke erkennt die Stimme sofort, dennoch steht er auf und öffnet die Tür. »Was willst du, Ueken?«

Der Richter legt ihm die Hand um den Hals, schiebt ihn rücklings ins Zimmer. »Das habe ich dir zu verdanken!«, schreit er und lässt ihn so abrupt los, dass Mimke ins Wanken gerät.

»Es wird dir nur nichts nützen, dir nicht und nicht diesem Amiflittchen.« Uekens Augen glühen vor Wut. Er erhebt noch einmal die Hand gegen Mimke, dreht sich dann aber um und verlässt das Zimmer.

Aurich, 5. Januar 1949
Es ist ein regnerischer Morgen, Mimkes Mantel ist nass und klamm. Die Zigarette, die er sich angesteckt hat, erlischt nach wenigen Zügen. Es hat eine Weile gedauert, ehe er herausbekommen hat, was Ueken plant. Er will Irmi zur Hinrichtung nach Dortmund bringen lassen, um die Anordnung des hiesigen Gouverneurs zu hintergehen. Dort im Lübecker Hof haben sie eine Guillotine. Es ist immer noch britische Besatzungszone, aber ein anderer Verwaltungsbezirk.

Verdammter Bastard, denkt Mimke und schlägt den Kragen hoch. Ist sie erst einmal dort, kann er nichts mehr für sie tun. Selbst dann nicht, wenn die Todesstrafe aufgehoben wird. Das Urteil ist längst gefällt.

Als Uecken endlich sein Haus verlässt, bleibt Mimke vollkommen ruhig. Er wartet noch eine Weile, sieht sich um und folgt dem Richter durch die menschenleere Gegend. Natürlich steht das, was er vorhat, im Widerspruch zu dem, wofür er sich einsetzt. Die ganze Nacht über hat Mimke nichts anderes gedacht.

Nulla poena sine lege – keine Strafe ohne Gesetz. Das hat die Rechtslehre ihm beigebracht. Doch, was sind Gesetze wert, wenn sie von Verbrechern gemacht werden?

Nein. Nulla poena sine culpa – keine Strafe ohne Schuld, allein daran kann Mimke noch glauben. Irmi wird ihre gerechte Strafe bekommen. Ebenso wie Ueken, denkt Mimke und beschleunigt seinen Schritt.

Historischer Hintergrund

Wie definiert sich Recht? Kann aus Unrecht Recht werden, nur weil es per Gesetz festgeschrieben ist? Fragen, die nach dem Zweiten Weltkrieg in Deutschland eine ganz neue Qualität erhielten. Es galt nicht nur, begangene Verbrechen des Naziregimes zu ahnden. Es galt vor allem auch, das Rechtssystem in Deutschland wiederherzustellen. Doch wem konnte man diese Aufgabe anvertrauen? Die überwiegende Anzahl der amtierenden Richter hatte unter dem Naziregime gedient, hatten Recht gesprochen, wo es kein Recht gab und doch hatten sie sich an die geltende Gesetzgebung gehalten.

Nie wieder sollte so etwas in Deutschland möglich sein. Dies zu gewährleisten wurde eine der wichtigsten Aufgaben des neuen Grundgesetzes, das am 23. Mai 1949, um 24 Uhr in Kraft trat und unter anderem die Abschaffung der Todesstrafe festschrieb. Nie wieder sollte im neuen Deutschland ein Mensch durch das Urteil eines Richters sein Leben verlieren, egal, was man ihm zum Vorwurf machte.

Das Gold der Lavinia

Die klobigen Hände schmerzten vor Kälte, der Atem ging schwer. Trotzdem klammerte Fidi sich an diesem Abend ein weiteres Mal an den stählernen Beschlag des Fluttors am Westkopf der Insel und richtete den Blick auf das tobende Meer.

»Wer jetzt noch draußen ist, den wird die Nordsee fressen«, rief der Vormann der Norderneyer Seenotretter der für dieses Frühjahr unüblich eisigen Gischt entgegen. Gleichzeitig zog er das Lederband seines Südwesters so fest, dass es in der Haut eine tiefe Furche bildete. Dann kniff er die Augen zusammen, zog die Stirn in Falten und wandte sich von den schäumenden Wellenmonstern ab, die sich mit ohrenbetäubendem Groll immer wieder erhoben und den sich tapfer wehrenden Spundwänden entgegenwarfen.

Fidi, das war Johann Friedrich Rass II., vor 34 Jahren im Schlafgemach seiner Eltern oberhalb des Rettungsbootschuppens direkt am Weststrand geboren. Schon sein Vater, Johann Fidi I., hatte die Norderneyer Seenotretter befehligt; und überhaupt: Irgendwie hatte sich die gesamte Rass-Familie der Schifffahrt und der Seenotrettung verschrieben. Offenbar lag es den Männern der Rass-Dynastie im Blut, sich gegen die Wellen zu stemmen und auch dann hinauszufahren, wenn die Gefahr am größten war und die Aussicht auf Erfolg bisweilen zweifelhaft.

So war es auch in der Nacht vom 28. auf den 29. März 1925. Es begann alles mit einem heftigen Nordweststurm, der zunächst mit Windstärke zehn daherkam und an der ostfriesischen Küste und an den Inseln kräftig schüttelte. Besorgt beobachteten auch Kapitän William S. Linneker und sein Steuermann James Alberts die Wetterlage. Sie waren draußen auf hoher See unterwegs mit der *Lavinia*, einem kleinen Dampfschiff, gebaut 1902 in England, 1224 Bruttoregistertonnen stark, 68 Meter lang, zehn Meter breit. Die *Lavinia* diente diversen britischen Unternehmen als Frachtschiff, das ein oder andere Mal soll es sogar im Dienste der Krone unterwegs gewesen sein, hieß es hinter vorgehaltener Hand.

In dieser Nacht fuhr das Schiff mit achtzehn Mann Besatzung und zwei Passagieren von London nach Hamburg, als James tropfnass die Kajüte Linnekers betrat und ihm zurief: »Käpt'n, wir haben die Kontrolle verloren.«

Linneker starrte ihn an, während er sich am eisernen Bettpfosten festhielt, damit er nicht durch den Raum geschleudert wurde. »In Gottes Namen. Dann werft den verdammten Anker«, knurrte er und strich sich mit der Hand durch das zerfurchte Gesicht, das trotz ungewohnter Blässe einen entschlossenen Eindruck vermittelte, als wollte es den peitschenden Wogen da draußen die Stirn bieten. Er bückte sich nach seiner Pfeife, die noch glimmend am Boden lag und deren süßlicher Duft der Kajüte – der drohenden Katastrophe zum Trotz – die vertraute Nachtstimmung verlieh. Dann beugte er sich über die zerknitterte Seekarte und winkte James noch einmal zu sich. Mit dem Mittelfinger zeigte Linneker auf einen Punkt und las: »Norderney. Riffgat. Da müssten wir jetzt eigentlich sein.«

»Weiß der Himmel«, entgegnete James, schüttelte den Kopf, dass von den blonden Locken Wassertropfen auf die Karte fielen und verließ, irgendeinen Fluch vor sich hin fauchend, den Raum.

Als Johann Friedrich Rass an diesem Sonntag gegen vier Uhr früh von Onno Pauls, dem diensthabenden Mitarbeiter der Wach- und Schließgesellschaft, geweckt wurde, ahnte er nicht, welch aufregende Tage ihn erwarteten. Als Vormann der Rettungsstation auf Norderney konnten ihn eigentlich nicht mehr viele Dinge in Erstaunen versetzen. Aber man wusste ja nie.

Onno jedenfalls hatte die Notsignale der Lavinia als Erster bemerkt. »Das Schiff hat vermutlich einen Maschinenschaden erlitten. Es treibt manövrierunfähig in der schweren See.«

Fidi hatte sich die Öljacke übergestreift und den Südwester festgeschnürt, als er mit viel Schlaf in den Augen das Haus verließ, vor dem Onno wartete. »Die haben Anker geworfen«, schrie er dem Seebären durch die eisige Gischt entgegen.

Fidi kniff die Lippen aufeinander und rümpfte die Nase: »Ne, mein Lieber. Die haben vielleicht vor ein paar Stunden den Anker geworfen, irgendwo da draußen.«

Onno zuckte mit den Schultern. »Meinst du?«

»Das meine ich nicht nur, das weiß ich, das sieht man«, polterte Fidi. »Die Ankerkette ist längst gerissen. Sonst nichts. Die sind gestrandet. Wir müssen raus.« Dann kurbelte Fidi rasch Focke Bogena an, einer seiner Norderneyer Rettungsmänner, und gab ihm den Befehl für das Notsignal. Um exakt 4:25 Uhr ertönte das Handhorn gellend durch die dunklen Straßen und Gassen der Insel. Alarm. Einsatz für die Seenotretter.

Es dauerte nur wenige Minuten, dann war die komplette Besatzung des Ruderrettungsbootes *Fürst Bismarck* zur Stelle. Zwölf Rettungsmänner meldeten sich bei Vormann Fidi Rass zur Stelle, außerdem vom Norderneyer Fuhrunternehmen Tade Carls und Peter E. Visser sowie Franz Wedermann von der Spedition Fischer. Sie zogen die *Fürst Bismarck* mit ihren Pferdegespannen vom Bootsschuppen am Weststrand in das aufgewühlte Meer.

Jeder Handgriff saß. Von Gent Visser über Harm Fischer und Johann Hönnig bis Nanno Pauls und Ernst Rass: Alle wussten genau, was sie zu tun hatten, und ihnen war klar, dass diese Mission eine ihre schwierigsten würde. Doch alle waren sie auch heute getrieben von dem unbändigen Willen, die Menschen da draußen auf dem wütenden Meer aus der misslichen Situation zu befreien.

Am ganzen Leib zitternd kauerte er in seinem Verschlag aus Planken, Brettern und Decken in der hintersten Ecke des Maschinenraums. Ob sein Gehör noch funktionierte, wusste er nicht. Nicht nur das seelendurchdringende Wummern und Stöhnen des Dieselmotors schienen ihm in den vergangenen

Tagen einen seiner Sinne geraubt zu haben, sondern auch die krachenden Schläge des Orkans, der mit dem Schiff ein verdammt böses Spiel gespielt hatte. Das Bluten der Wunde an der Schläfe, die mit voller Wucht gegen einen Metallbolzen geschleudert worden war, hatte endlich aufgeführt.

Trotzdem dröhnte sein Schädel in nie da gewesener Weise. Überhaupt: Schmerzen hatten den ganzen Körper erfasst, wie ein nasser Sack war sein junger, schmächtiger Leib immer wieder gegen die eiserne Schiffswand und gegen die Planken gedrückt worden. Sein Versteck hatte sich als Falle erwiesen. Es fiel ihm schwer, die Gedanken in seinem Kopf zu sortieren. Er überlegte, ob er das alles nur geträumt hatte oder bereits nicht mehr bei Verstand war. Die Augen, die wie dunkel glänzende Murmeln in seinem kreisrunden Kopf steckten, verrieten eine zweifelhafte Mischung aus Verwirrung, Ohnmacht und stumpfer Belanglosigkeit. Das schwarze Haar klebte an Stirn und Schläfen, seine braune Leinenhose und der blaue Wolltroyer hatten den Kampf gegen Öl, Dampf, Schmutz und Kälte längst verloren. »Home«, presste er aus sich heraus, bis er erneut in Ohnmacht fiel und sich sein Kopf auf die Brust neigte.

Zur gleichen Zeit kämpfte das Rettungsboot tapfer gegen die gierigen Wellen, die Mannschaft wurde immer wieder überschüttet von eiskaltem Wasser, das sich kübelweise über sie ergoss. Es dauerte eine gute Stunde, bis Fidi und seine Männer das havarierte Schiff, das mitten auf dem Riff vor den Badehallen aufgelaufen war, erreicht hatten. Im Laufe des Vormittags kehrte die *Fürst Bismarck* mit drei Mann der Besatzung und zwei Passagieren zurück.

Kapitän Linneker und die übrige Crew waren noch an Bord geblieben. Beim Eintritt einer größeren Gefahr wolle man ein Signal geben, sagte Linneker und wandte sich von der *Fürst Bismarck* ab.

Fidi Rass gefiel das Verhalten des Kapitäns überhaupt nicht: »Irgendwie traue ich dem Engländer nicht über den Weg«,

sagte er, während er zusammen mit seinen erschöpften Boots-
männern im Rettungsschuppen saß und Tee schlürfte.

»Die tun alle so geheimnisvoll«, unterstützte ihn Gent Visser. »Ich möchte allzu gern wissen, was die an Bord haben.«

»Weizen jedenfalls nicht«, sagte Fidi.

»Vielleicht haben sie ja tonnenweise schottischen Whisky
geladen«, rief Focke Bogena.

Die Männer lachten und hoben die Teetassen, während Fidi
mit dem Kopf schüttelte, nach draußen ging, und nur wenige
Sekunden später rief: »Jungs. Macht euch fertig, wir müssen
nochmal los.«

Und in der Tat: Die *Lavinia* zeigte die Notflagge. Nach
knapp einer Stunde hatten sie den Havaristen ein zweites Mal
erreicht.

»Es ist Wasser eingedrungen, es tut mir leid, dass wir Ihnen
diese Umstände machen, I am sorry«, sagte Linneker, der Fidi
nun Auge in Auge gegenüberstand. Und der tat das, was er immer tat: Er brummte irgendetwas Unverständliches in sich hinein, dachte sich ansonsten fürs Erste seinen Teil und gab den
Befehl, zur Insel zurückzurudern. Dort wartete mittlerweile
eine beachtliche Menschenmenge auf Retter und Gestrandete.

*Die Hektik und Aufgeregtheit an Bord hatten ihn aus seiner
Ohnmacht erwachen lassen. Als er die Augen öffnete, sah er,
dass Wasser in den Maschinenraum gedrungen war. Er schätzte, dass es in seinem Versteck etwa fünf Zentimeter hochstand.
Er sah, wie sich die von Öl und Diesel überzogene Flüssigkeit bewegte und kleine Wellen warf. Eigentlich hätte er das
Plätschern doch bemerken müssen, überlegte er. Als ihm klar
wurde, dass er sein Gehör verloren hatte, trat er mit dem Fuß
gegen eine Planke, die krachend zu Boden fiel.*

*Erstmals seit drei Tagen sah er wieder in den Maschinen-
raum hinein und erkannte daraufhin die leichte Schieflage der*
Lavinia. *Nachdem er zwei weitere Planken, die ihn bislang vor
den Blicken der Maschinisten geschützt hatten, weggetreten
hatte, ließ er sich zur Seite fallen und versuchte, sich aufzurichten. Erst jetzt spürte er wieder die höllischen Schmerzen, die*

seinen Körper durchzogen. Aus dem Rucksack nahm er den
letzten Kanten Brot. Auch der war nass.

»Fuck«, schrie er. Als er realisierte, dass er den Schrei nicht
hörte, sank er wieder zu Boden. Dreimal schlug er den Kopf
gegen die Wand. Dann begann er zu weinen.

In der Orangerie des Conversationshauses hatten die Frauen
des Heimatvereins die Tische gedeckt. Retter und Gerettete
mussten wieder zu Kräften gebracht werden. Vorher zündete
Kapitän Linneker seine Pfeife an und ließ sich in einen weichen Sessel fallen, gleich neben Johann Friedrich Rass.

»Ich muss mit Ihnen reden«, sagte Linneker, der glänzend
Deutsch sprach und dessen Akzent nur ab und zu hören war,
nämlich dann, wenn R oder W die britische Herkunft auf vornehme Weise verrieten.

Fidi wandte ihm sein rundes Gesicht zu und fuhr sich mit
der flachen Hand über die hohe Stirn. Ihm war von Beginn an
klar gewesen, dass der Engländer ein Geheimnis mit sich führte. Mal hören, was er nun ausplaudert, dachte Fidi und sagte:
»Nur zu, Mister Linneker. Nur zu. Reden Sie.«

Linneker nahm die Mütze vom Kopf, sog leicht schmatzend an der Pfeife und setzte an: »Sie haben es durch meine
bisherige Zurückhaltung sicher geahnt. Wir haben eine besondere Fracht an Bord. Nichts ist mit Weizen.« Erneut zog Linneker an der Pfeife. Den blaugrauen Qualm blies er aus dem
Mundwinkel in den Saal, aus dem das Geklapper mit Tellern
und Tassen immer lauter wurde.

»Ich bin gespannt.«

»Die *Lavinia* ist im Auftrag der englischen Krone unterwegs nach Hamburg, wo sie drei weitere Passagiere aufnehmen soll. Von dort aus geht es weiter ...«, er räusperte sich
und machte eine kurze Pause, »von dort aus sollte es dann eigentlich weitergehen. Richtung Gambia.« Erneut machte der
Kapitän eine Sprechpause und wuchtete sich aus dem Sessel.
»Also, wir haben Gold an Bord. Und zwar eine beträchtliche
Menge. Es handelt sich um 180 Goldbarren und 580 Stück
Silberbarren. Eine äußerst kostbare Ladung. So etwas wie ein

Schatz. Vielleicht können Sie jetzt verstehen, warum ich mit dem Verlassen des Schiffes zunächst gezögert habe.«

Fidi stemmte sich ebenfalls aus dem Sessel, schaute gedankenverloren zur Saaldecke und kratzte sich am Hinterkopf. Dann machte er einen Schritt auf Linneker zu und lächelte: »Herr Kapitän. Ich hoffe, der König ist Ihnen ob dieses Missgeschicks nicht gram. Ich für meine Person jedenfalls hatte mit vielem gerechnet; zum Beispiel mit Waffen. Aber Gold, Mister Linneker. Das hatte meine Fantasie nicht auf Lager.«

»Nun ziehen Sie die Sache bitte nicht ins Lächerliche, vor allem jetzt nicht, wo Sie genau wissen, dass ich auf Sie angewiesen bin. Tun Sie mir lieber einen Gefallen: Unterrichten Sie Ihre Rettungsmannschaft und verpflichten Sie sie zu äußerster Verschwiegenheit. Die Ladung hat einen Wert von rund 7,5 Millionen Reichsmark. Sie müssen mir beim Löschen der Fracht helfen, sie muss auf ein anderes Schiff und in ein paar Tagen weitertransportiert werden. Man wird uns die *Mercedes*, eine stolze Brigg, schicken.«

Fidi Rass kniff die Augen zusammen und warf Linneker einen ebenso versöhnlichen wie freundschaftlichen Blick entgegen. Dann gab er ihm einen leichten Klaps auf den Ärmel, zeigte zu den Tischen, wo die Seemänner bereits zu essen begonnen hatten, und sagte: »Jetzt stärken wir uns erst einmal und dann überlegen wir, wie wir es machen. Morgen bei Sonnenaufgang geht's los.«

Die See lag ruhig, ein feiner Wind aus Nordost, der leichte, feuchte Luft mit sich führte, waberte der Insel entgegen, als am nächsten Morgen um 6 Uhr die Norderneyer Seenotretter und die Crew der *Lavinia* am Rettungsbootschuppen zusammenkamen. Der Sturm hatte sich längst gelegt, die Insel hatte ihre Stille und das angenehme Gefühl steter Ereignislosigkeit zurückerlangt – beste Voraussetzungen also, mit dem Löschen der Goldladung zu beginnen. Als sie mit der *Fürst Bismarck* und fünf weiteren Ruderbooten am Wrack ankamen, hatte sich die Lavinia bereits auf 90 Grad gedreht. Das Schiff lag mit dem Bug nach Westen.

Focke Bogena war der Erste, der zur Tat schritt: Er versuchte, bis zur Reling aufzuentern, konnte die dünne Leine aber nicht halten und rutschte wieder runter. Erst beim zweiten Versuch schaffte er es, was ihm ein paar spöttische Blicke seiner Kollegen einbrachte, von denen die meisten bereits über die andere Seite an Bord geklettert waren. Dann begannen sie damit, 45 Zentner Gold und 435 Zentner Silber an den Strand zu bringen.

Bevor die Männer mit der letzten Goldfuhre aufbrachen, unternahm Linnekers Steuermann James Alberts einen abschließenden Rundgang auf dem leergeräumten Schiff. »Ich werde mir noch einmal alles ganz genau ansehen. Wäre doch zu schade, wenn wir etwas übersehen hätten«, sagte James und lächelte Richtung Linneker.

»Falls du in zehn Minuten nicht zurück bist, werde ich ein deutsch-britisches Einsatzteam nach dir suchen lassen«, scherzte Linneker seinerseits, lachte und setzte seine Unterhaltung mit Fidi fort. Und tatsächlich. Als James nach einer guten Viertelstunde noch nicht aus dem nach Öl und Diesel riechenden Bauch der *Lavinia* zurückgekehrt war, machten Linneker und Fidi sich auf die Suche.

Fidi sah James als Erster. Er fasste Linneker am Ärmel und sagte nur: »Da.«

Als Linneker seinen Steuermann am Boden des Maschinenraums erblickte, durchfuhr ihn ein eiskalter Schauder. James lag mit geschlossenen Augen auf dem Rücken, das eindringende Wasser hatte seine Ohren bereits bedeckt. Aus einer klaffenden Wunde blutete der Seemann. Sein Atem ging schwach.

»Was ist passiert?«, fragte Fidi, dem zunächst der Atem gestockt hatte.

»Er muss gestürzt sein. Oder irgendetwas ist auf ihn drauf gefallen.«

Dann packten sie James und schleppten ihn auf die *Fürst Bismarck*.

»Auf geht's, für heute reicht's«, rief Fidi und gab damit den Befehl zum Ablegen.

Nachdem sie den schwer verletzten James zunächst Dr. Oswald übergeben hatten, begann der Abtransport der Ladung in zwei Zwischenlager. Dafür benutzten die Helfer Rollwagen, auf die sie die kostbare Fracht stapelten und in Decken hüllten, um das Geheimnis so gut wie möglich zu wahren. Ein Teil des Gold- und Silberschatzes wurde in den Tresor der Norder Bank gegenüber der Post transportiert. Da die Kapazitäten dort nicht ausreichten, nutzte man ein weiteres Lager, das Poppe Folkerts, der umtriebige Norderneyer Landschaftsmaler, zur Verfügung gestellt hatte. Er wohnte nur wenige Schritte vom Rettungsbootschuppen entfernt in seinem Malerturm, von wo aus er einen formidablen Blick auf die Nordsee und auf die in der Nähe liegenden Sandbänke genoss.

Er hatte die Planken wieder so aufgestellt wie am Tag, als er die Lavinia unbeobachtet betreten und sich auf ihr verschanzt hatte. Nur ganz schwach konnte er sich daran erinnern. Die bohrenden Schmerzen und die Gehörlosigkeit schienen ihm den Verstand geraubt zu haben. Sein Gedankengebilde bestand nur noch aus einem komplexen Torso von Erinnerungsfetzen, die ohne Zuordnung in seinem Hirn zu einer Masse verschwammen, die analytisches und rationales Denken unmöglich machte. Er überlegte, ob er tot war und sich auf dem Weg in die Hölle befand, in ein böses Dasein, wie vor ein paar Monaten, als man ihn schon kurz nach dem Tod seiner Eltern ins Heim gesteckt hatte.

Dort hatte er die Vorstufe zur Hölle durchgemacht. Weil er sich zu essen und zu sprechen weigerte und überdies zum Bettnässer wurde, waren die Mitbewohner rasch auf dem Plan getreten. Schimpf und Schande hatte er über sich ergehen lassen müssen, die Hausgenossen ließen ihm keine Ruhe mehr. Auch nachts nicht; da hielten sie ihm, wenn er denn endlich eingeschlafen war und noch nicht ins Bett gemacht hatte, die Hand in einen Topf mit eiskaltem Wasser, sodass er spätestens dann urinieren musste. War er noch trocken und wollte zur Toilette, dann hielten sie ihn mit drei Mann fest und warteten, bis er es nicht mehr aushalten konnte. Zum Sterben war er noch zu

jung. Er zählte gerade mal 17 Lenze, weshalb er den Gedan-
ken, freiwillig aus dem Leben zu scheiden, rasch verwarf und
sich zur Flucht entschied. Und jetzt?

Es gelang ihm nicht mehr, klare Gedanken zu fassen, ge-
schweige denn diese logisch aneinanderzureihen. Ein diffu-
ses Rauschen durchzog seinen Kopf, zudem ein Sirren und
ein Pfeifen, das in seine Seele schnitt wie ein Messer ins
Herz. Er fühlte sich wie in einem Gebeinehaus, in dem die
Schädel und Gliedmaßen Tausender unschuldiger Soldaten
gestapelt waren und deren Gedanken und Gefühle schon
vor ihrem unsinnigen Tod zu verwesen begonnen hatten.
Scheinbar hatte er doch einen frühen Tod erlitten. Oder?
Wo war er?

»Mom«, stammelte er. Und: »Dad.« Endlich schlief er wie-
der ein, den Rucksack schützend auf dem Schoß. Der Atem
ging leise. Die Lider ruhten sanft auf den Augen und die Lip-
pen formten eine weiche, harmonische Linie, als stünde sie als
Synonym für Glück und Zuversicht. Auf seinem Gesicht lag
nun ein Lächeln, ein Lächeln, das ihn in Wirklichkeit jedoch
nie mehr erreichen würde.

Auf der Insel hatte die Aufregung zugenommen. Nicht nur,
dass sich die Nachricht von der Goldfracht längst herumgesprochen hatte. Besonders die Tatsache, dass der Steuermann
der *Lavinia* mit dem Tode rang, hatte die Menschen auf Norderney verunsichert. Und noch etwas sorgte für Aufregung:
Auch nach dreimaligem Zählen fehlten zwei der insgesamt
180 Goldbarren. Weil es ausgesprochen schwierig war, nach
dem Dieb zu suchen, steigerte sich die Verwirrung, die bei einigen sogar in Wut umschlug. Denn: Plötzlich stand jeder in
Verdacht, ausnahmslos.

»Wir hätten den Kahn sinken lassen sollen. Die *Lavinia*
bringt nur Unglück«, wetterte Gent Visser.

Focke Bogena schrie am Tresen der Haifischbar: »Zum
Teufel mit der *Lavinia* und zum Teufel mit dem Gold«, was
ihm ob seines üppigen Helferlohns für das Löschen der Ladung allerdings ein paar äußerst ungläubige Blicke einbrachte.

Es war kurz vor Sonnenuntergang, als Fidi gemeinsam mit Kapitän Linneker die *Lavinia* ein weiteres Mal betrat. Zuvor hatte Dr. Oswald, der James in seiner Praxis zunächst aufgenommen und untersucht hatte, festgestellt, dass der junge Engländer nicht nur an einer Kopfverletzung laborierte. Er hatte nämlich auch eine Wunde am Arm davongetragen, die eindeutig von einem Messerstich stammte. Den Männern schwante Böses.

Ihr erster Gang führte sie dorthin, wo sie James gefunden hatten: in den Maschinenraum. Der stand mittlerweile einen halben Meter unter Wasser. Die Brühe aus Diesel, Öl und Wasser plätscherte leise vor sich hin, während sie den Raum durchschritten. Der Gestank war kaum auszuhalten, die Dämpfe stiegen in Nase, Mund und Augen, auf den Schleimhäuten bildete sich ein diffuser, fettiger Film.

Als Linneker mit der Taschenlampe in die Ecke hinter dem Dieselaggregat leuchtete, stockte ihm der Atem. Von der einen auf die andere Sekunde stellten sich ihm die Nacken- und Kopfhaare auf, während seine weit aufgerissenen Augen nach Fidi suchten. Der stand einen Meter hinter ihm und hielt sich an einem Stahlrohr fest, denn auch ihm war nicht entgangen, was Linneker in die Schockstarre getrieben hatte.

Sie waren nicht allein.

Es dauerte einige Sekunden, bis Fidi sich gefasst hatte und einen Schritt auf die vollkommen verwahrloste Person zumachte, die nun anhaltend zu lachen begann. Sie stand mit dem Rücken zur Wand und schaute stur geradeaus. Mit beiden Händen hielt sie einen braunen, durchnässten Lederrucksack in der Hand, den sie fest an sich presste. Obwohl sie fortwährend lachte, dabei immer wieder nach Luft schnappte und die Augen verdrehte, liefen ihr dabei Tränen die Wangen herunter.

Wie kann jemand lachen, während er weint, fragte sich Fidi und realisierte in diesem Moment, dass sie es mit einem blinden Passagier zu tun hatten, mehr Jüngling als Mann und offenbar ein Irrer, der womöglich James auf dem Gewissen hatte und der ihnen viele Fragen würde beantworten müssen. Es war ein Leichtes, ihn am Arm zu packen und mit auf die

Insel zu nehmen. Viel schwieriger war es, den bestialischen Gestank, der ihm anhaftete, zu ertragen.

Auch nach drei Tagen hatte Aurus, wie sie ihn auf Norderney in Anlehnung an das lateinische Wort für Gold genannt hatten, noch kein Wort gesagt und keine Frage beantwortet. Im Krankenhaus an der Lippestraße hatten die Pflegerinnen ihn zunächst vom gröbsten Schmutz befreit und in einer Wanne aufweichen lassen, was Aurus sichtlich genoss.

Doch weder Fidi noch Linneker, und auch nicht Polizeimeister Schrader gelang es, dem blinden Passagier der Lavinia auch nur ein Wort zu entlocken; weder auf Deutsch, noch auf Englisch. Gleichzeitig zeigte sich Aurus ausgesprochen pflegeleicht. Er aß sein Essen auf, er wusch sich eigenständig und schlief viel. Wären da nicht die in unregelmäßigen Intervallen auftretenden Lachanfälle gewesen, wäre er überhaupt nicht aufgefallen.

Natürlich kam es seiner Behandlung zugute, dass James sich von seinen Verletzungen rasch erholte und sich nicht mehr erinnern konnte, ob er gestürzt war, oder ob ihm jemand Gewalt zugefügt hatte. Ein Messer hatte man zudem, trotz mehrmaliger Suche im Maschinenraum auf der *Lavinia*, nicht gefunden.

Nach drei Wochen – die *Mercedes* mit Kapitän Linneker und seiner Crew sowie dem um zwei Barren erleichterten Goldschatz hatte Norderney längst verlassen – gehörte Aurus gewissermaßen bereits zum lebenden Inventar des Insel-Krankenhauses. Gern ging er in der Küche dem Spüldienst zur Hand, zudem betätigte er sich bei der Gartenarbeit. Den Polizeiposten vor seiner Tür hatte man längst abgezogen. Fluchtgefahr bestand nicht im Geringsten.

Zu Beginn der vierten Woche nach der Havarie der *Lavinia* kam dann doch der Tag des Abschieds. Der Inselrat, die Polizei und die Reederei der *Lavinia* hatten beschlossen, auf ein Strafverfahren zu verzichten. Stattdessen sollte Aurus aufs Festland geschickt werden, wo er in einem Heim unter Aufsicht und zusammen mit Menschen mit den gleichen Bedürfnissen leben konnte.

Nachdem er am Morgen des 29. April 1925 im Norderneyer Hafen die *Frisia II* betreten hatte, winkte er zum Abschied den Pflegerinnen seiner Station zu. Dabei lachte Aurus, so, wie er immer lachte, und wer genau hinsah, der erkannte, dass nicht nur ihm, sondern auch den Krankenschwestern kleine Tränen über die Wangen liefen.

Während die *Frisia II* wenige Minuten später schaukelnd die Nachbarinsel Juist passierte, stand Aurus mutterseelenallein auf dem Sonnendeck. Und da er Hunger hatte, öffnete er seinen Rucksack und nahm sich eine Käsestulle hervor. Auf die beiden klobigen, goldglänzenden Klötze in seinem Rucksack konnte er sich derweil keinen Reim machen. Zumindest fand er, dass sie zu nichts nutze waren, und er sich das unnötige Gewicht künftig ersparen sollte, zumal die Kanten dieses lästigen Zeugs in den Rücken drückten. Also machte er kurzen Prozess: Er griff nach den Barren, hielt sie sich wie einen Spiegel vor, lächelte kurz hinein und versenkte sie auf dem Boden der Nordsee. Bevor er erneut in die Stulle biss, lachte er mit derartiger Freude und Ausgelassenheit, dass man es eigentlich bis nach Norderney hätte hören müssen ...

Historischer Hintergrund

Die Havarie der Lavinia *hat tatsächlich im Jahr 1925 stattgefunden. Und in der Tat befand sich die in der Geschichte beschriebene Menge Gold und Silber an Bord. Auch die Namen der Norderneyer Seenotretter sind nicht erfunden. Insbesondere war auch Johann Friedrich Rass II., genannt Johann Fidi, einer der bedeutenden Seenotretter aus der Norderneyer Rass-Dynastie, maßgeblich an der Rettung der* Lavinia-*Besatzung beteiligt. Gleichwohl ist die »Story« mit Kapitän Linneker, James und dem armen Aurus frei erfunden. Unterdessen hat die Geheimhaltung der wertvollen Fracht nicht besonders gut funktioniert, denn bereits am 1. April 1925 berichtete die Norderneyer Badezeitung über die Bergung des kostbaren Schatzes. Niemand vor Ort hat das für einen Aprilscherz gehalten,* denn beim Abladen konnten die zahlreichen Schaulustigen die schweren Blöcke des begehrenswerten Edelmetalls bestaunen.

Am 8. April 1925 beendete die Badezeitung die Berichterstattung über das Gold der Lavinia zunächst damit, dass sie schildert, wie das Schiff am Morgen von Schleppdampfern nach Hamburg gezogen wurde. Glaubhaft überliefert ist auch, dass die Rettungsmänner mit je 3600 Reichsmark eine angemessene Bergeprämie erhielten; auch die übrigen Helfer bekamen ihren Bergelohn. Auf Norderney verdiente damals ein Matrose 2170 und ein Schlosser 2860 Reichsmark im Jahr.

Die Deutsche Gesellschaft zur Rettung Schiffbrüchiger (DGzRS) erhielt 100.000 Reichsmark als Bergelohn. Auf Norderney erzählt man noch heute, dass der Lohn der einzelnen Helfer in der Regel zum Ausbau der vorhandenen Eigenheime oder zur Anschaffung von Mobiliar verwendet wurde. Als bleibende Erinnerung wurde daher ein Haus in der Frisia-Straße für lange Zeit als Haus Lavinia bezeichnet.

Für die großartige Unterstützung danke ich meinem Freund Karl Welbers aus Leezdorf, der Historie und Abläufe der Lavinia-Havarie zusammengetragen hat. Welbers wirkte viele Jahre als Stadtdirektor auf Norderney und unterstützt heute mit großem Engagement die Poppe-Folkerts-Stiftung. (mr)

Vom runden, wegrollenden Geld

Christian Johann Heinrich Heine stand im August des Jahres 1825 am westlichen Strand des aufstrebenden Nordseebades der Insel Norderney. Es dämmerte, erste Sterne blinkten, und er schaute über das wogende Meer, bestaunte die Einfachheit der Natur und gab sich seinen Empfindungen hin. Unter der riesigen Kuppel des Himmels fühlte er sich selbst ameisenklein. Dabei erschien es ihm gleichzeitig, als dehnte sich seine Seele weltenweit aus, denn er war mit dichterischem Talent gesegnet und daher einfühlsamer als die Mehrzahl seiner Zeitgenossen.

Heinrich Heine, wie er sich seit seiner protestantischen Taufe im Juni nannte, nahm sich vor, seine Eindrücke schnellstmöglich zu Papier zu bringen. Allerdings nicht an diesem Abend, denn jetzt befand er sich auf dem Weg in die Spielbank. Nachdem er am Vortag im Pharao verloren hatte, wollte er heute die Karten meiden und sich dem Roulettespiel zuwenden. Dort, so hoffte er, würde er die Verluste wettmachen können. Er brauchte dringend Geld. Sicherlich würde das Glück ihm heute beim Spiel über die Schulter schauen.

Die Strecke bis zur Spielbank, die im Conversationshaus ihren Sitz hatte, legte Heine mit Vorfreude auf das ihn erwartende Ereignis mit schnellen Schritten zurück. Dort angekommen, sprang er voller Elan die Stufen des Gebäudes hinauf, das 1799 als erstes Kurhaus, aus Holz und strohgedeckt, errichtet worden war. Er wurde mit Hochachtung begrüßt, und am Eingang des Spielsaales öffnete ein Diener rasch die Türflügel und ließ ihn eintreten.

Gedämpftes Stimmengewirr aus den unterschiedlichsten Sprachen empfing den Dichter. Seit vor drei Jahren hier das Spielcasino eröffnet worden war, zog es Bade- und Spielfreudige aus ganz Deutschland, aber auch aus Frankreich, Russland, Schweden und England nach Norderney. Heine schätzte diese Internationalität, und als er sich in dem Saal umschaute, wurde ihm seine Vorliebe wieder bewusst. Er trat an einen der Roulettetische heran, an dem sich bereits die Spieler drängten. Zumeist männlichen Geschlechts, standen sie in Zweierreihen hintereinander, und die hinten Stehenden warteten begierig darauf, sich endlich bis nach vorn durchzudrängen und einen freigewordenen Platz erbeuten zu können. Gelegentlich schob sich eine Hand aus der zweiten durch die erste Reihe hindurch und platzierte einige Jetons, was zu Unmutsäußerungen führte. Oftmals folgte ein Streit über fragliche Einsätze.

So auch jetzt. Direkt neben dem Dichter brandete eine Diskussion darüber auf, wem ein Anteil des ausgerufenen Gewinnes zustehen würde. Zwei Männer schimpften lautstark, während eine feine Frauenstimme ihnen Paroli bot.

Heine blickte sich um. Die feine Stimme gehörte einer jungen Frau, fast noch ein Mädchen, klein, pummelig, mit ungeschickt um den Kopf geschlungenen Haaren, aus der sich dunkle Strähnen lösten. Tapfer kämpfte sie gegen die Vorwürfe der beiden Spieler an, doch vergebens. Schon rief einer der Männer nach der Polizei, während sich das Mädchen nach vorn schob und neben dem Dichter Platz fand.

Ein Blick der Pummeligen traf Heine. Seine neue Tischnachbarin hatte ein frisches Gesicht mit rosigen Lippen und Wangen. Leider störte ein Silberblick diesen positiven Eindruck erheblich. Sofort focht seine Ritterlichkeit einen Kampf aus mit seiner Arroganz, die sich vorgenommen hatte, nur den schönsten Frauen Aufmerksamkeit zu schenken. Sollte er helfend eingreifen und versuchen, die Angelegenheit zu klären?

Bevor er einen Entschluss gefasst hatte, sorgte eine weitere tiefe, männliche Stimme für Unruhe: »Platz, machen Sie gefälligst Platz!«

Die Umstehenden murrten wegen der Störung, war es doch am Spieltisch ein ungeschriebenes Gesetz, keinen derartigen Lärm zu verursachen. Die Croupiers, die den Doppeltisch betreuten und angestrengt und mit vollem Ernst die Abläufe beobachteten, wurden unruhig. Heine konnte sehen, wie sie nach den in Zivilkleidung im Saal verstreuten Polizisten Ausschau hielten, die die Gäste vor Gaunern und Dieben bewahren sollten.

Die Reihen der um den Roulettetisch versammelten Menschen teilten sich. Es wurde eine Gasse gebildet, und ein Mann in einem voluminösen hölzernen Krankenfahrstuhl rollte heran.

»Platz!«, donnerte der Behinderte erneut. Mit einem Stock, den er in der Hand trug, stieß er nach den fein gekleideten Herrschaften, die nicht ausreichend weit zur Seite traten. »Mimi, komm her zu mir«, befahl der Rollstuhlfahrer. Heine betrachtete das trotz seines vorgerückten Alters immer noch volle Haar, die buschigen Augenbrauen und die Miene des Mannes, die von einem Monokel dominiert wurde. »Mimi!«

Die Pummelige gehorchte. Offensichtlich war sie in Begleitung des behinderten Menschen gekommen und hatte versucht, ihn bei seinem Spiel zu unterstützen, indem sie den Einsatz für ihn von der zweiten Reihe aus platzierte.

Der Rollstuhlfahrer schaffte es, bis nach vorn durchgelassen zu werden. »So«, sagte er zu Mimi, »nun setze du wieder für mich und es wird keinen Streit mehr geben.« Drohend schaute er in die Runde, stellte den Stock auf dem Boden auf und legte beide Arme so darüber, dass er sein Kinn aufstützten konnte.

»Nein«, protestierte Mimi, »meine Arme sind nicht lang genug, und wenn ich rufe, wo ich annoncieren möchte, hört mich niemand, weil ich zu leise bin. Ich mag nicht mehr!«

»Faites vos jeux«, rief der Croupier und forderte damit zum Setzen auf. Er beugte sich nach vorn, um das Rouletterad in Schwung zu bringen.

»Setze, Mimi, setze! Gleich ist es zu spät! Du bringst alles durcheinander, nur zu!«, ereiferte sich der Mann im Rollstuhl, doch Mimi machte keine Anstalten, den Jetons, die sie in der Hand hielt, einem Platz zuweisen zu lassen. »Mimi, um Gottes Willen! Setze fünf!«

Heine nahm der jungen Frau entschlossen die Jetons aus der Hand, es waren vier an der Zahl, mit hohem Wert. Ohne zu überlegen setzte er zwei davon auf fünf, die anderen beiden gab er ihr zurück.

»Rien ne va plus!«, rief der Croupier und kündigte so an, dass kein Einsatz mehr möglich war. Das Rad drehte sich, alle starrten gebannt auf die kleine weiße Kugel, bis sie endlich an den Zacken zu springen begann. Sie fiel in das Fach mit der Zwölf.

»Verloren«, rief Mimi außer sich und blickte ängstlich auf den Mann im Rollstuhl.

»Keinesfalls«, erwiderte der erfreut, »gewonnen haben wir, und zwar genauso viel, wie wir verspielt haben. Danke, junger Mann«, wandte er sich an den Dichter. »Wie heißen Sie?«

»Heinrich Heine.«

»Angenehm. Ich bin Major a. D. von Meitken, und das ist meine Adoptivtochter Mimi.« Er wies mit dem Stock auf die Pummelige.

Wieder wurde Unmut laut, der zuvor aufgekommene Respekt gegenüber dem Behinderten verlor sich. Verärgerte Blicke streiften die Schwätzer, die daraufhin schwiegen. Aufmerksam widmeten sie sich dem Spiel. Heine half Mimi bei ihren Einsätzen, die der Major anordnete, und vergaß darüber nicht, die eigenen Jetons zu deponieren.

Der Abend endete damit, dass sich vor dem Rollstuhlfahrer und seiner Begleiterin die Jetons türmten, während der Dichter sein gesamtes Geld verloren hatte.

Der Major bat Heine, ihm behilflich zu sein und den Gewinn zur Zahlstelle zu tragen, um Bargeld dafür zu erhalten. Das eifrige Angebot eines Saaldieners, diese Aufgabe zu übernehmen, wehrte der Alte ab, indem er mit dem Stock nach dem dienstbeflissenen Mann stieß. Beleidigt ging der Diener davon, hatte er doch ein großzügiges Trinkgeld und keinen Angriff dieser Art erwartet.

Heine trug die Jetons in einem mit Samt ausgeschlagenen Kasten zur Kasse, während der Diener des Majors, der vor dem Eingang zur Spielhalle gewartet hatte, den Rollstuhl schob. Mimi lief neben ihm her.

»Halt!«, rief der Behinderte aus, bevor sie die Zahlstelle erreicht hatten. »Sie haben uns sehr geholfen, Herr Heine. Zum Dank nehmen Sie sich Jetons im Wert von 50 Louisdor!«

»Herr Major, ich werde dieses Geschenk nicht annehmen! Es geht mir gegen die Ehre.«

»Stuss! Keine Widerrede. Von Ihrer Ehre können Sie nicht satt werden. Aber bitte: Wenn es Sie beruhigt, trage ich Ihnen noch eine Sonderleistung an: Unternehmen Sie morgen mit Mimi einen Strandspaziergang!«

Heine erschrak. Wollte er sich tatsächlich mit dieser unscheinbaren, dicklichen Person, die noch dazu ein wenig schielte, in der Öffentlichkeit zeigen? Schließlich gab es im Strandbad eine schöne Frau, deren Nähe er unbedingt suchen, die er brennend gern auf sich aufmerksam machen wollte! Was, wenn sie ihn zusammen mit Mimi in trauter Zweisamkeit am Strand entlanggehen sehen würde?

Dennoch: Der in Aussicht gestellte Betrag lockte! 50 Louisdor waren genau die Summe, die ihm seine Familie für die Reisen und den Norderney-Aufenthalt geschickt hatte. Sträflicherweise hatte er gerade die letzten 15 davon verspielt. Wenn er das Geschenk des Majors annahm, musste er wenigstens keinen Bettelbrief versenden, um darin einen seiner Freunde um Geld zu bitten.

Allmählich wurde es Zeit, die Jetons einzuwechseln. Hinter ihnen stand seit einer Weile ein vornehm gekleideter Mann, ungefähr Anfang dreißig, und damit einige Jahre älter als Heine, und wartete darauf, dass er an die Reihe kam.

»Also gut«, sagte der Dichter und betrachtete Mimi, die errötend die Augen niederschlug. »Wenn ich mit der Annahme Ihres großzügigen Geschenks Ihrer Tochter gleichzeitig eine Freude bereiten kann, bin ich einverstanden.«

»Haho!«, rief der Major. »Wenn das so ist, machen Sie doch auch mir eine Freude und begleiten Sie mich in meine Unterkunft. Dort wartet ein vorzüglicher Roter auf uns.«

Der Major wies Mimi an, den Gewinn in Bares einzutauschen. Anschließend zählte er die Münzen in seine Geldkatze. »Haben Sie sich entschlossen? Leisten Sie mir bei einem Glas Wein auf die Nacht Gesellschaft?«

Auch dieser Aufforderung kam der Dichter nach, obwohl er sich überwinden musste. Während des Spiels hatte er Alkohol getrunken, und eigentlich fühlte er sich reif für das Nacht-lager. Andererseits hatte der Major beiläufig eine Anmerkung fallen lassen, wonach er seinem Gast über die hohe Kunst des Gewinnens beim Roulette einige Ratschläge erteilen wollte.

Nicht, dass Heine sich für spielsüchtig hielt, aber die Aus-sicht auf einen größeren Gewinn schien ihm mehr als verlo-ckend. Sein Verstand riet ihm zwar, auf dergleichen zumeist alberne Anweisungen nicht hereinzufallen, doch seine Spieler-seele zog ihn wie magnetisiert zu dem alten Mann mit dem Glück im Spiel hin.

Der Diener schob den Rollstuhl mit dem Major durch den nächtlichen Badeort. Heine begleitete ihn, Mimi an seiner Sei-te, vorbei an den Prachtbauten hin zu den für den Fremden-verkehr umgebauten Privathäusern, in denen die kranken und Genesung suchenden Kurgäste dem nächsten Tag entgegen-schlummerten. Der Mond stand am Himmel, und vom Meer wehte der salzige Geruch dieser unermesslich großen Weite zu ihnen herüber.

Der Dichter senkte die Stimme, um die Nachtruhe der Schläfer nicht zu stören, und fragte Mimi, ob sie denn schon im Meer gebadet habe.

»Nein, bisher nicht«, antwortete die junge Frau ebenso leise.

»Sie traut sich nicht! Weil hier alle Welt völlig unbeküm-mert in die freie See spaziert. Dabei ist der Damenbadestrand für die Herren strengstens verboten«, dröhnte der Alte in die Nacht.

Der Diener bemühte sich, den Rollstuhl schneller zu schie-ben. »Dann sind es also die Blicke der Herren, vor denen Sie sich fürchten?«, erkundigte sich Heine bei Mimi. Er dachte daran, dass die Badestellen der Geschlechter zwar getrennt, aber nicht allzu weit voneinander entfernt lagen, so dass mit-hilfe eines guten Glases durchaus Interessantes zu sehen war.

»Vielleicht«, antwortete Mimi einsilbig. Mittlerweile hatte sich ihre Hochsteckfrisur völlig aufgelöst, und die Haare fielen ihr über die Schultern.

Auch so sieht sie nicht viel hübscher aus, dachte Heine und fasste mit an, um den Rollstuhl mit dem Major durch den

Sand der unbefestigten Wege zu bugsieren. Der Alte hatte auf diese Abkürzung bestanden. Ein schwieriges Angehen war das, und so entging den Wanderern der Schatten, der hinter ihnen auftauchte und verschwand, auftauchte und verschwand. Alle waren froh, als sie endlich bei dem Quartier angekommen waren.

Die Zimmer lagen zu ebener Erde und waren über eine vorgelagerte Terrasse bequem zu erreichen. Insofern hatte der Major vorgesorgt. Dennoch wunderte sich Heine, dass ein Mann seines Standes nicht in einem der nobleren Hotels wohnte.

Sofort, nachdem sie die Wohnung betreten hatten, verabschiedete sich Mimi, wünschte eine gute Nacht und ging hinüber in die für sie angemietete Stube. Der Diener, der auf der Insel zu Hause war, wurde für diesen Tag entlassen.

»Eine liebe Seele«, sagte der Major, als Mimi die Tür hinter sich geschlossen hatte. »Ich habe sie adoptiert, als feststand, dass ich niemals natürliche Nachkommen haben würde. Erbt einmal alles, das Kind! Jammerschade, dass sie keinen Mann findet. Ist einfach zu verschlossen.« Er öffnete den Rotwein und roch an dem Korken. »Ein guter Tropfen. Dort drüben finden Sie Gläser, Herr Heine. Die Nacht ist jung!«

Nachdem sie die Flasche geleert hatten – immer wieder hatte der Major nachgeschenkt – bot Heine seinem Gastgeber an, ihm bei Zubettgehen behilflich zu sein. Doch er erntete nur ein kerniges »Gute Nacht« und die Aussage, dass der Kranke seine Beine noch so weit bewegen könne, um alles Notwendige allein zu veranlassen. »Es dauert, aber es lässt sich bewerkstelligen. Und morgen Abend probieren Sie aus, was ich Ihnen geraten habe!«

Heine deutete eine Verbeugung an, bedankte sich mit schwerer Zunge und verließ die Wohnung durch die Terrassentür. Der Himmel hatte sich zugezogen, Wolken verdeckten im raschen Wechsel den Mond. Der Wind, der jetzt vom Land aufs Meer blies, hatte zugenommen, doch das hielt den Dichter nicht davon ab, noch einmal an den Strand zu laufen. Seine

Sinne waren vom Rotwein benebelt, und als er am Horizont zwei Schiffe sah, die sich begegneten, wurde ihm unheimlich zumute. Er bildete sich ein, seine besten Freunde, die er seit Jahren nicht gesehen, zögen schweigend an ihm vorüber und er verlöre sie auf immer.

Am nächsten Tag erwachte er spät am Vormittag mit höllischen Kopfschmerzen. Dabei hatte er versprochen, Mimi in einer halben Stunde zu einem Spaziergang abzuholen! Rasch sprang er in seine Kleidung und rannte zu dem Haus, in dem der Major mit seiner Adoptivtochter wohnte. Ohne Frühstück und somit hungrig, dazu mit dröhnendem Kopf kam er dort an. Aber was war das für ein Menschenauflauf? Polizisten in Uniform liefen ein und aus, die Vermieterin stand auf der Terrasse und rang die Hände. Drei Frauen leisteten ihr Beistand.

Vorsichtig trat Heine näher heran. Durch das Fenster konnte er Mimi sehen: Sie saß auf einem Stuhl und weinte herzzerreißend. »Das arme Ding«, hörte der Dichter eine der Frauen klagen, »erst die Eltern verloren und jetzt auch noch den Adoptivvater!«

»Durch einen heimtückischen Mord!«, rief eine andere, und die Dritte hielt sich erschrocken die Hand vor den Mund.

Was die Einheimischen zusammenstehen lässt, dachte der Dichter, ist die Gewohnheit, das naturgemäße Ineinander-Hinüberleben, die gemeinschaftliche Unmittelbarkeit. Und jetzt? Ein Mord ist geschehen? Wie erschüttert müssen diese Frauen sein. Heine merkte, wie ihm unwohl zumute wurde.

Wer hatte dem Major das angetan, wer hatte ihn umgebracht? Die Bilder des vergangenen Abends ging Heine durch den Kopf: das gemeinsame Roulettespiel, der hohe Gewinn des Alten, der Heimweg und nicht zuletzt das Beisammensein mit ihm bei Rotwein und den erstaunlichsten Erläuterungen seitens des Mannes im Rollstuhl. Angeblich hatte er vor Kurzem ein System entwickelt, das ihm unter günstigen Bedingungen regelmäßig Gewinne einbrachte.

Heine erschrak. Er war offenbar der letzte Mensch, der den Major lebend gesehen hatte – außer seinem Mörder, versteht sich. Machte ihn nicht allein diese Tatsache verdächtig? Sicherlich hatte Mimi den Polizisten bereits erklärt, wie der Abend verlaufen war, wie er geendet hatte!

Er war kein Feigling, beileibe nicht. Aber sich unnötig der Gefahr auszusetzen, mit der Staatsgewalt aneinanderzugeraten, widerstrebte ihm. Ein erneuter Blick hinein in das Zimmer, in dem die arme Mimi weinte, zeigte ihm, dass die Vermieterin mittlerweile zu dem Mädchen hineingegangen war und es zu trösten versuchte. Ein Glück. Sonst hätte er sich vielleicht verpflichtet gefühlt, sich seinerseits um Mimi zu bemühen. Aber so konnte er so unauffällig wie möglich den Ort des grausamen Geschehens verlassen.

Einige Stunden später stand der Dichter am Strand und sah den Wellen zu, die sich vom stärker werdenden Wind am Ufer brachen. Der Himmel war vollends bedeckt, es drohte zu regnen. Seine Gedanken jagten einander wie die Wolken am Himmel, erst allmählich hatte er das ganze Ausmaß des Unglücks erfasst. Sein Versuch, im Pavillon des Cafés auf der Marienhöhe ein Gedicht zu verfassen oder einen Prosatext, war gründlich misslungen, und so war er erst in sein Zimmer und dann ans Wasser geflüchtet. Die auf der Promenade flanierenden Badegäste hatte er hinter sich gelassen, der Trubel störte ihn heute.

In der Nähe der Fluten, dem Wind trotzend, versuchte er seine Gedanken zu ordnen. Ich liebe das Meer wie meine Seele, dachte er. Oft wird mir sogar zu Mute, als sei das Meer eigentlich meine Seele selbst. Er grämte sich, dass ihm diese schöne Formulierung nicht früher eingefallen war. Hätte er doch sein Notizheft nicht in seiner Ferienwohnung zurückgelassen! Darin wollte er auch das System festhalten, das der Major ihm erklärt hatte, doch bisher hatte er hierzu nicht die nötige Muße finden können. Auch jetzt noch war er innerlich aufgewühlt und aufs Äußerste erregt. Im Pavillon auf der Düne hatte er ein Gespräch belauscht. Offenbar hatte es sich herumgesprochen, dass es einen Mordfall zu beklagen gab. Zwei Männer, unverkennbar Kurgäste, unterhielten sich über das Schicksal des armen Majors: Neben seinem Rollstuhl habe er in seinem

Blut gelegen, erstochen, mausetot, das Monokel zerbrochen. Alles Geld sei ihm gestohlen worden! Die Adoptivtochter stehe völlig mittellos da, habe der Alte doch in den letzten Jahren nach und nach sein gesamtes Vermögen verspielt.

Für Heine stand außer Frage, dass der Mörder den Major in der Spielbank beobachtet und ihn verfolgt haben musste mit dem Ziel, ihn auszurauben. Ein Schauer lief dem Dichter über den Rücken bis zu den Fußsohlen hinab, als er daran dachte, dass der Unhold gewartet haben könnte, bis er, Heine, endlich die Wohnung des Majors verlassen hatte. Wie leicht hätte er selbst zum Opfer des Übeltäters werden können!

Dem Mann musste das Handwerk gelegt werden! Heute Abend würde er wieder an den Roulettetisch treten, das erlernte System anwenden und gewinnen. Sodann wollte er als Lockvogel fungieren, den Mörder anlocken und überführen. So würde er aus Dankbarkeit ihm gegenüber den Tod des Majors rächen. So würde er auf der Insel berühmt werden. So würde die schönste aller Frauen darum beten, ihm zu Füßen liegen zu dürfen!

Als Heine die ausladende Treppe zum Eingang des Conversationshauses emporeilte, war er gespannt, ob seine Rechnung aufgehen würde. Mittlerweile war er im Casino so bekannt, dass ihm sofort von einem Saaldiener ein Stuhl an seinen Lieblingstisch herangerückt wurde. Der Dichter dankte mit einem Kopfnicken, blieb aber stehen, wie die meisten der Spieler, die es ernst meinten mit dem Gewinnen und den besten Überblick erhalten wollten.

Wie im Rausch annoncierte er seinen ersten Einsatz – und gewann. Mit glänzenden Augen setzte er erneut, und zwar die Hälfte dessen, was er besaß – und verdreifachte sie. Mit zitternden Händen nahm er sich zurück, setzte wenig, verlor das Wenige – und ließ den kompletten Rest auf Zero setzen. Die Kugel fiel in das Fach mit der Null, und Heine durfte das Fünfunddreißigfache seines hohen Einsatzes entgegennehmen. Spätestens jetzt hatte er die Aufmerksamkeit aller Spieler am Tisch und auch die der Zuschauer auf sich gezogen. Das System! Es hatte sein Versprechen gehalten. Sollte er weiterspielen?

Der Dichter fühlte sich wie im Fieberwahn. Würde es funktionieren? Würde ihn der geldgierige Mörder diesmal als Opfer auswählen? Heine sah vom Spieltisch auf und blickte in ein Augenpaar, das ihm bekannt vorkam. Wo hatte er diesen Mann schon einmal gesehen? Gestern am späten Abend, durchzuckte ihn die Erkenntnis, an der Kasse! Es war derselbe, der hinter dem Major darauf gewartet hatte, endlich seine Jetons in Goldmünzen umtauschen zu können. Aber hatte er überhaupt Spielmarken vorweisen können? War es nicht vielmehr so, dass er mit leeren Händen dagestanden hatte? Dem Dichter wurde heiß und kalt: Kein Zweifel, der Mann beobachtete ihn!

Nahezu gleichzeitig schauten beide auf das mit Jetons übersäte Spielfeld und machten ihr Spiel. Heine versuchte angestrengt, sich an die Worte des Majors zu erinnern, mit denen er ihm den Fortgang des gewinnbringenden Systems erklärt hatte. Noch rührte sich der Mann von gegenüber nicht. Er musste noch viel mehr einheimsen, um ihn anzulocken, dessen war er sich mit einem Mal sicher!

So skeptisch er auch diesem System gegenüber gewesen war: Es wäre wohl tatsächlich geeignet gewesen, die finanzielle Lage des Majors ins Positive zu verkehren. Bald türmten sich vor dem Dichter ähnlich viele Jetons, wie sie am Vorabend den Major erfreut hatten, ein kleines Vermögen. Heine setzte, gewann, setzte erneut. Als der Mann von vis-à-vis plötzlich neben ihm stand und ihn ansprach, zuckte er heftig zusammen. Dabei hatte er doch darauf gewartet, dass sich der andere endlich zu erkennen geben würde!

»Gestatten: Hans von Hoeften. Verzeihen Sie mir, falls ich mich irren sollte, auch wenn es eigentlich unverzeihlich wäre: Sind Sie der Autor des *Almansor*? Der Verfasser der Sammlung *Dreiunddreißig Gedichte*? Der Schöpfer der *Loreley*?

Heine blickte von Hoeften fassungslos an, mit aufgerissenen Augen und offenem Mund und schwieg. Was wollte dieser Mann von ihm? Erst allmählich wurde ihm bewusst, dass von

Hoeften ihn erkannt haben musste. Deshalb hatte er zu ihm herübergesehen!

Die Miene seines Gegenübers zeigte Erschrecken. »Habe ich etwas Falsches gesagt? Sind Sie womöglich inkognito auf Norderney?«

Heine bedeutete einem der Saaldiener, seinen Gewinn in das hierfür vorgesehene Behältnis zu stapeln und für ihn zur Kasse zu tragen. Für diesen Dienst belohnte er ihn mit einem großzügigen Trinkgeld. Mit einer Handbewegung forderte er daraufhin von Hoeften auf, ihm zu folgen.

Als sie außer Reichweite der Roulettetische waren, fragte Heine: »Sie haben keine Jetons bei sich! Schon gestern fiel mir auf, dass Sie zwar an der Kasse anstanden, aber nichts bei sich trugen, was Sie hätten einwechseln können!«

Hans von Hoeften lachte. »Wahrhaft ein brillanter Beobachter, wie es sich für einen Poeten gehört! Ich kläre Sie auf, Herr Heine: Gestern war ich hier, um neue Jetons zu lösen. Heute bin ich hier, weil Sie mich dazu aufgefordert haben!«

»Woher kennen Sie mich?«

»Ich hörte Ihren Namen. Auch ich versuche mich im Verfassen von Gedichten, und Ihre Kunst ist mir Vorbild und Ansporn.«

Heine betrachtete das offene Gesicht des anderen und sagte: »Haben Sie von dem furchtbaren Mord gehört?«

»Von einem Mord? Nein!«

»Aber die ganze Insel spricht davon!«

»Ich habe heute lange geschlafen und anschließend einen Ausflug nach Langeoog unternommen. Was ist denn geschehen?«

In kurzen Sätzen unterrichtete ihn Heine von den Vorkommnissen. »Ich hatte gehofft, heute Abend zu gewinnen und den Mörder anzulocken, um ihn so überführen zu können.«

»Und ich habe Sie angesprochen! Haben Sie gedacht, dass jetzt der Moment gekommen sei?«

»In der Tat«, musste Heine zugeben.

»Wie schnell man in Verdacht geraten kann! Damit meine ich sowohl Sie als auch mich. Hat denn noch kein Polizist nach Ihnen gesucht?« Ein Lächeln huschte über die Lippen des Mannes, das Heine nicht deuten konnte.

»Nein«, erwiderte der Dichter und erklärte: »Ich fühlte mich in der Pflicht, den Mörder des Majors zu finden.«

»Überlassen Sie das besser der Staatsgewalt! Wo wollen Sie ansetzen? Ich glaube übrigens nicht, dass sich der Verbrecher noch auf der Insel befindet. Schön dumm wäre das. Darf ich eine Bitte äußern?

»Nur zu«, ermunterte ihn Heine. Hans von Hoeften war ihm sympathisch, außerdem fühlte er sich durch seine Worte geschmeichelt.

»Wenn ich Ihnen einige meiner Dichtungen zeigen dürfte und Ihre Meinung dazu einholen, wäre ich glücklich.« Er versuchte offensichtlich, in Heines Zügen zu lesen, und in seiner Miene bemerkte der Dichter die Angst vor einer Absage.

»Warum nicht«, sagte er und hob das Kinn. »Aber ich bin ein strenger Kritiker, und wer das nicht aushalten kann, sollte mir seine Kinder nicht unter die Nase halten.«

»Meine Kinder fürchten Ihre Anmerkungen nicht, sie werden sich ihrer erfreuen! Am liebsten würde ich Sie gleich mit in mein Feriendomizil nehmen und Ihnen die Blätter in die Hand drücken.«

Heinrich hob lässig die Hand. »Mir soll es Recht sein«, sagte er, hielt inne und zog die Stirn in Falten, »aber eigentlich wollte ich die Nacht darauf verwenden, den Mörder des Majors zu finden!« Unschlüssig blickte er sich zum Eingang des Saales um, aus dem die gedämpften Stimmen der zahlreichen Gäste drangen. Wie viele der über 500 Kurgäste mochten sich hier beim Spiel vergnügen? War es realistisch anzunehmen, dass sich der Mörder, möglicherweise mit dem gestohlenen Geld in der Tasche, erneut hierher gewagt hatte? Wenn es so war, musste es sich um einen hochgradig spielsüchtigen Menschen handeln, dachte der Dichter, einen Mann, der jeden Abend am Roulettetisch zubrachte. War ihm eine solche

Gestalt bisher aufgefallen? Nein, stellte er für sich fest. Außerdem: Morgen war auch noch ein Tag.

»Gehen wir«, sagte er. »Ich interessiere mich für Ihre Gedichte. Vielleicht werde ich Sie als Konkurrent fürchten müssen?«

Beide Männer lachten, und Heine wechselte seinen Gewinn ein, während sich Hans diskret abseits stellte. Die Wartezeit vertrieb er sich, indem er eine Frau betrachtete. Sie war groß gewachsen, mit schwarzem Haar und einem Hut auf dem Kopf, der gerade der letzte Schrei sein musste. Sie glitt an ihm vorbei und würdigte ihn keines Blickes.

Heine trat neben ihn. »Die Dame ist des Hinsehens wert«, sagte Hans und deutete mit dem Kopf auf die Vorüberschwebende.

»Kein Vergleich mit der, auf die ich mein Augenmerk gerichtet habe«, konterte der Dichter, »schöner als jede Königin ist die, die ich meine. Sie residiert im Kurhotel.« Beide Männer traten einen Schritt zur Seite, um einem Mann Platz zu machen, der mit langen Schritten herbeieilte und erst einhielt, als er die Frau mit dem ausgefallenen Hut auf dem Kopf erreicht hatte. Hastig begann er auf sie einzusprechen.

Gemeinsam verließen Heine und von Hoeften die Lichterpracht des Conversationshauses und liefen zu der Pension, in der Hans wohnte. Wenig später saßen sie bei Lampenschein und einem teuren Cognac zusammen und beugten die Köpfe über die Gedichte, die Hans ungeniert vorzeigte. »Wahrhaftig ein Talent!«, rief Heine mehrfach aus. Er zückte sein Notizbuch, und der große Dichter und der unbekannte Poet verglichen ihre Ideen und Gedanken miteinander. Schließlich einigte man sich sogar auf das vertrauliche Du. So verging die Zeit.

Weit nach Mitternacht sprang Heine auf. »Genug geredet! Ich habe morgen eine Mission zu erfüllen.«

»Die du besser der Polizei überlassen solltest! Ich rate dir dringend, dich aus der Sache herauszuhalten.«

»Warum ist dir das wichtig?«, fragte Heine erstaunt.

»Weil die Dinge manchmal anders liegen, als man denkt. Ich möchte, dass du noch bleibst.« Hans wirkte erregt.

»Nein, ich werde jetzt in meine Unterkunft gehen. Damit bin ich doch nicht aus der Welt!«

»Bitte nicht!« Hans sprang plötzlich auf, lief zur Tür, riss sie auf, trat hinaus und zog die Tür hinter sich ins Schloss. Ein fürchterlich knarzendes Geräusch drang an das Ohr des Dichters. Jetzt hielt es auch Heine nicht mehr auf seinem Platz. Er hastete zum Ausgang des Zimmers, drückte die Klinke herunter und wollte die Tür aufziehen – doch es gelang ihm nicht.

Dieses Geräusch! Hans musste ihn eingeschlossen haben. Was hatte das zu bedeuten? Er fühlte nach seinem prallen Geldbeutel. Panik stieg in ihm auf. Hatte sich von Hoeften in sein Vertrauen geschlichen, um ihn auszurauben? War er vielleicht doch der Mörder des Majors? Es musste so sein, dachte er resigniert. Wie hatte er nur so naiv sein können? Er hatte tatsächlich den Verbrecher angelockt, und nun saß er bei ihm in der Falle.

Heine stürzte zum Fenster, öffnete es und sah hinab. Er musste fliehen, keine Frage. Zum Glück befanden sich die Räume im ersten Stock, und ein Rosenspalier an der Hauswand versprach Halt beim Hinabklettern. Schon hörte er von Hoeftens Schritte vom Korridor her näher kommen. Sicherlich hatte er das Messer geholt, mit dem er den Major – schnell, schnell, bevor es zu spät war!

Das Rosenspalier hielt, Gott sei Dank, nur einige Holzsplitter bohrten sich Heine tief in die Finger. Als er den rettenden Boden erreichte, hörte er, wie sein neuer falscher Freund oben das Zimmer durchschritt. Wenn er ihm nachsteigen, ihn verfolgen würde! Zu dieser nachtschlafenden Zeit würde niemand ihm helfen, mit dem Leben davonzukommen.

Der Dichter rannte davon. Er bog um die nächste Ecke, lief als wäre der Teufel hinter ihm her, an den er gar nicht glaubte, und hörte, wie die Eingangstür der Pension erst geöffnet, dann geschlossen wurde. Eilige Fußtritte hallten durch die Nacht. Der Dichter bog um die nächste Ecke – und sah sich zwei Gestalten gegenüber, einem Mann und einer Frau, soviel konnte er im Dunklen erkennen. Dann ging alles ganz schnell. Er wurde geschlagen, geknebelt und festgehalten, indem der Mann ihm schmerzhaft die Arme auf den Rücken bog. Die Frau begann, mit fliegenden Fingern Heines Kleidung zu durchsuchen. Doch wie aus dem Nichts kommend stürmte ein Mann auf die Gruppe zu, schleuderte die Frau zu Boden und schrie laut: »Aufhören, Polizei!«

Heine nutzte die Überraschung seines Angreifers, um ihm in die Beine zu treten. Der Mann ließ ihn los, strauchelte, wollte fliehen, doch der Dichter hielt ihn fest und schlug ihn mit einem Kinnhaken zu Boden. Ein Messer rutschte aus der Hosentasche des Verbrechers. Ohnmächtig blieb er liegen, während die Frau davonlaufen konnte.

»Die entkommt uns nicht«, rief Hans von Hoeften keuchend. »Ich habe sie erkannt. Es war die vorgeblich vornehme Schönheit, die vorhin vor dem Casino flaniert ist.«

Fassungslos blickte Heine ihn an. »Du? Woher kommst du? Warum hast du mich eingeschlossen?«

»Wovon sprichst du?«

»Die Tür! Sie ließ sich von innen nicht öffnen!«

»Sie klemmt! Ich habe mich bereits beschwert. Warum sollte ich – sag mal, bis du etwa aus dem Fenster gesprungen? Auf einmal warst du verschwunden.«

»Und du hast mich verfolgt!«

»Ja!«

»Warum?«

»Deswegen!« Hans hielt ein Notizbuch in die Höhe, das der Dichter gut kannte. Es war sein eigenes, das er offenbar vergessen hatte.

»Du hast mich tatsächlich für den Mörder gehalten!«

Heine schüttelte den Kopf und massierte sich die schmerzenden Arme. »Ja, und jetzt stehe ich tief in deiner Schuld. Wenn du nicht gekommen wärest, genau im richtigen Augenblick, ich weiß nicht, was mit mir geschehen wäre.« Er blickte auf den leblosen Mann im Straßenstaub.

Hans lachte. »Dann bin ich es, der den berühmten Dichter Heinrich Heine der Nachwelt erhalten hat! Davon werde ich später meinen Enkeln berichten!«

Verhalten zwar, stimmte Heine doch in das Lachen mit ein. Mittlerweile waren in einigen Häusern die Lichter angegangen, und von fern lief ein uniformierter Polizist herbei. Heine sah ihm entgegen.

»Warum hast du vorhin ›Aufhören Polizei‹ gerufen? Um die Angreifer zu verwirren?«, fragte er, während er sein verrutschtes Hemd zurück in die Hose steckte.

»Nein, weil es stimmt! Ich bin Geheimpolizist und habe dich die ganze Zeit beobachtet.« Von Hoeften verzog das Gesicht zu einer entschuldigenden Grimasse. »Tut mir leid, aber du warst in Verdacht geraten.«

Heine riss die Augen auf. »Alle Achtung! Deine Maskerade war perfekt. Du gibst dich als Poet aus, und ich falle darauf herein.«

»Ich hoffe, wir können dennoch Freunde bleiben. Die Gedichte habe ich mir übrigens von meinem Vetter ausgeliehen, er ist das Talent, nicht ich. Ich werde ihm von deinem Urteil erzählen!«

Bei allem Schmerz war Mimi gerührt und dankbar, als am nächsten Morgen Heinrich Heine vor ihr stand, begleitet von Hans von Hoeften, und ihr die am Vorabend gewonnenen Goldtaler überreichte. Schließlich sei es das Roulettesystem ihres Adoptivvaters gewesen, das ihm diesen Reichtum beschert hatte, erklärte der Dichter dem Mädchen, das mit Tränen in den Augen zu ihm aufsah.

Abends stand er an seinem Platz am Spieltisch. Was er versuchte, es misslang. Es war zum Verzweifeln. In welcher Reihenfolge er das System auch anwandte, immer versagte es seinen Dienst. Schließlich blieb Heine nichts übrig als aufzugeben. Er hatte die 50 Louisdor verspielt, die der Major ihm aus Dankbarkeit geschenkt hatte. Er war wieder vollkommen mittellos.

Hans, der ihn – nun außer Dienst – an den Spieltisch begleitet, von Heines Euphorie getragen ebenfalls hoch gesetzt und verloren hatte, sagte er nichts von seiner finanziellen Misere.

»Wir hatten Pech!«, sagte Hans, »morgen sieht vielleicht alles rosiger aus.«

Heine zuckte mit den Schultern. »Weißt du, Geld ist rund und rollt weg, aber Bildung bleibt.«

Hans sah ihn erstaunt an. »Wie meinst du das?«

»So, wie ich es gesagt habe«, antwortete Heine, »komm, lass uns gehen!«

Historischer Hintergrund:

1825 lebten auf Norderney 678 Einwohner und insgesamt 552 Kurgäste. Das Nordseebad war ein beliebter Treffpunkt für Adelige, Künstler und Literaten. Heinrich Heine besuchte Norderney in den Jahren 1825, 1826 und 1827. Hier verfasste der Dichter zahlreiche Texte und Gedichte, darunter den Zyklus »Die Nordsee«. Der dritte Teil des Zyklus ist ein Prosatext, in dem Heine seiner Begeisterung für die Landschaft der Insel Norderney Ausdruck verleiht.

Ricardas Seereise

Ricarda drehte sich vor dem raumhohen Spiegel in ihrem Zimmer. Sie hatte den Einbau desselben genauso erkämpft wie alles andere, was sie ihren Eltern bislang abgetrotzt hatte. Doch nun war sie zu weit gegangen, das hatten sie ihr deutlich gesagt. Vielmehr ihre Mutter hatte dies in der Küche mit ihr besprochen, als die Dienstboten ihre Tagesarbeit beendet hatten. Ausgerechnet diesen Ort zu wählen war eine besondere Demütigung für Ricarda.

Ihr Vater war Galerist in der badischen Stadt Mannheim und hatte es als solcher zu Wohlstand gebracht. Seit sich Ricarda erinnern konnte, waren in ihrem Salon in dem großbürgerlichen Haus in Mannheims Oststadt Künstler ein- und ausgegangen. Manches Mal nahm der Vater die Mutter mit, wenn er sich mit bedeutenden Kollegen und Künstlern in Paris traf. Sogar Kasimir Malewitsch hatte er schon getroffen, den Maler des sensationellen Schwarzen Quadrats. Stets kam die Mutter dann mit der neuesten Kleidermode und einem kleinen Accessoire für sie und ihre Schwester, die Töchter des vermögenden Elternhauses, aus der Stadt an der Seine zurück.

Ricarda hatte sich ertrotzt, das Abitur ablegen zu dürfen. Das war zwar für ihren gesellschaftlichen Stand nichts Ungewöhnliches, jedoch für ihr Geschlecht. Denn nach wie vor studierten vorrangig Männer an den Universitäten, obwohl seit 1900 an der Heidelberger Universität auch Frauen zugelassen waren. Doch bislang waren dies lediglich Einzelfälle gewesen.

»Willst du unbedingt erreichen, dass man dich einen Blaustrumpf schimpft?« Ihre Mutter zupfte nervös am Tischtuch. »Wie sollen wir einen Bräutigam für dich finden können, wenn du dich derart über die Männer erhebst?« Ihre Stimme bebte. Bereits jetzt gab es Anwärter auf die Hand der zwei Jahre jüngeren Tochter Babette. Aber einem ungeschriebenen Gesetz im Hause der Familie sollte diese erst verheiratet werden, wenn auch die älteste Tochter bereits in den Hafen der Ehe eingelaufen war.

»Eine Reise wird dir gut tun. Wir senden dich mit Cäcilie als Begleitung an die See. Der frische Wind wird dir die Flausen aus dem Kopf vertreiben. Dort kannst du in Ruhe nachdenken. Und wenn du zurückkommst, sehen wir weiter. Aber das mit einem Studium vergisst du besser. Schlag es dir aus dem Kopf. Ich versichere dir, dein Vater wird nie und nimmer diesem Unsinn zustimmen.«

Das war der Mutter letztes Wort gewesen. Ricarda wusste aus Erfahrung, es hatte wenig Sinn zu versuchen, den Vater umzustimmen. Und so fügte sie sich nach einiger Überlegung in die Vorbereitung der Reise, die sie zusammen mit einer Gesellschaftsdame unternehmen sollte. Es war völlig ausgeschlossen für sie, alleine zu reisen.

Auf Cäcilie waren ihre Eltern aufgrund einer Empfehlung aufmerksam worden. Sie hatte schon mehrfach tatkräftig dazu beigetragen, junge Fräuleins der gehobenen Schicht auf den Weg der Vernunft oder nach Bedarf auch auf den der Tugend, zurückzuführen. Cäcilie war zu vertrauen, das stand in ihren Zeugnissen. Treu, ehrlich und untadelig der bürgerlichen Ordnung verpflichtet.

Ricarda war dies gleichgültig. Es war vielleicht wirklich das Beste, ihre Eltern vorerst nicht zu sehen und etwas Abstand zu ihnen zu gewinnen. Die Reise sollte in die königlich-preußische Seebadeanstalt auf Norderney führen, zumal Ricarda eine Stärkung ihrer Atemwege vertragen konnte. Die Gesellschafterin, die heimlich rauchte, übrigens auch.

Sie begannen ihre Reise am Mannheimer Bahnhof und sollten ab Norddeich das letzte Stück mittels Überfahrt auf einem Schiff bewerkstelligen. Die Mutter ließ eine Kutsche für die beiden bestellen, auf der das umfängliche Gepäck verladen wurde. Zum Abschied zerdrückte sie zwei kleine Tränen, denn sie würde ihre Große nun eine Weile nicht sehen.

Der Kutscher half den beiden auch, die schweren Koffer in das Zugabteil zu verfrachten. Im Nachbarabteil saßen Männer in Uniform. Die Zugreise führte sie mit Umsteigen über Emden nach Norddeich, wo Ricarda staunend die Nordsee bewunderte, denn sie sah zum ersten Mal in ihrem Leben das Meer. Die Weite des Blicks gefiel ihr. Sie stiegen auf die Fähre nach Norderney um, dieses Mal mit der Hilfe von kräftigen Kofferträgern. Das Kurhaus, in dem die beiden per Depesche angemeldet waren, befand sich am Westrand der Insel.

Ricarda stand auf ihrem Balkon und beobachtete zwei kräftige Seemöwen, die um so vieles größer waren, als die Möwen, denen sie bislang am Rhein begegnet war. Die beiden Tiere kämpften um einen Sandwurm, den jedes an einem Ende in ihrem kräftigen signalgelben Schnabel hielt, während ein drittes, das gellende Schreie ausstieß, über ihnen kreiste. Erbittert trippelten sie umher und schlugen mit den Flügeln, wobei sie sich gefährlich nahe kamen.

Ricarda schlug die Hand vor den Mund, als der fette Wurm in der Mitte entzweiriss und die beiden Möwen jeweils ihr erbeutetes Stück verschlangen. Die dritte stieß sich mit kräftigem Flügelschlag höher in die Luft. Plötzlich flog sie direkt auf Ricarda zu, um erst unmittelbar vor ihr abzudrehen. Der große, scharfe Schnabel machte ihr Angst und sie duckte sich rasch hinter die Balkonbrüstung. Als sie wieder hochkam, hörte sie Cäcilie, die hinter sie getreten war, erleichtert ausatmen.

Zum Abendessen, das sie wie alle Mahlzeiten gemeinsam einnehmen würden, verblüffte Cäcilie Ricarda mit einem hellen Reformkleid. Ihre beiden Zimmer lagen nebeneinander, Cäcilie hatte bei Ricarda angeklopft. Die veränderte schlagartig ihre Haltung zu der Mittdreißigerin, als sie sie in diesem Kleid sah. Vollends löste sie sich von der Vorstellung, ihre Gesellschafterin könne sie einengen, als diese nach dem Essen auf die Terrasse trat und sich dort eine Zigarette anzündete. War sie etwa eine Sufragette und die Eltern hatten das nicht bemerkt?

Der leichte Wind schob träge einige wenige Wolken vor sich her, welche wegen der untergehenden Sonne kleinen Feuerbällen glichen. Sie bewegten sich direkt auf die Insel zu.

Sie verbrachten ihre Tage mit langen Strandspaziergängen, um ihre Lungen zu lüften, wie Cäcilie dies zu bezeichnen pflegte. Der helle Sand war weich wie samtenes Pulver. Drei Mal am Tag nahmen sie ihre Mahlzeiten mit den anderen Gästen des Kurhauses gemeinsam in dem großen Saal mit den schönen Fenstern ein.

Und dann sah Ricarda eines Abends ihn an der Strandpromenade. Seine Art zu gehen imponierte ihr. Wie er mit weit ausholenden Gesten dahinschritt. In seiner ganzen Art lag etwas wild Entschlossenes. Er wirkte reifer als die anderen jungen Männer, die sie von zu Hause her kannte. Denen war immer noch etwas Jungenhaftes zu eigen, was er jedoch völlig abgelegt hatte. Grüne Jungs waren das im Gegensatz zu ihm.

»Gibst du mir eine?«, fragte sie Cäcilie, wobei sie auf deren Zigaretten deutete.

Cäcilie hielt ihr das kleine Etui hin.

Ricarda entnahm einen der schmalen, weißen Stängel und schlenderte zu dem jungen Mann. »Entschuldigen Sie bitte …« Sie versuchte einen koketten Augenaufschlag.

»Ja?« Er drehte sich vollends ihr zu und musterte sie.

Ricarda war, als müsse sie unter diesen Augen die Besinnung verlieren. Mühsam versuchte sie, Haltung zu bewahren. »Haben Sie Feuer für mich?«

Mit einem Blick auf ihre Hand sagte er: »Die ist gar nicht gut für Sie, glauben Sie es mir. Stecken Sie die besser weg. Gestatten Sie, Wolfrum Stein.« Er deutete eine Verbeugung an, wobei er sich herzlich wenig bemühte, ein ironisches Lächeln zurückzuhalten.

»Ricarda Kuhn.«

»Und was machen Sie hier auf Norderney? Wenn Sie nicht gerade fremde Männer ansprechen.«

Augenblicklich ergoss sich eine Röte über Ricardas Gesicht, die sie flammend spürte. Sie wandte sich ab.

»Wer wird denn so empfindlich sein! Verlässt Sie nun der Mut, den Sie eben so frisch gefasst haben? Kommen Sie, ich begleite Sie ein Stück längs der Kaiserstraße. Wenn Sie gestatten.«

Aus den Augenwinkeln heraus sah Ricarda, dass Cäcilie ihnen folgte.

Ein Haus fiel durch eine besonders prächtige Fassade auf. Ricarda betrachtete die Villa bewundernd.

»Die gehört unserem ehemaligen Reichskanzler. Wilhelm Zwo hat sogar schon darin übernachtet.«

Nun hielt Ricarda inne. »Unser Kaiser?«

»Genau der.«

Ricarda konnte sich des Eindrucks nicht verwehren, dass sich soeben, wenngleich auch nur für einen kurzen Moment, ein geringschätziger Zug um den Mund Wolfrums gezeigt hatte. Doch er war schon wieder weiter gegangen und sie dachte nicht länger darüber nach, ob dies etwas zu bedeuten habe.

Auf seine Fragen hin erzählte sie ihm, woher sie stammte und obwohl sie ihn soeben erst kennengelernt hatte, vertraute sie ihm sogar an, dass sie sich nichts sehnlicher wünschte, als studieren zu dürfen. Hatte sie sich das eingebildet oder war in seinen Augen so etwas wie Bewunderung aufgeflammt? Jedenfalls gefiel ihr der Gedanke daran. Ihr Gang wurde beschwingter.

Nach einer Weile zog Wolfrum seine Taschenuhr. »Ich darf mich nun verabschieden und mich für Ihre angenehme Gesellschaft bedanken.«

Als sie ihn traurig anblickte, fügte er hinzu, »Ich habe noch jemanden zu treffen. Aber wie wäre es morgen Abend? Selber Ort, selbe Uhrzeit?«

Woraufhin sie sich zu nicken beeilte.

»Dann darf ich mich nun verabschieden, wertes Fräulein. Sie bleiben am besten hier stehen, bis Ihre Anstandsdame zu Ihnen aufschließt.« Sprach's und ging einfach ohne sie weiter.

Cäcilie eilte zu ihr hin.

»Er hat bemerkt, dass du uns verfolgst!«

»Lieber Himmel, ist das ein Spion?« Cäcilie lachte über ihren Witz.

Sie trafen sich einige Abende lang. Immer nur erzählte Ricarda, Wolfrum hingegen gab wenig von sich preis, genauer gesagt eigentlich nichts.

»Ich weiß gar nichts über ihn. Wo er herkommt oder weshalb er hier ist! Was macht er eigentlich den ganzen Tag über?«

»Ziemlich geheimnisvoll, nicht wahr?« Cäcilies Augen glichen einem dunklen See.

»Was verstehst du schon davon?« Ricarda war wütend geworden.

»Mehr jedenfalls, als du denkst.« Doch auch durch Nachfragen war Cäcilie zu diesem interessanten Thema nichts mehr zu entlocken, so brennend es Ricarda auch interessiert hätte.

»Warum machst du das eigentlich? Aufpasserin für junge Damen?«, fragte Ricarda giftig.

»Damen?« Cäcilie dehnte das Wort unnötig in die Länge und lachte. »Eine Dame raucht nicht in der Öffentlichkeit und spricht ganz bestimmt keine jungen Männer an.«

»Nun sag schon.« Ricarda ließ nicht locker.

»Ich verdiene mein Brot damit, das ist alles.«

»Aber du könntest doch auch in einer der Fabriken arbeiten.« Das klang herablassender, als es gemeint war und Ricarda bereute die Worte, kaum, dass sie ihrem Mund entströmt waren.

»Schätzchen! Und Kanonen zusammenschrauben? Nein, nein, lass mal. Da hüte ich doch lieber so junge Dinger wie dich. Auch wenn sie nicht immer ungefährlich sind. Und manchmal ganz schön anstrengend.« Cäcilie war weit davon entfernt, sich von Ricarda als ihr Dienstmädchen behandeln zu lassen.

Immer mehr zerbrach Ricarda sich den Kopf darüber, was Wolfrum eigentlich tagsüber auf der Insel machte. Diese Frage ließ ihr keine Ruhe. Cäcilie stimmte ihr darin zu, dass es eigentümlich sei, dass er ihr keinerlei Angaben über seine Herkunft machte sowie darüber, weshalb er überhaupt hier war. Ricarda öffnete ihm gegenüber ihr Innerstes, aber er selbst antwortete auf ihre Fragen ausweichend und ließ sie weiterhin im Unklaren. Dabei hatten sie sich neulich sogar heimlich geküsst, hinter den Dünen.

Ricarda wusste, das war ihr Mann fürs Leben. Egal, was er beruflich machte. Sie hatte sich längst hoffnungslos in ihn verliebt. Aber Cäcilie bedrängte sie, ihm doch endlich auch etwas über sich selbst zu entlocken. Und so kamen die beiden nach drei Wochen darüber überein, ihm, nachdem er sich nach dem mittlerweile zur Gewohnheit gewordenen abendlichen Spaziergang von Ricarda getrennt hatte, heimlich hinterherzuschleichen. Obwohl Ricarda nicht so ganz wohl dabei war. Immerhin grenzte das Ganze an einen Verrat. Aber Cäcilie ließ nicht locker.

Wohin würde er gehen? Ricarda hielt einen gewissen Abstand zu Wolfrum. So richtig überzeugt war sie von ihrem Tun nicht. Traf er sich hier auf der Insel noch mit anderen Frauen? War sie lediglich eine von vielen für ihn? Und damit austauschbar? Schon der Gedanke allein machte sie wütend. Cäcilie hatte sie gewarnt. Männern sei nicht zu trauen, hatte die zu ihr gesagt. Aber Ricarda würde es nicht passieren, betrogen zu werden, sie hielt ihre Augen offen. So wie jetzt, als sie hinter Wolfrum herspionierte. Nun hatte sie kein schlechtes Gewissen mehr. Sie hatten vereinbart, dass Cäcilie ihr mit einigem Abstand folgen sollte. Doch plötzlich war eine größere Gruppe Menschen zwischen ihnen. Wolfrum war einige Male abgebogen und Cäcilie war verschwunden.

Macht nichts, dachte sich Ricarda. Sie würde abwarten, wo Wolfrum hinging, vielleicht auch schmerzlich mit eigenen Augen mit ansehen müssen, dass er sich mit einer anderen Frau traf und dann würde sie wieder zu ihrer Unterkunft gehen. Dabei brauchte sie Cäcilie gar nicht. Sie reckte ihr Kinn energisch nach vorne. Doch gleich darauf duckte sie sich in einen Hauseingang. Wolfrum hatte sein Tempo verringert und sie hatte Angst, er würde sich gleich umdrehen und sie entdecken. Wie sollte sie ihm ihr Verhalten erklären? Eine Frau mit Hut, die eben aus dem Hauseingang treten wollte, sah sie verständnislos an. Doch bevor die etwas zu ihr sagen konnte, war Ricarda schon weitergegangen.

Wolfrum bog ab auf die Strandpromenade. War ihm der Spaziergang mit ihr nicht genug gewesen? Wartete dort eine weitere Dame auf ein Stelldichein mit ihm? Sie sah, dass er an den hölzernen Umkleidekabinen vorbeischlich. Auch sie und Cäcilie hatten für die Dauer ihres Aufenthaltes auf Norderney eine davon gemietet. Sie zogen sich darin um und bewahrten ihre Strandutensilien darin auf. Aber was hatte das jetzt zu bedeuten? Ricarda hielt inne. Die Strandkörbe waren um diese Uhrzeit bereits mit einem Gitter verschlossen, wieso hielt Wolfrum darauf zu? Doch nun glaubte sie zu erkennen, wohin er strebte. In Rufweite der Umkleidekabinen befand sich ein kleiner weißer hölzerner Pavillon mit Schnitzereien um die Fenster herum.

Wolfrum verlangsamte seinen Schritt, spähte vorsichtig zu dem Pavillon und duckte sich flink unter eines der Fenster.

Was machte der da bloß? Wenn er sich umdrehen würde, könnte er sie sehen, fiel ihr siedendheiß auf. Schon wieder bekam sie einen roten Kopf. Ricarda drückte gegen die Tür einer der hölzernen Umkleidekabinen. Sie gab nach. Rasch schlüpfte sie hinein und schob die dünne Tür wieder zu.

Ein Fenster des Pavillons wurde mit einem lauten Geräusch geöffnet. Nun hörte Ricarda Stimmen.

»Müssen Sie hier drin auch noch paffen? Mir wird die Luft gar eng!«

»Sind Sie verrückt geworden? Wenn uns jemand hört!«

»Ach, Ihr alter Verfolgungswahn. Hier ist niemand. Keiner, der uns hören könnte. Soll ich hier drinnen ersticken, oder wie? Es ist dringend nötig, endlich zu zeigen, was in unseren tüchtigen Leuten steckt.« Der Mann räusperte sich. »In Friedenszeiten verkaufen wir zu wenig Geschütze. Auch unsere Giftgasindustrie ist nicht ausgelastet. Ewig kann das Zeug nicht eingelagert werden. Es ist für Einsätze bestimmt! Unsere fähigsten Kerle rosten ein!«

Die zweite Stimme fiel ein. »So ein kleines Säbelblitzen würde einen völlig neuen Blick auf unsere schlagkräftige Industrie werfen, die durchaus imstande ist, große Aufträge zu erfüllen.«

»Wir sind mittenmang dabei. Bald wird etwas geschehen, was das Gewünschte in Gang bringt.« Der dritte Mann sog hörbar an etwas, vermutlich an einer dicken Zigarre, welche den beiden anderen die Atemluft raubte. »Es geht nicht an, dass wir unsere Wirtschaft verkümmern lassen und die pomadigen Engländer uns weiterhin mit *made in Germany* diskreditieren.«

»Man müsste …«

»Nun überlegen Sie nicht immer nur. Dem Kaiser dauert das alles schon viel zu lange.«

Plötzlich war ein Rumpeln zu hören. Gerade so, als wäre etwas umgefallen. Ricarda hörte Stühleschieben, kurz darauf Stille.

Nach einem schleifenden Geräusch war der Mann mit der tieferen Stimme zu hören: »Und dieser junge Mann hier, mit seiner pomadigen Frisur, hat alles mit angehört. Von wegen, hier ist niemand!«

»Wir können ihn nicht laufen lassen. War da sonst noch jemand?«

»Außer der kleinen Ratte ist da nichts zu sehen.«

»Liquidation. Schnell und unauffällig. Lassen Sie es wie einen kleinen Badeunfall aussehen. Das Vaterland wird es Ihnen danken.«

Nun folgten Laute, aufgrund derer man auf ein Gerangel schließen konnte. Dann hörte Ricarda eine Tür klappen, danach war wieder Stille.

Ricarda atmete flach, um möglichst keine Geräusche zu verursachen. Sie presste sich an die Holzwand der Kabine. Sie konnte nicht glauben, was sie eben mit angehört hatte. Und das, obwohl sie gar nicht hatte lauschen wollen. Sie war Wolfrum gefolgt, um herauszufinden, ob er sie betrog. Sie hatte gedacht, er würde sich hier mit einer anderen Frau treffen. Was bedeutete das alles bloß?

Vor Furcht schreckensstarr, blieb sie noch eine ganze Weile in der Kabine. Verdammt! Das war knapp gewesen. Warum war Cäcilie auch nicht hinter ihr geblieben, wie sie es verabredet hatten? Ricarda fand, sie sei in einer äußerst misslichen Lage und bedauerte sich selbst. Mit Mühe hielt sie die Tränen zurück. Plötzlich sehnte sie sich mit Heftigkeit nach ihrer Mutter.

Nach einer Zeit, von der sie nicht wusste, wie lange sie gedauert hatte, fasste sie endlich zaghaft den Mut, ihr Versteck zu verlassen. Ihre Kleidung sah leidlich derangiert aus, da sie sich mit ihren Händen hinein verkrampft hatte.

Zögerlich ging sie in Richtung des Pavillons. Vor einem der Fenster, das offen stand, war der Sand aufgewühlt. Von den Männern, deren Stimmen sie gehört hatte, war weit und breit nichts zu sehen, ebenso wenig von Wolfrum. Was hatten die mit ihm gemacht?

Ricarda schlich zu ihrer Unterkunft und stahl sich in ihr Zimmer, wo Cäcilie völlig aufgelöst auf sie wartete.

»Wo kommst du jetzt her? Maria und Josef! Ist dir etwas zugestoßen? Wie siehst du überhaupt aus!«

Stockend erzählte Ricarda ihr, was sie erlebt hatte.

Cäcilie ergriff resolut die Initiative. »Du schweigst darüber. Du warst heute Abend hier bei mir, wir haben uns unterhalten und sind dann zu Bett gegangen. Zu niemandem ein Wort darüber! Hörst du?!« Sie packte sie an den Oberarmen.

»Aber …«

»Nichts aber. Wir wollen mit dieser Sache nichts zu tun haben. Nicht auszudenken, wo die uns hineinziehen. Du bist dir sicher, dass dich keiner bemerkt hat?«

»Ja doch. Die hätten mich da herausgezerrt, wenn sie etwas bemerkt hätten. Ich sagte dir doch, die sind weg, ohne nach mir zu sehen.«

Am nächsten Abend erschien Wolfrum nicht am gewohnten Ort zu der Uhrzeit, zu der sie sich immer getroffen hatten. Auch am darauffolgenden, als Ricarda schon ziemlich unruhig war, kam er ebenso wenig. Auch an den nächsten Tagen sah sie ihn nicht wieder. Sie sah ihn nie mehr.

Auf der Insel verbreitete sich in Windeseile das Gerücht, ein junger Mann sei beim Baden ertrunken. Und zwar sei er abends wohl zu weit hinausgeschwommen, habe sich in einem der Fischernetze verfangen und sei am nächsten Tag von den Fischern nur noch tot geborgen worden.

Ricarda wäre gerne zum Strand gelaufen und hätte sich den Toten angesehen, doch Cäcilie hielt sie zurück und erlaubte es ihr nicht.

Cäcilie warnte sie auch eindringlich davor, mit irgendjemand anderen als mit ihr selbst darüber zu sprechen. »Du wirst da in etwas hineingezogen, was du nicht absehen kannst.« Und mit einem sorgenvollen Blick: »Ein Toter ist wahrlich genug.« Cäcilie behielt sie im Auge und überwachte fortan jeden ihrer Schritte. Es war Ricarda unmöglich, irgendwo alleine hinzugehen.

Ricarda wurde zunehmend in sich gekehrter. Bei den Mahlzeiten langte sie lustlos zu. Cäcilie musste sie dazu anhalten, überhaupt etwas zu sich zu nehmen. Bei ihren gemeinsamen Spaziergängen war die Unterhaltung einsilbig, meist war es Cäcilie, die sprach. Sie vermieden es jedoch beide, die Erinnerung an jenen Abend wachzurufen, als sie Wolfrum zum letzten Mal gesehen hatten. Es war wie eine stillschweigende Übereinkunft zwischen ihnen beiden.

Es war kalt geworden. Das Meer schlug mit hartem Wellengang an den Strand. Die Spaziergänge schienen Ricarda zu einer Pflicht geworden zu sein, der sie jedoch mit verbissenem Ernst nachging. Als ihr Aufenthalt sich dem Ende zuneigte, war aus Ricarda eine ernste junge Frau geworden.

»Was wirst du machen, wenn du wieder zurück in deiner Heimat bist?«, fragte Cäcilie.

»Studieren. Ich gebe keine Ruhe, bis mein Vater es mir erlaubt. Medizin, ich will Ärztin werden.« Sie reckte ihr Kinn nach vorne und schaute auf das Wasser, auf dem kleine Schaumkronen tänzelten. »Vertraue mir, ich werde hartnäckig bleiben.«

Als sie in Mannheim ankamen, war der Bahnhof voll mit Männern in Uniform und die Gazetten, welche von Laufburschen laut rufend angeboten wurden, waren mit roten Lettern beschriftet.

»Thronfolger Erzherzog Franz Ferdinand tot«, war da groß gedruckt zu lesen. Österreich würde sich das nicht gefallen lassen. Und die deutschen Freunde würden helfen. Gerüstet waren sie dafür auf jeden Fall.

Der Abschied zwischen den beiden Frauen fiel kurz und kühl aus.

Als Cäcilie Jahre später von den blutgetränkten Feldern an der Westfront zurückkehrte, wo sie als Krankenschwester gewirkt hatte, denn als solche hatte man sie flugs ausgebildet, war Ricarda dabei, ihre Promotion vorzubereiten. Sie wurde eine der der ersten Ärztinnen Deutschlands. Und ihre jüngere Schwester Babette durfte dennoch heiraten, obwohl Ricarda zeitlebens ehelos blieb. Die Erinnerung an ihre erste und zugleich letzte große Liebe trug sie jedoch immer in sich. So vieles hatte sich verändert, und noch mehr Änderungen standen bevor. Die Welt war im Umbruch und würde nie wieder so sein wie zuvor.

Und als sie in den Jahren, die man die Goldenen nannte, mit ihren Nichten und Neffen ans Meer fuhr – denn die tiefe Zuneigung zur Insel Norderney hatte sich trotz allem in ihr Herz gegraben – saß sie, während die Kinder sich im Wasser vergnügten, in einem Strandkorb und hing ihren eigenen Gedanken nach. Während die Möwen über den silberfarbenen kleinen Wellen zu schweben schienen und hin und wieder auf die Wasseroberfläche stieben und ins Wasser pickten, um sich kurz darauf wieder hochzuschwingen, wähnte sie sich in Gedanken wieder jung.

Historischer Hintergrund

Was uns aus heutiger Sicht selbstverständlich erscheint, war um 1900 ein absolutes Novum: Dass Frauen studierten, war nicht nur in Deutschland die Ausnahme und setzte sich nur zögerlich durch. Über Jahrhunderte hindurch war der Zugang zu den Universitäten für Männer reserviert, studierwillige Frauen hatten das Nachsehen. So hielt man sich hübsch die Konkurrenz vom Leibe. Ricarda in der Geschichte ist natür-

lich eine fiktive Figur. Aber genauso hätte es sein können und ist es sicherlich auch vorgekommen: Eine Tochter aus bürgerlichem Hause erkämpft für sich persönlich das Recht auf ein Studium. Eingebettet in den Kontext politischer Ereignisse, vor denen sich das Leben Einzelner abspielt und mit denen sie umgehen müssen.

Der Erste Weltkrieg, von den Verantwortlichen und der Rüstungsindustrie als kurzer Krieg suggeriert, entwickelte sich zur großen, nicht lenkbaren Katastrophe zu Beginn des neuen Jahrhunderts. Mit den Schüssen in Sarajevo, die medial ausgeschlachtet und als Propaganda benutzt das Inferno einläuteten, bekam die Welt ein neues Antlitz, das etliche Wunden davon trug. Nicht alle jedoch waren für diesen Krieg gewesen. Es hatte auch warnende Stimmen überzeugter Pazifisten gegeben. Leider wurden sie nicht gehört.

Die Insel Norderney, auf welche Ricarda mit Cäcilie reist, wurde bereits im Jahre 1797 Königlich-Preußische Seebadeanstalt. Auch illustre Gäste, darunter gekrönte Häupter und Politiker, wussten das Klima und die Schönheit der Insel zu schätzen. Heute gehört Norderney mit zum UNESCO Kulturerbe Wattenmeer, wohin die Autorin sehr gerne reist.

Matthias Houben

Braunes Salz und rotes Blut

Norder neye Oog (Norderney) Anno 1651

»Scheißdreck.« Busso spuckte in den Wind. Der konnte nichts dafür und spuckte zurück. Er schaute besorgt auf die Wellen, die quer auf ihn zurollten und deren Schaumkronen vom starken, zunehmenden Sturm weggeweht wurden. Er hatte zwar genau den richtigen Zeitpunkt abgewartet, um mit auflaufendem Wasser Buise zu erreichen und mit dem einsetzenden Ebbstrom zurück nach Osterende zu gelangen, aber der Wind hatte immer mehr zugenommen.

Seine klammen Finger hielten das Ruder fest, mit der rechten Hand zog er den Baum mittig, das Segel straffte sich und das Boot neigte sich zur Seite, durchpflügte die dunklen Wassermassen. Zusätzlich trieb ihn der Strom des auflaufenden Wassers durch den Priel und er blinzelte durch die Gischt besorgt nach vorne, um nicht auf die Sandbank aufzulaufen, die der letzte Sturm zurückgelassen hatte.

Ausgerechnet ihn hatte es getroffen. Da niemand freiwillig lossegeln wollte, hatten sie das Los entscheiden lassen. Nun kämpfte er sich durch Wind und Wellen, um zu dem verrückten Torfstecher nach Buise zu gelangen.

»Wir müssen das Salz abholen, bevor es zu spät ist. Die Lieferung Fisch an den Vogt ist fällig.«

Zwei Sätze nur, aber jeder hatte beiseite geblickt und gehofft, dass es ihn diesmal nicht traf. Bei diesem aufziehenden Sturm rüber nach Buise zu wollen war schon Wahnsinn, aber sich auch noch mit dem alten Torfstecher herumschlagen zu müssen, war eine Zugabe, die keiner freiwillig haben wollte.

Busso stemmte beide Füße gegen die Bordwand und lehnte sich weiter zurück.

Aus Torf Salz gewinnen zu wollen. Sie hatten laut gelacht damals, da war es doch besser, wieder darauf zu warten, dass ein Walfisch angetrieben wurde.

Aber der Verrückte, von dem niemand genau wusste, von wo er aufgetaucht war, hatte Recht bekommen. Vor allem, weil er auf die von Gräfin Anna geförderte Salzgewinnung auf Bant hatte verweisen können und auf seine Erfahrungen, die er von dort angeblich mitbrachte. Der Pastor, der zugleich der Schneider war, hatte schließlich entschieden und die Fischer mussten dem alten Irren Essen und Brennholz rüber schaffen, während der wiederum Salz lieferte. Bräunlich graues, grobkörniges Salz, das schwer roch und dennoch gut schmeckte.

Busso hatte am Anfang fassungslos zugesehen, wie der Verrückte mit seinem Holzspaten aus dem Schlick Torfstreifen abstach, sie fluchend an Land schleppte und dort zum Trocknen zu kleinen Türmchen stapelte. Immer brannten in seinem Lager die Feuer mit den schwarz gekokelten Kesseln, in denen zunächst eine braune Suppe schwamm, die nach und nach mehr verkochte, wieder umgeschüttet und noch einmal gekocht wurde. Hin und her, von einem in den anderen Kessel, in einer Reihenfolge, die Busso nicht nachvollziehen konnte, bis endlich zum Schluss, durch ein dreckiges Tuch ausgepresst, das graubraune Gegriesel übrig blieb, das wirklich salzig schmeckte.

Der Alte hatte es ihm in seiner schwieligen Hand entgegengestreckt: »Probier!«

Und Busso musste zugeben: erstklassiges Salz, mit einem leichten Beigeschmack von Feuer, Meer und Rauch.

Das kostbare Salz wurde dann immer in die drei Holzfässer geschüttet, die er den Strand entlang zum Boot rollte und mühsam über das wackelige Brett ins Boot hievte. Dabei kam es häufig vor, dass seine Arbeit vom Gezeter des Verrückten unterbrochen wurde. Er sei zu ungeschickt, das mitgebrachte Holz zu wenig und zu nass, der Trockenfisch schmecke ranzig. Fischer könnten ohnehin gar nicht arbeiten, säßen nur faul in ihren Booten herum und würden blöd auf die Netze gucken. Und von Salz hätten sie eh keine Ahnung. Als Höhepunkt setzte er noch eins drauf: Der Alte meckerte, der Fisch sei zu salzig. Trockenfisch zu salzig!

Busso war kurz davor gewesen, dem Kerl ein paar aufs Maul zu geben, hatte dann aber nur in den Sand gespuckt und das Fass festgezurrt, sich geschworen: Das ist das letzte Mal, dass du hierherfährst. Da kannst du auch gleich auf Osterende Kaninchen jagen und dich dafür einsperren lassen.

Der Rumpf des Bootes schlurfte leicht durch den Schlick und Busso, der in Gedanken versunken unachtsam geworden war, fluchte und steuerte gegen. Den breiten roten Turm von Osterende konnte er hinter sich längst nicht mehr sehen, vor sich glaubte er, ab und zu den Feuerschein des Torfstechers wahrnehmen zu können. Wenn der nicht längst wieder mit seinem Lager umgezogen war, weil der Torf an dieser Stelle zu schlecht wurde, wie er beim letzten Mal behauptet hatte.

Busso sagte immer noch Osterende, obwohl einige schon das moderne Norder neye Oog benutzten. Was Quatsch war. Osterende war der Osten und Buise der Westen, so war das eben, mochte man es nennen, wie man wollte.

Zum Glück war der Alte diesmal an der gleichen Stelle geblieben, an der Busso mit einem leichten Schwenk aus dem Priel heraus an den Strand lenken konnte.

Da er den Verrückten nirgends entdeckte, musste er ins kalte Wasser springen, das Boot an den Strand ziehen, nicht zu weit, weil es vollbeladen auch wieder starten sollte und es an einem Pflock am Strand festbinden, damit die Wellen es nicht davontrieben.

Busso stand mit nassen und kalten Füßen am Strand und musterte das chaotische Lager des alten Torfstechers. Irgendetwas musste passiert sein, die Feuer waren heruntergebrannt. Busso konnte nirgends die Fässer entdecken, die das Salz aufnehmen sollten. Ein Kessel schaukelte, vom Feuergestell heruntergerutscht, in den Windböen. Braune Brühe schwappte ab und zu über den Rand. Ein loses Ende des alten Segels auf dem Boden flatterte und schlug gegen einen umgefallenen Tisch. Es sah so aus, als hätte irgendjemand hier alles umgeworfen und sei dann in die Dünen gerannt. Außer dem Heulen des zunehmenden Sturmes und dem leisen Prasseln des Sandes, den der vor sich hertrieb, war kein Laut zu hören.

Busso musterte besorgt die Wellen und bemerkte, dass das Wasser schneller ablief, als er gedacht hatte. Er musste sich beeilen, wenn er mit dem Boot noch ablegen wollte. An die bevorstehende Überfahrt mochte er lieber nicht denken.

Wo war der Kerl?

Er hätte jetzt dessen Namen in den Wind hinausschreien sollen, stellte aber verblüfft fest, dass er den gar nicht kannte. Sie sprachen immer nur vom Torfstecher oder vom alten Verrückten, wie der wirklich hieß, wusste wahrscheinlich niemand.

»Er wird kommen!«

Busso zuckte erschrocken zusammen, als der Alte unter dem Segel auf dem Boden hervorkroch.

»Wer wird kommen?«

Ohne die Frage zu beantworten, begann der Alte an dem Segel zu zerren und es über den Strand hinter sich her in Richtung Boot zu schleifen. Es enthielt etwas Schweres, Unförmiges. Braunes Salz rieselte aus einem ausgefransten Loch auf den hellen Sand.

»Wo sind die Fässer?« Busso musste gegen den Wind anbrüllen.

Scheiße, das würde heute wirklich heftig werden.

Der Irre schrie irgendetwas über die Schulter zurück und Busso meinte »verbrannt« gehört zu haben.

»Er wird kommen und uns holen!« Busso war hinter dem Verrückten hergerannt und konnte jetzt verstehen, was der hinausschrie.

»Wo sind die Fässer?«

Der verwirrte Alte schleifte weiter laut keuchend das prall gefüllte Segel über den Strand und Busso begann zu begreifen. Er hatte die Fässer verbrannt, weil er kein Holz mehr gehabt hatte, und zog das gewonnene Salz mit dem Segel zum Boot.

Sie versuchten das unförmige Paket hineinzuhieven. Die Bordwand neigte sich unter der einseitigen Last gefährlich zum Wasser hin.

»Du musst drücken!« Der Alte schrie ihn an und fuchtelte mit den Händen.

»Drücken, von unten drücken!«

Busso ignorierte ihn, sprang in den schaukelnden Kahn, stemmte sich mit den Füßen gegen die Bordwand und zog mit aller Kraft. Stück für Stück rutschte das Segel ins Boot, verformte sich und seinen Inhalt, während der Alte von außen laut zeternd, im kalten Wasser stehend, immer wieder nachdrückte und Busso beschimpfte.

Irgendwie gelang es ihnen, die kostbare Fracht in die Barke zu ziehen, wobei sich etwas Salz auf dem Boden ausbreitete und sich im Wasser, das ins Boot schwappte, aufzulösen begann.

Als der Alte, umständlich seinen Oberkörper über die Bordwand rollend, ins Boot nachrutschte, musterte Busso besorgt, wie tief sie im Wasser lagen.

Er zog sein Messer aus der Scheide, klemmte sich die Ruderpinne zwischen die Beine, zog mit schnellen Handbewegungen das Segel hoch und schnitt das Seil durch, mit dem er den Kahn an Land befestigt hatte. Das Segelboot schwang herum und der Alte plumpste auf den Salzsack in der Mitte, rollte von dort gegen die Bordwand und schrie wieder in den Wind: »Er kommt uns holen!«

Busso hatte genug damit zu tun, den Kahn in den Priel zu lenken, ohne in die Strudel zu gelangen oder umzukippen, sodass er nicht fragen konnte, wer denn kommen würde. Sie lagen viel zu tief im Wasser. Wenn sie gleich aus dem Windschatten der Dünen von Buise hinauskamen und die Böen sie richtig treffen würden, dann konnte das hart werden. Wind gegen ablaufendes Wasser. Das konnte auf dem Gatt schnell zur Falle werden.

Der Alte versuchte schimpfend aufzustehen, hielt sich an der Bordwand fest, und das Boot kippte gefährlich zur Seite. Busso konnte nicht gegenlenken, weil sie sonst aufgelaufen wären, und zog den Baum mehr in die Mitte.

»Setz dich hin, du Narr!«

Aber der Alte krabbelte wild auf den Salz Sack zu, versuchte sich daran aufzurichten, rutschte herunter und rollte der Länge nach gegen die Bordwand. Im gleichen Moment riss eine

Windböe Busso das Tau aus den Händen. Der Baum mit dem flatternden Segel schlug herum, raste auf den Kopf des Alten zu, der sich gerade wieder aufrichtete. Er traf ihn mit einem dumpfen Schlag, pendelte zurück und ließ sich von Busso einfangen, der selbst schwankend aus den Augenwinkeln sah, wie Blut über das Salz spritzte, das aus dem Segeltuch gerutscht war. Es rotbraun einfärbte, seltsam leichte Figuren malte, während der bewusstlose Alte mit schlaffem Körper halb über die Bordwand kippte, nur mit den grotesk verkrümmten Füßen am Salzsack verkeilt.

Das Boot nahm noch mehr Wasser und ließ sich kaum noch steuern.

Der im Meer treibende Kopf und Oberkörper des Mannes zogen das Boot nach backbord, während Busso verzweifelt gegensteuerte und nach einem Ausweg aus der Lage suchte. Er konnte weder das Tau für das Segel noch das Ruder loslassen und begann entschlossen und wild nach den Füßen des Alten zu treten.

Ein kurzer Ruck, ein Fußtritt, und der Körper rutschte über die Bordwand weg, das Boot richtete sich auf und Busso steuerte in den Wind.

Busso starrte geradeaus auf den kaum wahrnehmbaren Turm von Osterende und versuchte verzweifelt, Kurs zu halten. Beide Hände umklammerten nun zitternd das Ruder, den Baum hatte er festgezurrt.

Sein Blick fiel auf das auf dem Boden auseinandergerutschte Segel und das braungraue Salz darin, bemerkte den dunklen roten Fleck und die feinen roten Linien, die davon wegliefen, hier und da in einen kreisrunden Klecks mündend. Es sah aus, als hätte jemand eine rote Klauenhand in das Salz gemalt, die nach etwas griff.

Der irre Tanz auf den Wellen, hin und hergerissen von den Windböen, dazu das immer lauter werdende Heulen des Sturmes und das blutige Bild im Salz.

Busso konnte später nicht sagen, wie lange es gedauert hatte, bis er Osterende erreichte. Auch nicht, wie er es bei diesem Sturm mit der schweren Fracht, die lose hin- und herrutschte, schaffen konnte.

Er hatte das Gezeter des Windes und den Ruf des Alten in den Ohren gehabt. »Er kommt uns holen!« Bis eine übergenommene Welle das blutige Bild im Salz verwischte.

Den anderen erzählte er, dass der Alte auf Buise hatte bleiben wollen. Und dass das wohl besser so gewesen war, denn sonst hätte er es nicht zurückgeschafft.

Als sie eine Woche nach Abflauen des schweren Sturmes nach Buise hinübersegelten, fanden sie nur noch eine flache Sandbank. Keine Dünen, kein Torfstecher-Lager. Genaugenommen gab es kein Buise mehr.

Auch Osterende hatte stark unter dem Sturm gelitten und Busso nannte es von diesen Tagen an Norder neye Oog.

Der Pastor hielt einen Gottesdienst für den armen Alten, der mit Buise untergegangen war, und Busso vermied ab dieser Zeit den Blick in Salzfässer, die nun auf dem Festland gekauft und herübergeschafft werden mussten.

Historischer Hintergrund

Die Zweite Marcellusflut von 1362 zerbrach Buise, die östliche Hälfte wurde Osterende genannt, später Norder neye Oog (Nordens neue Insel), das heutige Norderney.

Durch das Abtragen der Dünen verschwand Buise in der zweiten Hälfte des 17. Jahrhunderts. Als genauer Zeitpunkt wird je nach Quelle insbesondere die Petriflut von 1651, aber auch das Jahr 1690 angegeben.

1547 Gräfin Anna fördert Seesalzgewinnung auf der Insel Bant.

1549 Auf Norderney treibt ein Walfisch an.

ab 1607 Verwaltung durch einen Vogt, der als Schüttmeister auch die Polizeigewalt ausübt

1650 18 Häuser mit Kirche und 101 Einwohnern/Lebensunterhalt durch Fischfang und Bergung von Strandgut

Pastor Friedrich oder Frerich Heyen, zugleich auch Schneider von Beruf (bis 1697).
Diverse Quellen

JUIST

Juist hat eine sehr schlanke Form und ist an der schmalsten Stelle nur 500 Meter breit.

1398 wurde sie das erste Mal urkundlich erwähnt.

1530 lebten etwa 23 Familien auf der Insel. Auch Juist litt stark unter den Sturmfluten. Ganz besonders schadete ihr die Petriflut im Jahr 1630. Dabei durchbrach das Wasser am Ende die gesamte Insel. So entstand der Hammersee, ein Süßwasserbiotop mit einer einzigartigen Flora und Fauna.

Auch die nachfolgenden Fluten, wie die Fastnacht- und Weihnachtsflut, setzten der Insel sehr zu.

Das 1840 gegründete Seebad wurde wieder geschlossen, weil die Gäste ausblieben. 1866 startete man einen zweiten Versuch und dieses Mal kamen viele Badegäste auf die Insel.

Eine wichtige Persönlichkeit Juists ist der Pädagoge und Naturwissenschaftler Otto Leege, nach dem auch der Otto-Leege-Pfad im Westen der Insel benannt ist. Er ist der Gründungsvater der Vogelinsel Memmert. Während des Zweiten Weltkrieges fand kaum Tourismus auf Juist statt.

Heute ist die Insel Juist, auf der seit jeher ausschließlich Pferdekutschen für jeglichen Transport sorgen, eine wunderbar idyllische Insel mit vielen Rückzugsmöglichkeiten.

Barbara Saladin

Festgemauert in der Erden

1914

Malte Obrachsen kniff die Augen zusammen und massierte sich mit Zeige- und Mittelfingern die Schläfen. Dann schweifte sein Blick von der obersten Spitze der Düne über den Strand und über die blaugrüne Fläche der Nordsee zum Horizont und zurück zur Insel.

Wieder war eine Sturmflut vorbei und endlich hatte das Meer sich beruhigt. Doch davor hatte es erneut beträchtlich an der Küste Juists genagt. Wie gewaltige Bissspuren sahen die Dünenabbrüche aus, die der Blanke Hans hinterlassen hatte. Was, wenn das majestätische *Strandhotel Kurhaus* mitsamt der Randdüne, auf der es stand, in die Fluten absinken würde?

Eine Möwe flog krächzend über Maltes Kopf. Das *Hotel Kurhaus*, erst vor 16 Jahren eröffnet, war das Schönste seiner Klasse auf Juist. Sogar der Kaiser war schon auf Besuch gewesen. Der Hotelbesitzer, Friedrich Schulze, war vom deutschen Festland hierhergekommen und hatte so viel Erfolg, dass er alle anderen damit in den Schatten stellte. Und Malte wünschte ihm dafür nicht nur alle Sturmfluten der nördlichen Hemisphäre an den Kopf, sondern am liebsten gleich den Tod.

Denn Malte war ebenfalls Hoteldirektor. Er nannte das *Hotel Admiral* sein Eigen, aber trotz des adeligen Namens hatte der Kaiser noch nie bei ihm logiert. Noch nicht einmal ein Graf oder ein Baron. Nur wohlhabende Bürger pflegten zu seinen Dauergästen zu gehören, was zwar auch nicht schlecht war, aber er strebte nach Größerem.

»Aha, Herr Obrachsen, träumen Sie wieder?«

Malte fuhr herum. Keine drei Meter hinter ihm stand Friedrich Schulze. Er hatte ihn nicht kommen gehört.

»Sie würden sich lieber an den Arbeiten beteiligen, Obrachsen, sonst nimmt uns die See einmal ganz unsere Insel.« Seine mit einem opulenten Siegelring geschmückte, fleischige

Hand deutete über die Dünen hinunter zum Strand, wo Arbeiter damit beschäftigt waren, eine Mauer zu bauen. Man hatte beschlossen, ein Dünendeckwerk zu erstellen, wie es bereits mehrere andere ostfriesische Inseln besaßen, um sich vor den zerstörerischen Naturgewalten zu schützen.

Malte ging nicht auf Schulzes Bemerkung ein, sondern biss sich auf die Lippen. Jetzt nur nichts Falsches sagen, dachte er, der andere wäre imstande, ihn bei allen Hoteliers anzuschwärzen und ihm sein seit einiger Zeit ohnehin harzig laufendes Geschäft noch mehr zu erschweren. Dreist genug, dass er ihn durch seine Bemerkung mit den gemeinen Arbeitern gleichgesetzt hatte!

»Mein Hotel wird die See so schnell nicht einfordern«, erwiderte Malte stattdessen und lächelte sein Gegenüber auf den Stockzähnen an, »es liegt nämlich nicht so gefährdet wie das Ihrige. Warum also soll ich mir die Finger krumm machen?«

Die Provokationen wurden immer schärfer, das Wortgefecht nahm an Intensität zu. Ebenfalls an Lautstärke. Bald drehten sich die ersten Gäste nach den Streithähnen um, und manche schüttelten stumm den Kopf.

Einer, der die beiden bewegungslos beobachtete, war Klaas. Verschwitzt stand er unten an der Mauer, hatte seine Arbeiten eingestellt und verfolgte den Disput mit einer Mischung aus Neugierde, Sorge und peinlicher Berührung.

»Ist dein Vetter von allen guten Geistern verlassen, sich mit dem Schulze anzulegen?«, fragte sein Kumpel Jan, der die Maurerkelle ebenfalls beiseite gelegt hatte und das Schauspiel beobachtete.

»Was weiß ich denn, von wem mein Vetter alles verlassen ist«, wehrte Klaas ab. Zwar waren seine Mutter und Maltes Vater Geschwister und sie somit wirklich Vettern, sonst einte die beiden jungen Männer allerdings nichts. Die Tatsache, dass sie in verfeindeten Familien aufgewachsen waren – Maltes Vater hatte das Hotel der Familie übernommen und mit einer List dafür gesorgt, dass seine Schwester leer ausgegangen war – hatte nicht nur dazu geführt, dass sie als Kinder nie zusammen hatten spielen dürfen, sondern auch, dass sie nun gänzlich verschiedene Leben führten. Malte als Junior-Hoteldirektor, Klaas als Hilfsarbeiter, dessen aktuelle Aufgabe es war, beim Bau von Strandmauer und Buhnen zum Schutz der großen Hotels auf den Randdünen mitzuhelfen. Bereits ragten mehrere Buhnen, an denen sich die Wellen brachen, wie lange dürre Finger in die Nordsee hinein, und auch das Dünendeckwerk wuchs.

»Die beiden machen noch unsere Insel kaputt mit ihrer Gier«, raunte Jan und zog ein letztes Mal an seiner Zigarette, bevor er die Kippe in den Sand schnippte. »Unersättliche Geldsäcke!«

Klaas nickte nur.

Die Arbeiten kamen schleppend voran. Allmählich zogen die Herbstwinde auf, die Nordsee wurde rauer und die Nächte kälter. Im vergangenen Sommer hatte ein serbischer Anarchist in Sarajevo den Erzherzog Franz Ferdinand ermordet. Nun lag Deutschland im Krieg, und immer mehr Männer verließen die Insel, um an die Front zu fahren. Weihnachten würden sie zurück sein, waren die meisten überzeugt.

Die ausladende Steintreppe, über die die Badegäste die Dünen überwinden und den Strand erreichen konnten, war bereits fertiggestellt, aber die Schutzmauer noch nicht, als Klaas eines Morgens seinen Marschbefehl in Händen hielt. Nun war es auch für ihn so weit. Er, der seine Heimatinsel Juist kaum je verlassen hatte, musste aufs Festland. In den Krieg.

Bis zum Schluss erzählte er niemandem auf der Baustelle von seinem Aufgebot – zu sehr fürchtete er sich vor dem, was die Zukunft ihm bringen mochte. Gemeinsam mit Jan hatte er einen Graben ausgehoben, wo das Fundament eines weiteren Stücks Strandmauer in den Sand gesetzt werden sollte. Als sie die gewünschte Tiefe erreichten, war Klaas' letzter Arbeitstag beendet.

»Die Mauer musst du ohne mich errichten«, sagte er unvermittelt.

»Wieso denn?« Fragend sah Jan ihn an.

»Morgen muss ich in den Krieg.«

»Ach, du guter Gott! Ich auch bald.« Sie umarmten sich lange, bevor sie sich schweigend voneinander trennten. Klaas konnte die Tränen in Jans Augen nicht sehen, da ihm selber ein Tränenfilm die Sicht nahm.

Am Abend vor seiner Abreise fand Klaas keinen Schlaf und suchte deshalb den Strand auf. Bereits am nächsten Morgen würde das Dampfschiff ihn nach Norddeich bringen. Von da ging es weiter nach Schlesien. An die Ostfront. Klaas wusste nicht einmal genau, wo Schlesien lag.

Der Mond schien fast voll vom sternklaren Himmel. Die Fläche der Nordsee glänzte, und ihr gleichmäßiger Wellengang klang wie die ruhige Atmung eines Riesen. Als Klaas zur Baustelle kam, wo die Strandmauer in die Höhe wuchs, hörte er zornige Stimmen. Zwei Männer disputierten oben auf der Strandmauer bei den Randdünen. Obwohl er in der Dunkelheit einzig ihre Schemen sehen konnte, erkannte er die Streitenden sofort: sein Vetter und Schulze, die beiden Hoteldirektoren.

Eben wollte Klaas die Richtung wechseln, da er sich die letzte Nacht auf seiner geliebten Heimatinsel nicht von den zwei Streithähnen verderben lassen wollte, als plötzlich ein Schuss durch die Nacht peitschte. Reflexartig warf er sich in den Sand, doch dem Stöhnen nach zu urteilen, das von der Strandmauer her zu hören war, hatte der Schuss nicht ihm gegolten.

Neugierig geworden, lief Klaas zuerst geduckt bis zum Fuß der Dünen und näherte sich dann im Mondschatten der Mauer. Gespenstisch ragten die Holzpfähle der Baustelle in den Himmel.

Er fand die beiden Männer übereinander in dem Graben liegen, den er am Tag zuvor noch mit Jan ausgehoben hatte. Malte lag auf dem Rücken im Sand, vom wuchtigen Körper Schulzes förmlich begraben.

»Der Dreckskerl hat mich mit einem Messer angegriffen ...«, flüsterte er, als er seinen Vetter wahrnahm.

»Aber ich habe einen Schuss gehört ...?«

»Ja, ich habe geschossen. Nachdem er mich erstochen ... Hilf mir. Ich verblute.«

Wessen Blut es war, das in den Sand sickerte, war nicht zu erkennen. Klaas sah hingegen sofort, dass Schulze bereits tot war. Beim Fallen von der Mauer hatte er den anderen, ebenfalls schwer verletzt, offenbar in den Graben mitgerissen.

»Ich muss in den Krieg«, antwortete Klaas stattdessen.

»Hilf mir.«

»Hast du den Marschbefehl ebenfalls erhalten?«

Das, was Malte andeutete, musste wohl ein Kopfschütteln sein. Allerdings vermochte er sich kaum zu bewegen, einerseits unter der Last des Toten über ihm, andererseits, weil ihn seine Kräfte ebenfalls zu verlassen schienen.

Klaas stieg hinunter in den Graben, kniete sich nieder und schob mit aller Kraft den Leichnam Schulzes von seinem Vetter. Als der Druck von Maltes Brust war, krümmte dieser sich, hustete Blut, dann fiel sein Kopf zurück in den Sand.

»Malte?«

Er bewegte sich nicht.

»Malte, hörst du mich?«

Kein Stöhnen mehr. Erst nach einer Weile fiel Klaas auf, dass auch der rasselnde Atem seines Vetters verstummt war.

»Du hast deinen Krieg bereits verloren«, murmelte er schließlich, drückte ihm die Augen zu und faltete ihm die Hände auf der Brust. Dabei fiel ihm ein Bund mit verschiedenen Schlüsseln auf, der dem toten Vetter aus der Jackett-Tasche und in den feuchten Sand geglitten war.

Und ich ziehe nicht in diesen Krieg, der ebenfalls nicht meiner ist, dachte Klaas, als er den Bund an sich nahm. Eines davon war der Schlüssel zum Hoteltresor. Er stopfte den Bund in seine Westentasche, nahm Maltes Pistole ebenfalls an sich, packte die Schaufel, die am Rand des Grabens im Sand steckte, und schaufelte, als sei der Teufel hinter ihm her. Einige Zeit später – er wusste nicht, wie lange er gearbeitet hatte – hatte er die beiden Toten im Sand begraben und das Fundament über ihnen gelegt, auf dem Jan tags darauf die Mauer würde errichten können. Bereits kündigte ein heller Streifen im Osten den Anbruch der Dämmerung an.

Wenn er Glück hatte, würde ihm auf dem Weg zum Hoteltresor niemand begegnen.

Mit einem Bündel auf dem Rücken erreichte Klaas gegen Mittag das Festland. Der Zug Richtung Süden, dessen Lok bereits unter Dampf stand und herausfordernd pfiff, würde bald abfahren. Doch Klaas ging nicht zum Bahnsteig, sondern hinüber zum Kutterhafen, wo die Möwen kreischend um stinkende Abfälle stritten.

Ein Fischer nahm ihn gegen ein kleines Entgelt mit bis nach Holland, und im Hafen von Rotterdam fand er bald ein Schiff, das noch einen Hilfsmatrosen brauchen konnte für die große Reise nach Amerika.

1922

Jan saß auf einer Bank beim *Hotel Kurhaus* und beobachtete die Menschen. Nur wenige Badegäste waren da – Deutschland musste nach den langen Jahren des Kriegs erst wieder aufgebaut werden; da gab es nicht viele, die schon an Kur und Erholung denken konnten. Das Gehen mit Krücken und Beinprothese bereitete Jan immer noch große Mühe, obwohl er sich glücklich schätzte, dass er nur den rechten Unterschenkel und nicht das ganze Leben im Krieg verloren hatte. Auch sein Augenlicht hatte gelitten – durch einen Granatsplitter war er auf einem Auge blind geworden. Dennoch erkannte er den Mann sofort, der mit festen Schritten die Strandstraße hochkam.

»Klaas!«

»Jan, alter Junge! Welcher Zufall! Dass es dich noch gibt!«

Sie umarmten sich und setzten sich dann gemeinsam wieder hin. Lange erzählte Jan seinem wiedergefundenen Freund, was in den letzten Jahren geschehen war. Sein Redefluss war kaum zu stoppen.

»Und du?«, fragte er dann. »Wie ist es dir im Krieg ergangen?«

»Reden wir nicht darüber«, entgegnete Klaas kurz angebunden. Ein dunkler Schatten huschte über sein Gesicht. »Ich wohne jetzt in Amerika und bin nur auf Besuch hier.«

Er könne dankbar sein, dass er den Krieg körperlich unversehrt überstanden habe, sagte Jan zu seinem Freund. »Viele kamen als Krüppel zurück, wie ich. Andere kehrten auch gar nicht mehr wieder, sind tot oder vermisst, und von Unzähligen weiß niemand, was ihnen widerfahren ist.«

Klaas schwieg.

»Eine kleine Genugtuung ist, dass neben all den kleinen Leuten offenbar auch Reiche im Krieg fielen, wie dieser Schulze und dein Cousin Malte. Das ganze Geld hat ihnen nichts genützt, da bin ich als einäugiger und einbeiniger armer Schlucker noch glücklicher.«

Klaas schwieg immer noch. Jan sinnierte weiter, über den Lauf der Welt, das Schicksal und die Gerechtigkeit. »Weißt du, manchmal schuftet man jahrelang für etwas, und dabei kommt doch nichts raus. Für eine Strandmauer zum Beispiel. Die wurde nie fertig gestellt, und das war sogar richtig so, weil sich die Meeresströmungen wieder verändert haben und nicht mehr länger an unserem Strand nagen. So geht die Welt.«

Klaas nickte. Plötzlich schaute Jan ihn mit seinem unversehrten Auge an und lachte übers ganze Gesicht. »Und auch wenn es, wie wir heute wissen, völlig überflüssig war: Endlich kann ich dir dafür danken, dass du damals, als du eingezogen wurdest, in der Nacht nochmals zur Baustelle bist und das Fundament gesetzt hast. Ich habe mich sehr gefreut darüber. Und ich habe immer gehofft, dass wir uns noch einmal auf dieser Welt begegnen, damit ich dir dafür danke sagen kann.«

Historischer Hintergrund

Am Anfang des 20. Jahrhunderts hatten sich die Strömungsverhältnisse vor Juist so verändert, dass die Nordsee immer größere Teile des Strandes wegfraß. Die Gefahr, dass die schützende Dünenkette beim Dorf angegriffen wurde, erhöhte sich.

Deshalb begann man, eine Strandmauer zu bauen, die das Dorf Juist und die Randdünen schützen sollte. Die Strandabgänge waren wegen der Dünenabbrüche mittlerweile so steil geworden, dass man auf Höhe des Kurhauses sogar eine große breite Strandtreppe in die Mauer einbaute. Die Mauer selber wurde allerdings nie fertig gestellt, denn die Strömungsverhältnisse veränderten sich erneut, und der Strand wurde wieder breiter. Zudem brach der Erste Weltkrieg aus, und auf der quasi männerlosen Insel stagnierten die Arbeiten. Fliegender Sand wehte die Strandtreppe immer wieder zu. Nachdem sie jahrelang jeweils im Frühling wieder freigeschaufelt worden war, gab man diesen Kampf gegen Wind und Sand schließlich auf, und allmählich verschwand die Treppe vollständig unter dem Sand. Dort ist sie heute noch begraben. Nur am Kurhaus kann man die Randsteine des oberen Treppenabschlusses sehen, die noch aus dem Sand ragen.

Der Cowboy von Juist

»Meine Güte, Isa, kannst du nicht mal damit aufhören?« Katja stöhnt.

»Womit? Ich mach doch gar nichts.«

»Seit wir auf der Fähre sind, summst du dieses unerträgliche Lied!«

Isa runzelt die Brauen. »Ich summe? Was denn?«

»Den Uralt-Schlager mit dem Cowboy als Mann!«

Ein Grinsen geht über Isas Gesicht. »Den hier? Ich will 'nen Cow…«, setzt sie an, doch Katja hält ihr schnell den Mund zu.

»Vorsicht, sonst schmeißen sie dich ins Watt. Wie kommst du nur auf so einen Mist?«

»Mist? Das ist der Lieblingssong meiner Oma!«

Katja stöhnt.

»Und wenn es stimmt, dass so ein Cowboy küssen kann«, fährt Isa ungerührt fort, »will ich tatsächlich einen. Max war in der Beziehung doch eher eine Katastrophe.«

»Max war in jeder Hinsicht eine Katastrophe«, stellt Katja fest. »Aber einen Cowboy wirst du auf Juist sicher nicht finden. Soweit ich mich erinnere, werden hier keine Kuhherden durch die Straßen getrieben! Aber das wirst du ja gleich selber sehen.«

Isa schaut hinüber zum Hafen, dem sich die Fähre nun langsam nähert. Die Fahrt hat überraschend lange gedauert, dabei sah es auf der Karte so nah aus vom Festland zur Insel. Katja hat was von *Fahrrinne* und *tidenabhängig* erzählt, aber so richtig, das muss Isa zugeben, hat sie nicht zugehört. Sie weiß nur, dass man hier ziemlich weit ab vom Schuss ist und genau das braucht sie jetzt. Wie es wohl früher gewesen sein mochte, auf so einer kleinen Insel zu leben? Ohne starke Fähren und ohne Flugzeuge für den Notfall oder wenn man's eilig hatte?

Ein bisschen ist die Ankunft auf Juist wie eine Zeitreise. Fußgänger mit und ohne Handwagen, Fahrräder mit und ohne Lastenanhänger, Pferdekutschen. Kein Auto, kein Motorenlärm, nur das Klappern von Hufen auf dem Straßenpflaster. Und das Pferdetaxi, das einem Planwagen gleicht.

»Hör auf!« Katja stößt ihr den Ellbogen in die Seite. Isa hat schon wieder das unsägliche Cowboylied gesummt!

Katja hat nicht zu viel versprochen – Juist hat tatsächlich etwas Zauberhaftes, etwas von einer anderen Welt. Und so oft Isa auch an der Nordsee war – ob in Holland oder an den Steilküsten Yorkshires – fasziniert sie das Meer hier besonders mit seinem weißen Sandstrandlächeln auf der einen und dem geheimnisvollen, vor Leben wimmelnden Watt auf der anderen Seite der schmalen Insel.

»Mir reicht's für heute«, erklärt Katja neben ihr im Sand. »Ich geh jetzt heim, duschen! Kommst du mit?«

»Geh ruhig vor, ich will nochmal ins Wasser.«

»Okay, dann bis später.«

Während Katja ihren Kram zusammenpackt, schlendert Isa über den Strand auf das Wasser zu, die Augen auf den Boden geheftet, um nicht etwa eine schöne Muschel zu übersehen.

Einen Moment lang bleibt sie dort stehen, wo der Sand schon nass ist, und wartet auf die nächsten kleinen Wellen, die ihn ihr unter den Füßen wegspülen. Sie liebt dieses Gefühl, wenn ihre Füße langsam immer tiefer in den nassen Sand sinken. Dann läuft sie durch eine Gruppe planschender Kinder hinein ins Meer.

Sie muss an dieser Stelle ziemlich weit hinausgehen, bis das Wasser tief genug zum Schwimmen ist, aber dort ist es herrlich. Nach ein paar hundert Metern, die sie parallel zum Strand schwimmt, legt sie sich auf den Rücken und lässt sich vom Meer tragen. Toter Mann sozusagen, oder – sie ist ja emanzipiert – besser: tote Frau. Sie kichert.

In diesem Moment fasst eine starke Hand sie an der Schulter und drückt sie unter Wasser. Panisch schlägt Isa um sich. Doch eine zweite Hand packt ihre andere Schulter und hält sie fest. Isa schreit, aber das nimmt ihr nur den letzten Rest Luft. Die Hände sind unerbittlich. Und dann wird es dunkel.

Jemand zerrt an ihr. Sie versucht, die Augen zu öffnen, doch mehr als ein Flattern der Lider bringt sie nicht zustande.

Eine Männerstimme, warm und tröstend. Eine Hand streicht ihr das nasse Haar aus dem Gesicht.

Eine verärgerte Frauenstimme. Jemand breitet ein Tuch über sie. Es kratzt auf ihrer Haut und riecht irgendwie streng. Hm. Sie ist wohl noch am Leben.

Mehr Stimmen. Aber warum versteht sie sie nicht?

Mit unendlicher Mühe gelingt es ihr, die Augen zu öffnen. Menschen stehen um sie herum und starren sie an; sie tragen schlichte, altmodische Kleider. Eine junge Frau mit langen blonden Zöpfen hockt neben ihr und sagt etwas. Ihr gehört die verärgerte Stimme. Als Isa den Kopf abwendet, fällt ihr Blick in die blaugrauen Augen des Mannes, der auf ihrer anderen Seite kniet. Wasser tropft von seinen Haaren. Er muss der Rettungsschwimmer sein, der sie aus dem Meer gezogen hat. Sie streckt ihre Hand nach ihm aus und er hebt sie auf, als wäre sie ein Kind. Dann wird alles wieder dunkel.

Als Isa endlich aufwacht, liegt sie in einem kleinen, düsteren Raum. Unter ihr raschelt es, als sie sich bewegt. Ihre Hand ertastet ein pikendes Etwas und sie traut ihren Augen kaum – Stroh? Hat man sie in einen Stall gebracht? Eine neue alternative Heilmethode auf Juist bei Ertrinken? Quatsch. Irgendetwas stimmt hier nicht! Vielleicht träumt sie? Sie hat schon die verrücktesten Träume gehabt.

Sie trägt immer noch ihren Bikini, doch auf einem dreibeinigen Schemel liegt etwas, das sich als langes Hemd und Rock entpuppt. Der Rock kratzt ein wenig, aber das Hemd ist aus Leinen und angenehm auf der Haut.

Hinter der Tür aus Holzbrettern entdeckt Isa eine Art Küche mit offener Feuerstelle wie in einem Museum. Verflixt, wo ist sie?

Sie tritt hinaus aus dem kleinen Haus auf die ungepflasterte Straße. Ein paar solcher Straßen hat sie auf Juist schon gesehen, die sind wohl gut für die Hufe der Pferde, die hier für alle möglichen Transporte eingesetzt werden. Es riecht nach Pferd, sicher sind in der Nähe irgendwo Stallungen oder Weiden.

Doch wo sind die Häuser, die sie kennt, die Geschäfte, die Touristen? In der Ferne sieht Isa zwei Frauen in langen Kleidern die Eimer schleppen. Nichts ist so, wie sie es auf der Insel kennengelernt hat, außer dem Kreischen der Möwen. Ihr Herz beginnt zu rasen, sie läuft ein paar Schritte, schaut um die Hausecke. Da ist eine riesige Pferdekoppel. Ein Mann spricht auf eines der Pferde ein, das unruhig auf der Stelle trippelt. Dann schwingt er sich auf seinen Rücken. Das Pferd ist sichtlich wenig begeistert davon. Doch der Mann redet einfach weiter mit ihm, ein paar Worte trägt der Wind bis zu ihr und nun erkennt sie den Rettungsschwimmer. Behutsam bringt er das Pferd dazu, ein paar Schritte zu gehen und danach im Kreis zu traben. Die beiden anderen Männer, die am Zaun lehnen und ihn beobachten, quittieren seinen Erfolg mit anerkennenden Rufen.

Ist hier ein Kostümfest? Oder so was wie ein Westerncamp? Vielleicht sollte sie sich kneifen? Aber dann wacht sie am Ende auf und das wäre schade. Sie hat lange keinen so attraktiven Mann mehr getroffen wie jenen Reiter, nicht einmal in ihren Träumen.

Es ist erstaunlich, was das Gehirn im Schlaf vollbringt. Isa hat sich intensiv mit dem Thema beschäftigt, denn seit früher Kindheit erlebt sie unglaubliche Abenteuer in ihren Träumen, manchmal erinnert sie sich am Morgen sogar an zwei oder drei Träume der Nacht. Wenn sie nicht sicher ist, ob sie gerade träumt, schaut sie sich ihre Zehennägel an. Im Gegensatz zur Realität sind sie in ihren Träumen seltsamerweise immer unlackiert. Sie kennt natürlich auch Tricks, wie sie sich aus Albträumen befreien kann, aber dies ist kein Albtraum. Also kann sie ihn einfach genießen.

Das Mädchen mit den blonden Zöpfen, Kristen, gibt ihr zu essen und eine Decke für ihr Strohlager. Ansonsten behandelt sie Isa in den nächsten Tagen, als wäre diese geistig zurückgeblieben. Auch die anderen Bewohner der Insel halten sich fern. Nur die jungen Burschen starren sie unverhohlen begehrend an, wenn sie über die Insel spaziert oder immer wieder an der Koppel steht, außer wenn Roluf in der Nähe ist. Roluf, das ist ihr Retter. Er ist kein Rettungsschwimmer, sondern so etwas wie ein Pferdeknecht auf dem erstaunlich großen Gestüt. Und so wie er geduldig ist mit den Pferden, ist er geduldig mit ihr. Er spricht langsam und untermalt seine Worte mit Gesten. Dabei lächeln seine Augen.

Nach einiger Zeit zahlen sich seine Bemühungen und Isas Englisch- und Niederländisch-Studium aus: Sie entdeckt Ähnlichkeiten der fremden Worte und plötzlich ergeben sie einen Sinn!

Verstehen ist eines, Sprechen das andere. Doch es ist ein Anfang. Sie weiß nun, dass man sie für eine Schiffbrüchige aus einem fernen Land hält, eine reiche noch dazu, denn ihre Goldkette mit dem Delfin-Anhänger und die Ringe an ihren Fingern sind nicht unbemerkt geblieben. Sobald man wieder Pferde an den Grafen von Ostfriesland schickt, soll sie mit ihnen zum Festland gebracht werden, damit man ihre Verwandten ausfindig machen und die Belohnung für ihre Rettung einstreichen kann. Dieser Belohnung wegen lässt man sie weitgehend in Ruhe. Und natürlich, weil sie zu nichts taugt. Nicht einmal Feuer machen kann sie. Wann immer es möglich ist, flieht sie vor Kristens abfälligem Blick.

Wenn sie nicht gerade Roluf zusieht, wie er auf der Koppel Pferde zureitet, führt ihr Weg sie meist zu der großen Weide im Osten der Insel. Alleine hier zu stehen und die Tiere zu beobachten macht ihr Freude. Dabei hat sie nie viel mit Pferden anfangen können, nicht einmal damals in der Schule, als ihre beiden besten Freundinnen nichts anderes mehr im Kopf hatten.

Ein Schnauben hinter ihr lässt sie herumfahren. Roluf steigt aus dem Sattel und bleibt neben ihr stehen. Isas Herz schlägt schneller. Dieser Mann …

Roluf schweigt. Doch sein Blick weicht nicht von ihrem Gesicht. Schließlich räuspert er sich.

»Bald wirst du nach Hause reisen.«

»Nach Hause …«

»Du willst nicht nach Hause?«

Isa zuckt mit den Schultern. Wie soll sie ihm erklären, dass er nur ein Traumbild ist?

»Ich bringe den Hengst zu den Stuten«, sagt Roluf. »Willst du mitkommen?«

Auf einmal scheint die Luft zu flirren. Roluf und Isa machen einen Schritt aufeinander zu und ihre Lippen finden sich. Isas Herz rast, in den Ohren summt es, und als sich sein Mund schließlich von ihrem löst, muss sie sich an ihn lehnen, um nicht zu fallen.

Auch Roluf atmet schwer. Doch er schiebt sie sanft von sich.

»Du wirst nach Hause reisen«, sagt er heiser, »und ich werde bald heiraten.«

Isa schluckt. Dann tritt sie einen Schritt zurück. Roluf steigt wieder aufs Pferd, nickt ihr zu und trabt davon. Mit einem tiefen Seufzer macht sich Isa auf den Weg ins Dorf. Ein Schatten verschwindet hinter den hohen Sanddornsträuchern, doch Isa beachtet ihn nicht. Sie spürt immer noch Rolufs Lippen …

»Komm, komm!« Nach dem Abendbrot winkt Kristen Isa, ihr zu folgen. Das ist ungewöhnlich, aber es scheint ihr wichtig, Isa etwas zu zeigen, und Isa will sie nicht beleidigen. Also geht sie mit ihr hinaus in die Abenddämmerung.

»Komm, komm!«, drängt Kristen und hält auf den Strand zu. Dort liegt etwas am Spülsaum.

»Schiff!«

Tatsächlich scheint es sich bei dem Strandgut um Planken eines verunglückten Schiffes zu handeln. Ob Kristen denkt, es ist das Schiff, auf dem Isa gereist ist?

»Da!« Kristen hebt eines der kleineren Holzstücke auf und zeigt energisch auf die anderen. Kann sie nicht in ganzen Sätzen reden? Nur weil Isa kein Friesisch spricht, ist sie doch nicht doof!

Schließlich hockt sich Isa neben die Holzplanken und betrachtet sie genauer. Was erwartet das Mädchen wohl jetzt von ihr?

Sie schaut zu Kristen auf und erkennt, dass sie deren Erwartungen bereits erfüllt hat, denn das Holzstück in Kristens Hand trifft sie schmerzhaft an der Schulter und kurz darauf am Kopf, sodass sie benommen zu Boden stürzt.

»Roluf ist mir versprochen und du wirst ihn mir nicht wegnehmen!«

Nun spricht Kristen endlich in vollständigen Sätzen, doch Isa kann ihr nicht antworten. Nun ist es doch ein Albtraum. Es ist Zeit, dass Isa sich daraus befreit. Sie muss nur ihre Zehen zählen, das hilft immer. Wenn es nur nicht so schwer wäre, den Kopf zu bewegen.

Sie spürt, wie ihr Kristen den Rock über die Hüften streift und am Hemd zupft. Unter Fluchen gelingt es ihr schließlich Isa auszuziehen.

Sie fühlt Kristens Finger an ihrem Hals. Mühsam hebt Isa einen Arm, um sich zu wehren, doch Kristen nimmt ihr nur in aller Ruhe die Goldkette ab.

»Und das ist mein Lohn dafür, dass ich dich aufgenommen habe.«

Dann packt Kristen sie unter den Armen und schleppt sie über den feinen Sand.

»Das Meer hat dich gebracht und das Meer soll dich wieder mit fortnehmen!«

Endlich kann Isa ihre Zehen sehen, den abgeblätterten, dunkelroten Nagellack …

Kristen zieht sie hinein ins Meer, dessen Wellen über ihrem Gesicht zusammenschlagen. Das kalte Wasser belebt sie, doch Kristens starke Hand fasst sie an der Schulter und drückt sie unter Wasser. Panisch schlägt Isa um sich. Da packt Kristens zweite Hand ihre andere Schulter und hält sie fest. Isa schreit, aber das nimmt ihr nur den letzten Rest Luft. Die Hände sind unerbittlich. Und dann wird es dunkel.

Jemand zerrt an ihr. Sie versucht, die Augen zu öffnen, doch mehr als ein Flattern der Lider bringt sie nicht zustande.

Eine Männerstimme, warm und tröstend. Eine Hand streicht ihr das nasse Haar aus dem Gesicht.

Eine aufgeregte Frauenstimme. Jemand breitet ein Tuch über sie. Es ist weich und duftet nach Sonnenöl. Hm. Sie ist wohl noch am Leben.

Mehr Stimmen. Sie kann sie verstehen, sie sprechen deutsch! Ist der Traum vorüber?

Mit unendlicher Mühe gelingt es ihr, die Augen zu öffnen. Menschen stehen um sie herum und starren sie an. Katja hockt neben ihr.

»Dich kann man echt nicht allein lassen!«, sagt sie. »Wie gut, dass ich nochmal zurückgekommen bin.«

Als Isa den Kopf dreht, fällt ihr Blick in die blaugrauen Augen des Mannes, der auf ihrer anderen Seite kniet. Wasser tropft von seinen Haaren. Er muss derjenige sein, der sie aus dem Meer gezogen hat. Sie streckt ihre Hand nach ihm aus und spürt seinen festen Griff, als er sie fasst. Dann wird alles wieder dunkel.

»Meine Güte, was machst du für Sachen!« Katja schüttelt den Kopf und hebt ihr Bierglas. »Also, lass uns jetzt mal auf deine Rettung trinken. Und darauf, dass du mich nicht weiter so viele Nerven kostest!«

Isa stößt mit ihr an. Sie ist wieder ganz okay, meint der Arzt, nur in ihrem Kopf ist immer noch so etwas wie Nebel. Sie versteht nicht, warum ihr keiner glaubt, dass jemand sie angegriffen und unter Wasser gezogen hat. Selbst Katja behauptet, sie habe sie vom Strand aus gesehen – da sei niemand in ihrer Nähe gewesen.

Wirklich fassbar ist das nicht. Der Traum, den ihr Gehirn im Moment des Ertrinkens geschaffen hat, ist immer noch so unglaublich lebendig. Sie muss nur die Augen schließen, um Kristens Hass zu fühlen und ihre eigene Angst.

Katja schweigt ungewöhnlich lange und überlässt Isa ihren Gedanken. Schließlich fragt sie leise: »Und wie war das, konntest du dein ganzes Leben an dir vorbeiziehen sehen?«

Isa starrt auf die blaue Polsterung der Bank an der Theke. Dann schüttelt sie langsam den Kopf.

»Ich hab geträumt ...«

Katja reißt die Augen auf. »Echt jetzt? Warst du in einem Unterwasserschloss oder im Paradies oder wo?«

»Auf Juist.«

»Ach, das ist ja langweilig. Gab es wenigstens einen Cowboy in deinem Traum?«

Isa schaut sie überrascht an.

»Aber fang jetzt nicht wieder an zu summen!«, sagt Katja rasch.

Die Tür geht auf und zwei Männer betreten die Spelunke. Isas Herz beginnt schneller zu schlagen, als sie ihren Retter erkennt. Er lächelt und kommt herüber zu ihrem Tisch.

»Alles klar?«, fragt er.

Isa nickt.

»Du heißt Jens, nicht wahr? Setzt euch doch zu uns, ich spendier dir einen Dankeschön-Drink«, sagt Katja. »Ist dein Freund auch Rettungsschwimmer? Dann kriegt er natürlich auch einen.«

Isa schweigt, als die beiden sich an ihren Tisch setzen. Sie ist immer noch nicht ganz zurück in dieser Welt.

»Passiert das eigentlich öfter, dass jemand im Wasser den Bikini verliert?«, flirtet Katja Jens' Freund Mark an.

Isa errötet. Als sie gerettet wurde, war sie nackt. Sie muss die Bindebänder ihres Bikinis beim Kampf gegen das Ertrinken aufgezogen haben. Wahrscheinlich hat sie dabei auch ihre Goldkette zerrissen.

»Im Wasser eher weniger.« Mark zieht die Augenbrauen hoch. »Dafür kenne ich andere Orte ...«

»Ist wirklich alles in Ordnung?«, fragt Jens Isa leise.

Isa starrt ins Leere. »Als ich bewusstlos war ... Ich hab geträumt ... Da waren so viele Pferde ... Ich weiß nicht wieso ...«

»Die Idee hast du sicher aus der neuen Broschüre von der Tourist Info«, vermutet Jens. »Hier gab es ja tatsächlich mal Wildpferde und im 17. Jahrhundert auch ein großes Gestüt des Grafen von Ostfriesland.« Er lacht. »Einer meiner Vorfahren soll so was wie ein Cowboy auf diesem Gestüt gewesen sein. Oder vielleicht sollte man besser Horseboy sagen, denn es ging ja nicht um Kühe.«

Isa sieht in Jens' Augen und ihr Herz schlägt schneller. Dann scheint es einen Moment auszusetzen, als sie das Lederband um seinen Hals entdeckt. Dort baumelt ein kleiner, goldener Delfin-Anhänger. Er sieht alt aus.

»So einen …«, Isa räuspert sich. Ihr ist, als spüre sie wieder Kristens Hände an ihrem Hals. »So einen hatte ich auch. Muss ich im Meer verloren haben.«

»Meiner ist ein Familienerbstück. Die Frau von meinem Horseboy-Urahnen soll ihn in die Familie gebracht haben. Er schützt angeblich vor dem Ertrinken!« Jens lächelt.

Isa steht unvermittelt auf und schaut zu ihren Füßen. Sie zählt ihre Zehen in den schwarzen Sandalen. Der dunkelrote Nagellack ist abgeblättert, obwohl sie die Nägel gestern erst lackiert hat.

»Ich gehe nach Hause«, sagt sie.

Katja sieht sie überrascht an. Es ist ihr anzumerken, dass sie sich lieber weiter mit Mark beschäftigen will.

»Ich begleite dich.« Jens steht ebenfalls auf, nickt den anderen zu und folgt Isa auf die Straße. Der Himmel ist sternenklar, allerdings durch die Straßenbeleuchtung nicht so klar, wie sie ihn aus ihrem Traum in Erinnerung hat. Doch der Nebel in Isas Kopf wird langsam lichter und das bedrohliche Gefühl, das sie eben noch in Bann geschlagen hat, löst sich mit jedem Schritt mehr auf. Sie ertappt sich dabei, dass sie anfängt zu summen. Jens schweigt, er ist einfach nur da. Es ist schön, ihn neben sich zu wissen.

Sie erreichen die Tür der Pension. Isa bleibt stehen. Sie wendet sich ihrem Retter zu, um ihm für die Begleitung zu danken, ihre Blicke treffen sich. Auf einmal scheint die Luft zu flirren. Isa und Jens machen einen Schritt aufeinander zu und ihre Lippen finden sich. Isas Herz rast, in den Ohren summt es, und als sich sein Mund schließlich von ihrem löst, muss sie sich an ihn lehnen, um nicht zu fallen.

Auch Jens atmet schwer.

»Ich bin allerdings kein Cowboy«, sagt er.

Verflixt, da hat sie doch schon wieder Omas Lieblingssong gesummt!

Historischer Hintergrund

Pferde auf Juist

Auch heute noch spielen Pferde auf Juist eine wichtige Rolle. Auf der autofreien Insel ersetzen Kutschen und Fuhrwerke das sonst so übliche Verkehrsmittel, ob als Taxi oder als Müllabfuhr. Es gibt nur einige wenige Ausnahmen wie Feuerwehr, Rettungsdienst und (Not-)Arzt.

Doch die Geschichte der Pferde auf der Insel geht weit zurück in die Vergangenheit. Bereits 1530 wird urkundlich über wilde Pferde berichtet, deren Vorfahren wohl als Schiffbrüchige von gesunkenen Kreuzfahrerschiffen auf Juist gestrandet waren. Graf Enno III von Ostfriesland unterhielt später dort ein Gestüt, das mit bis zu hundert Pferden eines der größten in Europa war.

Enno beschäftigte spezielle Pferdeknechte, um die Wildpferde zu zähmen. Diese kamen aus der Dorfbevölkerung und wurden für ihre Arbeit jedes Jahr mit einer Tonne Bier belohnt.

Besuch von Mr. Smith

»Also wirklich, das habe ich mir doch gleich gedacht. Nach dem salzigen Fisch muss ich etwas zu trinken haben«, sagte Oberwachtmeister Hansen, ein behäbiger Oldenburger, der wie üblich seine Weihnachtsferien auf Juist verbrachte. Er hob er sein leeres Bierglas und sah die Wirtin aufmunternd an. »Bringen Sie mir bitte noch ein Bier, Frau Stürmer. Ein Mal ist schließlich kein Mal.«

Frau Stürmer, die mit ihm am Tisch in der gemütlichen warmen Gaststube saß, um ein kleines Schwätzchen zu halten, stand eilfertig auf und begab sich mit dem leeren Glas hinter den Tresen.

»Haben Sie den Artikel im *Ostfriesischen Kurier* gelesen?«, fragte sie, während sie die schäumende Flüssigkeit in sein Glas laufen ließ. »Noch vor der Jahrhundertwende sollen wir hier auf Juist eine Landungsbrücke haben, damit man von der *Ostfriesland*, dem neuen Dampfer, nicht mehr auf ein Anlegeschiff umsteigen muss. Und eine Pferdebahn mit Gleisen sollen wir auch bekommen.«

»Unsinn«, antwortete der Wachtmeister und schlug mit der Faust auf den Tisch. »Dieser neumodische Kram kann mir gestohlen bleiben. Was in Oldenburg schon alles ›verbessert‹ wurde, und nun auch noch auf Juist. Wenn ich nur an die Telegrafenstation denke ... Mir telegrafiert jedenfalls niemand, und Ihnen bestimmt auch nicht.«

»Aber die neue Postagentur ist ein Segen«, widersprach die Wirtin. »Wir haben Glück, dass wir sie haben – und der nette Lehrer Otto Leege leitet beides, zusammen mit seiner Frau.« Seufzend strich sie sich über die Schürze. »Wenn ich mich erinnere, wie mühsam es früher war, einen Brief zu verschicken.«

Oberwachtmeister Hansen grunzte und vertiefte sich in den *Ostfriesischen Kurier*, der aufgeschlagen vor ihm lag.

Mit dem vollen Bierglas in der Hand kehrte die Wirtin zurück und ließ sich wieder auf ihren bequemen Stuhl sinken. Interessiert beugte sie sich nach vorn, um besser sehen zu können, welchen Artikel Oberwachtmeister Hansen gerade las.

»Schrecklich, diese Sache mit Jack the Ripper«, bemerkte sie und verschränkte die Arme vor der Brust. »Jetzt hat er bereits fünf Frauen abgeschlachtet, alles Prostituierte, und es sollen sogar noch mehr sein, heißt es.« Sie nippte einen Schluck Pfefferminztee. »Ein Mörder, der seinen Opfern die Gedärme aus dem Leib reißt, muss doch bestimmt verrückt sein, meinen Sie nicht?«

Oberwachtmeister Hansen brummte etwas Unverständliches.

»Und dann diese Briefe, die er an die Polizei schickt«, fuhr Frau Stürmer unbeirrt fort. »Mitte Oktober erhielten sie sogar ein Paket mit einer halben menschlichen Niere darin. Die andere Hälfte, so schrieb er, habe er gebraten und aufgegessen.« Sie schüttelte sich. »Unglaublich, so etwas! Ich frage mich wirklich, warum die Londoner Polizei ihn nicht findet.«

»Das sind alles Toren, diese Engländer. Wir hätten diesen Ripper schon längst hinter Gittern«, ließ sich Oberwachtmeister Hansen vernehmen. Er wischte sich mit dem Handrücken den Schaum vom Schnurrbart. »Wenn der uns vor die Füße gelaufen wäre, dann hätte er längst ausgerippert, der Hund.«

Frau Stürmer, die sehr anglophil war, nachdem sie ein Jahr bei entfernten Verwandten in Brighton verbracht hatte, lächelte nachsichtig. Was wusste Oberwachtmeister Hansen schon von Scotland Yard? Trotzdem war es selbst ihr nicht entgangen, dass dieser Jack the Ripper die Londoner Polizei auf trickreichste Art und Weise an der Nase herumführte und sie in seinen Briefen auch noch öffentlich verspottete.

»Es wird dunkel«, bemerkte Oberwachtmeister Hansen nach einem Blick aus dem Fenster. »Ich muss gehen.« Er goss den letzten Schluck Bier hinunter und zog seinen Wollmantel an. »Wo ist denn heute Ihre Bedienung Elisabeth? Hat sie ihren freien Tag?«

»Nein, nein«, antwortete Frau Stürmer und stand ebenfalls auf. »Sie räumt mit meinem Mann unten den Keller auf.«

»Passen Sie bloß auf«, riet ihr der Oberwachtmeister. »Die Elisabeth, das ist eine ganz Schlimme, eine Kokotte. Ich an Ihrer Stelle würde sie nicht mit meinem Mann in den Keller gehen lassen.«

Frau Stürmer winkte ab. »Wenn sie meinem Mann schöne Augen macht, dann kann sie ihr blaues Wunder erleben«, sagte sie. »Das habe ich ihr bereits klipp und klar gesagt.« Sie lächelte ihn schalkhaft an. »Wo ich hinhaue, Herr Oberwachtmeister, da wächst kein Gras mehr.«

Eine halbe Stunde später kamen der Wirt und das Hilfsmädchen aus dem Keller nach oben. Frau Stürmer erwartete sie schon sehnlichst.

»Wir haben einen Übernachtungsgast«, verkündete sie strahlend, »einen Herrn aus England. Er ist gerade mit der *Ostfriesland* angekommen.«

Während Elisabeth diskret in ihr Zimmer verschwand, um sich für den Neuankömmling aufzufrischen, machte Herr Stürmer ein mürrisches Gesicht. Er hielt von den Engländern genauso wenig wie Oberwachtmeister Hansen. Nach langem Disput mit seiner Gemahlin hatte er schließlich eingewilligt, unter das Schild »Zimmer frei« über dem Eingang ein weiteres mit der Aufschrift »Room available« zu hängen. Frau Stürmer, die seit ihrer Zeit in Brighton stolz auf ihre Englischkenntnisse war, fand, das gäbe dem Haus ein internationales Flair.

»Ein Engländer«, murmelte er. »Ausgerechnet.«

Seine Frau gab vor, nichts gehört zu haben. »Wenn Mr. Smith unser englischsprachiges Schild nicht gesehen hätte, wäre er vielleicht anderswo abgestiegen. Er hat nur kurz seinen Koffer oben abgestellt und macht jetzt vor dem Essen einen kleinen Abendspaziergang am Strand.« Mit einem Lächeln reckte sie ihr Kinn in die Höhe. »Siehst du, wie gut es ist, dieses englische Schild draußen hängen zu haben? Ohne das wäre er womöglich in einem anderen Haus eingekehrt.«

Zufrieden begab sie sich in die Küche und durchsuchte ihre Speisekammer nach einem geeigneten Mahl für ihren englischen Gast. Grünkohl mit Pinkel würde er vielleicht nicht mögen.

»Also, ich sage dir, an dem Kerl ist etwas faul«, brummte der Wirt, als er zu seiner Frau ins Ehebett stieg. »Hast du gesehen, wie er sein Rinderfilet gegessen hat – wie *lustvoll*? Dabei war das Fleisch so gut wie roh.« Er schüttelte sich. »Das Blut troff ihm förmlich aus den Mundwinkeln.«

»Unfug«, antwortete seine Frau und pustete die Kerze aus. »Mr. Smith liebt sein Rinderfilet eben blutig. Außerdem freue ich mich immer, wenn einem Gast mein Essen schmeckt.« Mit diesen Worten rollte sie sich zur Seite und fing an, tief und gleichmäßig zu atmen.

Auf der anderen Betthälfte konnte Herr Stürmer in dieser Nacht nicht einschlafen. Jedes Mal, wenn er die Augen schließen wollte, sah er die dünne, grausam rote Blutspur vor seinem geistigen Auge, die langsam aus Mr. Smiths Mundwinkel herablief. Er hatte ausgesehen wie ein Vampir.

Im Zimmer nebenan dachte die hübsche Elisabeth noch längst nicht an Schlaf. Sie stand vor dem Spiegel an ihrem Waschtisch und machte sich schön. Ihr hochgeschlossenes Tageskleid hing bereits im Schrank über dem Bügel, jetzt trug sie nichts als einen dünnen Morgenrock und ihr besticktes Nachthemd mit dem tief ausgeschnittenen Rüschenkragen.

»Sehr schön«, murmelte sie und kniff sich ein paar Mal in die Backen, um etwas Farbe auf ihre Wangen zu zaubern. Männer mochten das, wusste die junge Frau. Dieser leicht erhitzte Ausdruck, gepaart mit einem tiefen Blick in ihr Dekolleté, schien sie immer wieder aufs Neue zu erregen. Bisher hatte ihr noch kein einziger männlicher Übernachtungsgast die Tür gewiesen, wenn sie so bei ihm angeklopft hatte, um zu fragen, ob er noch etwas benötige. Und am kommenden Morgen hatte jeder der Herren sie aufs Großzügigste für ihre nächtliche Fürsorge belohnt.

Sie lächelte. Stürmers ahnten von ihren abendlichen Eskapaden natürlich nichts, aber bei dem lausigen Gehalt, das sie hier im *Gasthaus Sturmwind* bekam, war es wohl nur recht und billig, sich nebenher etwas dazu zu verdienen.

Nach einem letzten Blick in den Spiegel schlich sie hinaus auf den Flur und zum Ende des Ganges, an dem sich Mr. Smiths Zimmer befand. Leise klopfte sie an und öffnete vorsichtig die Tür.

»Benötigen Sie noch etwas für die Nacht, Mr. Smith?«, fragte sie kokett und trat auf Zehenspitzen ein, damit er einen ausführlichen Blick in den berüschten Ausschnitt ihres Nachthemds werfen konnte.

Mr. Smith hatte verstanden. Mit einem sonderbar verzückten Lächeln stand er auf und kam immer näher auf sie zu.

»Hast du Elisabeth gesehen?«, fragte Frau Stürmer ihren Mann am kommenden Morgen und drehte die kleingeschnittene Niere in der Pfanne, die dort mit dem Speck und einem Paar Eiern brutzelte. »Sie ist bisher noch nicht heruntergekommen. Ob sie verschlafen hat?« Mit geübter Handbewegung schob sie das Gebratene von der Pfanne auf einen Teller. »Gerade jetzt ist sie nicht da, wo Mr. Smith frühstücken möchte.«

Nachdenklich sah der Wirt ihr nach, während sie mit einem Tablett beladen in den Gastraum eilte, um dem englischen Herrn das Essen zu kredenzen. Dieser Aufwand, den sie um ihn betrieb, passte ihm nicht. Niere zum Frühstück! Warum konnte dieser Engländer kein Brot essen wie jeder andere Gast auch?

»Sag' mal«, brummte Herr Stürmer, als seine Frau wieder zurück in die Küche kam, »woher kommt eigentlich diese Niere? Gestern war sie noch nicht in unserer Speisekammer.«

»Mr. Smith hat sie mir gegeben«, erklärte sie, während sie das Geschirr in den Spülstein stapelte. »Er war heute früh bereits im Ort und hat sie dort erstanden.«

»Am Sonntag?«, konterte der Wirt und zog die Stirn in Falten. »Wo sollte er sie da erstehen?«

Seine Frau starrte ihn mit offenem Mund an. »Stimmt«, sagte sie nachdenklich. »Ich hatte ganz vergessen, dass heute Sonntag ist. Das ist wirklich merkwürdig.« Nervös fuhr sie sich durchs Haar. »Diese Niere war ganz frisch, das Tier muss gerade erst geschlachtet worden sein.«

Herr Stürmer sah sie mit blitzenden Augen an. »Ich sage dir eins«, sagte er ernst, »mit diesem Mr. Smith stimmt etwas nicht.« Er schnaufte. »Hol doch mal das Gästebuch, damit wir sehen können, was er dort eingetragen hat.«

Eilig ging Frau Stürmer, um das Buch zu holen. Interessiert beugten sich beide über den Eintrag.

»Ich hab's geahnt.« Aufgeregt landete Herrn Stürmers Zeigefinger auf der Unterschrift. »Der Kerl ist der Ripper.« Leise pfiff er durch die Zähne. »Hier steht es schwarz auf weiß: *Jack R. Smith*.«

»Mein Gott«, hauchte seine Frau. »Du hast recht. *Jack R.* Das R heißt natürlich Ripper.« Ahnungsvoll sah sie auf die Nierenpfanne auf dem Herd und bekreuzigte sich. »Mein Gott, wie konnte ich nur so dumm sein, auf dieses Theater hereinzufallen. Er ist bestimmt auf der Flucht vor Scotland Yard.« Sie sah ihren Mann verschwörerisch an. »Schnell, geh' hoch in sein Zimmer und sieh nach, ob wir noch mehr Indizien finden, dass er der Ripper ist.«

Das ließ der Wirt sich nicht zweimal sagen. Leise schlich er die knarrende Holztreppe hoch und öffnete vorsichtig die Zimmertür seines Gastes. Der Anblick, der ihn hier erwartete, verschlug ihm schier den Atem.

Elisabeth, die gestern noch hübsch und sehr lebendig mit ihm im Keller gewirtschaftet hatte, lag nackt und aufgeschlitzt auf dem Bett wie ein geschlachtetes Kalb. Neben der Toten hatte der Ripper ihre Eingeweide auf dem blutdurchtränkten Laken verteilt; alle bis auf eine Niere. Lediglich die Tatsache, dass Herr Stürmer in einem Metzgershaushalt aufgewachsen war, verhinderte, dass er sich hier und jetzt übergeben musste. Kreidebleich schloss er die Tür und kehrte in die Küche zurück.

»Wenn sich das herumspricht«, erklärte Frau Stürmer, nachdem ihr Mann von seinem grausigen Fund im Zimmer des Engländers berichtet hatte, »dann bleiben uns die Gäste weg. Wer geht schon in ein Gasthaus, in dem Morde begangen«, ihre Miene verdüsterte sich, »und menschliche Nieren serviert werden?«

»Stimmt«, brummte der Wirt. »Dann können wir zumachen.« Sorgenvoll zog er die Augenbrauen zusammen. »Was sollen wir tun?«

»Der Ripper muss weg«, entschied seine Frau resolut, »und zwar sofort. Du lenkst ihn ab und ich erschlage ihn rücklings mit einer Flasche.«

Herr Stürmer nickte. Sollte der Plan fehlschlagen, blieb ihm immer noch, dem Kerl an die Kehle zu gehen. Er schob den Riegel vor die wuchtige Eingangstür. Gäste konnten sie nun nicht gebrauchen.

Während sich seine Frau mit einer vollen Weinflasche bewaffnet von hinten an den Tisch im Gastraum heranschlich, an dem Mr. Smith schmatzend sein Frühstück einnahm, trat der Wirt schweren Schritts von vorne an ihn heran und bot seinem Gast ein Glas Bier an.

»Thank you«, sagte Mr. Smith hocherfreut. »I really …"

Weiter kam er nicht. Die Weinflasche fuhr krachend auf ihn nieder und schlug ihm im wahrsten Sinne des Wortes das Hirn ein.

Zufrieden betrachtete Frau Stürmer ihr Werk. »Wusste ich's doch«, sagte sie. »Wo ich hinschlage, wächst kein Gras mehr.« Vorsichtig fühlte sie seinen Puls. »Um sicherzugehen, sollten wir ihn auch noch ertränken«, entschied sie und eilte in die Küche, um einen Eimer Wasser zu holen.

Gott lobe den Sonntag, dachte sie erleichtert und schleppte den Eimer zurück in den Gastraum. Ihre übliche Stammkundschaft würde erst nach dem Kirchgang in der Schenke aufkreuzen. Bis dahin hatten sie das englische Monster aus dem Weg geschafft.

Gemeinsam mit ihrem Mann tauchte sie den Kopf des Rippers so lange unter Wasser, bis nichts mehr blubberte.

»Der ist hin«, entschied Herr Stürmer, der sich mittlerweile den weiteren Schlachtplan ausgedacht hatte. »Jetzt stecken wir die beiden in ein Fass und mauern sie mit Kleidern, Koffern und allem im Keller ein.« Er lächelte. »Da findet sie noch nicht mal Scotland Yard.«

»Stellen Sie sich nur vor«, sagte Frau Stürmer zu Oberwachtmeister Hansen, der für sein tägliches Bierchen im *Gasthaus Sturmwind* eingekehrt war. »Elisabeth, meine Bedienung, ist heute tatsächlich mit einem Gast durchgebrannt.« Sie schnaufte empört. »Einem Engländer.«

»Sie ist mit ihm fortgegangen?«, fragte der Oberwachtmeister interessiert. »Was ist denn passiert?«

Frau Stürmer ließ sich auf einen Stuhl an seinem Tisch sinken. »Sie hat ihre Koffer gepackt und ist nach dem Frühstück mit ihm auf und davon. Mr. Smith sei ihre große Liebe, sagte sie. Er wolle sie heiraten und mit nach England nehmen.«

»Da passt sie hin, das Mädchen«, schnaubte Oberwachtmeister Hansen, »zu diesen hannoverschen Goldsteerts. Man macht sich keine Vorstellung, wie dumm manche Frauen sein können.«

»Ja, ja«, säuselte die Wirtin, »wo die Liebe hinfällt.« Sie sah den Oberwachtmeister fragend an. »Sagen Sie mal, muss ich Elisabeth denn jetzt als vermisst melden?«

»Vermisst?« Oberwachtmeister Hansen schüttelte vehement den Kopf. »Sie ist doch freiwillig gegangen; sie will doch den feinen Dösbaddel von der Insel heiraten. Wieso möchten Sie sie als vermisst melden?« Er schenkte ihr ein sonniges Lächeln. »Also ich, ich vermisse sie nicht, und die Engländer können mir auch gestohlen bleiben. Mitsamt dem Mörder-Kerl, diesem Jack the Ripper.« Er schlug mit der Faust auf den Tisch. »Ich hab's ja schon einmal gesagt: Wenn der Ripper hierherkäme, dann gebe ich ihm einen halben Tag, dann hätten wir ihn gefasst. *Uns* würde der nicht schikanieren.«

Und damit kippte er sein Bier in einem Zug hinunter.

Historischer Hintergrund

Jack the Ripper ist ein bis heute nicht identifizierter Serienmörder, der im Jahr 1888 im Londoner Eastend sein Unwesen trieb. Seine Opfer waren Prostituierte, denen er die Kehle durchtrennte und anschließend den Bauch aufschnitt. In einigen Fällen entfernte er teilweise die Organe.

Nach gründlicher Untersuchung entschieden die Ermittler, dass fünf Opfer mit Sicherheit auf sein Konto gingen, mehrere andere Prostituiertenmorde, die ihm ebenfalls angelastet wurden und zum Teil erst in den folgenden Jahren begangen wurden, jedoch nicht.

Seinem Opfer Catherine Eddowes hatte er u.a. die linke Niere entfernt. Zwei Wochen nach dem Mord erhielt die Polizei eine Schachtel mit einer halben Niere und einem Brief von Jack the Ripper, in dem er schrieb, die andere Hälfte habe er gebraten und aufgegessen. Eine Untersuchung der Niere ergab, dass es sich tatsächlich um eine menschliche Niere handelte. Ob der Brief aber wirklich von dem gesuchten Mörder stammt, konnte nicht festgestellt werden. Genauso gut ist möglich, dass sich z.B. ein Medizinstudent einen Scherz erlaubt hat.

Die im Jahr 1871 gegründete Dampfschiffs-Reederei ›Norden‹ bot ab 1888 eine fahrplanmäßige Fährverbindung Norddeich-Juist auf dem Dampfer ›Ostfriesland‹ an. Bei der Ankunft auf Juist musste man damals auf ein Anlegeschiff umsteigen, weil es zunächst keinen Anlegesteg gab. Die ›Ostfriesland‹ war auch das Schiff, das als Erstes an der 300m langen Landungsbrücke anlegte, die Juist im Jahr 1894 erhielt.

Im Juni 1898 nahm die Inselbahn als Pferdebahn ihren Betrieb auf. Die Gesamtlänge betrug 2.318 m, wobei 980 m Gleis über niedrige Holzstege durchs Watt führten. Die Anlage fiel aber noch im gleichen Jahr einem Unwetter zum Opfer.

Im Jahr 1882 kam Otto Leege (1862-1951) als Lehrer nach Juist. Da er mit der Lehrerstelle allein nicht genug verdiente, unterhielt er nebenbei auch die neue Post- und Telegrafenstelle der Insel und betätigte sich in der Inselkirche Juist als Organist. Im Jahr 1888, während in London Jack the Ripper fleißig am Morden war, betrat Leege zum ersten Mal die Insel Memmert.

BORKUM

Borkum liegt westlich von Juist und ist die größte Ostfriesische Insel. Ihr Ort ist auch kein Dorf, sondern eine Stadt.

Bis 1863 bestand Borkum aus zwei Teilen, Westland und
Ostland, beide waren von einem Priel getrennt.

Im frühen Mittelalter haben auf Borkum Kreuzfahrer Rast
gemacht, eine Bevölkerung ist aber erst ab dem Jahr 1406 genannt. Aus der Zeit gibt es einen Friedensvertrag mit der Han-
se.

Wie auch auf anderen Ostfriesischen Inseln lebten die Borkumer im 18. Jahrhundert zu einem großen Teil vom Walfang.
Dazu reisten sie bis nach Grönland.

Der Ausbruch des englisch-niederländischen Seekrieges in
den Jahren 1780-1784 ließ die Borkumer verarmen, etliche
ihrer Walfänger gerieten in Kriegsgefangenschaft der Briten.
Sie kehrten ohne ihre Schiffe zurück. Weitere Schiffsunglücke
trafen die Bevölkerung tief und der Walfang wurde eingestellt.

1797 wurde Borkum zum Seebad, 1888 nahm die Inselbahn ihren Dienst auf.

Auch die beiden Kriege hinterließen Spuren. 1902 wurde Borkum unter Kaiser Wilhelm II. zur Seefestung. Schon
vor der Zeit des Nationalsozialismus galt auf Borkum der
»Bäderantisemitismus« und grenzte jüdische Mitbürger vom
Tourismus aus.

Heute ist die Insel bekannt für ihre gesundheitlichen Fach-
kliniken, die wundervollen Strände und ihre schöne Landschaft.

CHRISTIANE DIECKERHOFF

Die Dämonen des Landchirurgus

Landchirurgus Ripking starb, wie er gelebt hatte. Mit Getöse und zum Verdruss der Borkumer.

Als Polizeigendarm Wybrand in der Mittagszeit eines sehr sonnigen siebzehnten September 1849 von Bord der *Kronprinzessin Marie* ging, stellte der Tote bereits eine Gefahr für die christliche Seefahrt dar, weil der Leuchtturmwärter sich weigerte, den Leuchtturm an der Westküste zu betreten, solange der Chirurgus dort die Luft verpestete. Entsprechend ungeduldig wartete der Amtsvogt mit seinem Einspänner an der Mole auf den Polizeigendarm vom Festland.

»Moin.« Uhlenkamp schnalzte mit der Zunge und das Pferd trabte an, kaum dass Wybrand seinen Platz auf dem Kutschbock eingenommen hatte.

»Zeugen? Verdächtige?« Auf der Überfahrt hatte Wybrand sehr aufmerksam gelesen, was im Polizeihandbuch zu dem Thema Ermittlungen bei Todesfällen, welche durch äußere Einwirkungen unbekannter Herkunft verursacht sind, stand. Bereits in der Einleitung hatte Retzlaff einen Satz geschrieben, den der Gendarm wörtlich in sein ledernes Notizbuch übernommen hatte: *Schweigt die ermittelnde Amtsperson zur rechten Zeit, werden die Zeugen umso gesprächiger.* Im Gegensatz zu seinem Großvater selig, der immer gesagt hatte: Bücher fangen keine Fische, glaubte Wybrand an die Weisheit des geschriebenen Wortes.

»Nur Trientje und die Jungen und die sind beim Pastor.«

»Und der Tote?«

»… im Leuchtturm am Kirchhof«, unterbrach ihn Uhlenkamp. »Und er sieht ziemlich fies aus.« Die Peitsche sirrte über den schweißglänzenden Pferderücken. Fette Schmeißfliegen schillerten im Sonnenlicht.

»Kann ich mir vorstellen«, log Wybrand, dabei flatterte sein Magen wie ein Segel bei Windstärke zwölf. Nicht mehr lange und er würde der ersten Leiche seines Lebens gegenüberstehen.

Der faulige Geruch nach verwesendem Fisch und Abort, der wie ein Leichentuch im Leuchtturm hing, trieb Wybrand die Tränen in die Augen. Trotzdem betrachtete er den Toten so genau, wie die Vorschriften es verlangten. Für einen Arzt wirkte er hager. Alle Ärzte, mit denen Wybrand bisher zu tun gehabt hatte, waren eher wohlgenährt gewesen. Wybrand machte sich eine Notiz und beugte sich vor. Das schüttere Haar des Toten war blutverkrustet und Wybrand notierte diese Verletzung als wahrscheinlich todesursächlich. Die zögernde Berührung der Hand des Toten ergab, dass die Leichenstarre sich bereits wieder gelöst hatte.

»Danke.« Wybrand presste ein Taschentuch gegen die Nase und verließ hastig den Leuchtturm.

Den Eintragungen im Amtsbuch entnahm der Gendarm, dass der Chirurgus deutlich jünger gewesen war, als er vermutet hätte. Aber wie sollte man das Alter eines Menschen einschätzen, dessen Haut grünlich schimmerte. Die nächste Station würde gemäß den Richtlinien des Polizeihandbuchs Seite 47 ff der Tatort sein: *Die ermittelnde Amtsperson wird den Tatort unverzüglich und höchstselbst untersuchen.*

Geführt vom Amtsvogt stapfte Wybrand den sandigen Weg entlang, der zum reetgedeckten Haus des Opfers führte. Wie ein zu enger Uniformkragen drückte ihm die Verantwortung gegen den Kehlkopf. Endlich hatten sie den wahrscheinlichen Tatort erreicht. Vor der niedrigen Tür blieb Wybrand stehen und atmete tief die nach Salz und Tang duftende Meeresluft ein.

»Ist offen«, brummte der Amtsvogt, der Wybrands Zögern missverstand. »Wir sind hier schließlich nicht auf dem Festland«, fügte er in gelispeltem hannoveraner Hochdeutsch hinzu.

»Danke.« Wybrand verzichtete darauf, den Amtsvogt daran zu erinnern, dass die Leiche auf seiner Insel lag und nicht in Emden.

Ein vielstimmiges Summen füllte das Haus, das Wybrand sich im ersten Augenblick nicht erklären konnte. Erst als er eine einsame Fliege bemerkte, die sich auf einem verschrumpelten Apfel die Flügel putzte, dämmerte ihm die mögliche Ursache. Er straffte die Schultern und stieß die Tür zum Nebenraum auf: Aufgescheucht durch den Luftzug stiegen Myriaden von Stubenfliegen von einem dunklen Fleck auf den Holzdielen auf. Wybrand wich zurück. Plötzlich war seine Kehle so trocken wie Dünensand in der Mittagssonne, trotzdem schaute er sich um: Umgestoßene Stühle, Papiere auf dem Holzboden. Über einer Ecke des aus Schiffsbohlen gezimmerten Kaminsimses kreisten ebenfalls grünschillernde Fliegen. In der Luft hing der metallische Geruch von Blut.

»Hier hat er gelegen.« Der Amtsvogt zeigte auf den dunklen Fleck, auf dem nun wieder die Fliegen krabbelten.

»Wer hat ihn gefunden?«

»Trientje.«

»Wer?« Wybrand drehte sich zum Amtsvorsteher um.

»Seine Ehefrau.«

»Gut, dann möchte ich diese Trientje und auch die Söhne gerne sprechen. Umgehend bitte.«

»Sind nicht seine Jungen«, sagte Uhlenkamp. »Sind zur Kur hier.«

Während der Amtsvogt die Zeugen holte, nutzte Wybrand die Gelegenheit, sich im Haus umzuschauen. Von der Ordination führten eine Tür ins eheliche Schlafzimmer und eine weitere in eine schmale Kammer mit drei Betten, von denen zwei zerwühlt waren. Ein unangenehmer Geruch von Ammoniak lag in der Luft. Sehr zu Wybrands Erstaunen waren beide Türen mit massiven Eisenriegeln gesichert. Ganz so sicher schienen sich die Bewohner dieses Hauses nicht gefühlt zu haben. Wybrand kehrte zur Eingangstür zurück. Kein Riegel. Nachdenklich rieb er sich das Kinn.

Trientje wirkte wie in Mondlicht getaucht und Wybrand verspürte das Bedürfnis, sie beschützen zu wollen, als er sie zu dem Küchenstuhl gegenüber der Tür zur Ordination führte, den er für die

Zeugen vorgesehen hatte. Ihr Name schien so gar nicht zu dem durchscheinenden Wesen zu passen, dessen Blick sich nicht einmal in Richtung der Ordination verirrte. Süßlich stieg ein Hauch von Lavendelduft von ihrer schmucklosen Witwenhaube auf.

Er sei ein guter Mann gewesen, flüsterte Trientje. Trotz der spätsommerlichen Hitze trug sie ein schwarzes Wolltuch über den Schultern. Ihre Finger kneteten unablässig ein Spitzentaschentuch, das sie in den schmalen Händen hielt. Liebevoll und ein guter Arzt. Sie wischte sich über die trockenen Augen. »Und egal was die Leute sagen …«, ihre Stimme wurde leiser als der Wind, der ums Haus wehte.

Wybrand beugte sich vor.

»Er hat sich gut um die Jungen gekümmert.«

»Sagen die Leute denn etwas anderes?«

»Ich weiß nicht.«

Wybrand spürte, dass er an dieser Stelle nicht weiterkam. Ob sie keine Geräusche aus der Ordination gehört habe. Trientje schüttelte so heftig den Kopf, dass das silberne Ohreisen verrutschte, mit dem die Witwenhaube auf ihrem dunklen Scheitel befestigt war.

»Aber Sie müssen etwas gehört haben. Die Schlafkammer liegt direkt neben der Ordination.«

»Das schon«, räumte Trientje ein. Aber sie habe eine nervöse Konstitution und nehme deshalb auf Anraten ihres Gatten – wieder wischte sie sich die trockenen Augen – Laudanum.

Laudanum also, dachte Wybrand. Kein Wunder, dass sie so blass ist.

»Damit ich ungestört schlafe.« Trientje schaute auf. Tränen glänzten auf ihren Wangen.

»Und der Riegel?«, fragte Wybrand. »War der auch für Ihren ungestörten Schlaf?«

Trientje nickte.

»Und wer hat den angebracht?«

»Mein Mann.«

»Und zur Kammer der Jungen?«

Trientje nickte: Eine Träne tropfte von ihrem anmutig geschwungenen Kinn auf die Tischplatte.

Ihre Antworten verwirrten Wybrand mehr, als dass sie Licht in die Ermittlungen brachten: Welche Sorge hatte den Hausvater dazu getrieben, die Türen im Inneren des Hauses mit Riegeln zu versehen, während die Tür zur Welt offen stand?

Die Jungen duckten sich auf ihren Stühlen. Vom Amtsvogt wusste Wybrand bereits, dass die beiden Waisenknaben waren, die das Amt Greetsiel hier untergebracht hatte. Klaas hieß der Jüngere und Willem der Ältere. Ihre hageren Gesichter waren von Skrofeln entstellt. Gelblicher Schorf trocknete an den Rändern der Geschwüre und ihre entzündeten Augenlider zuckten, sobald sich Wybrand bewegte. Ein guter Arzt sei der Chirurgus gewesen, mehr war aus ihnen nicht herauszubekommen. Ein Blick in ihre Gesichter ließ Wybrand an dieser Aussage ebenso zweifeln, wie an ihren Beteuerungen, nichts gehört zu haben.

»Ihr schlaft also zusammen?«, fragte er. Die Jungen nickten zögernd. »In dieser Kammer.« Er stand auf und öffnete die Tür zu dem schmalen Raum. Klaas schaute hastig zu Willem, sein Adamsapfel wanderte den knochigen Hals hinunter.

»Du da.« Wybrand zeigte mit dem Finger auf Willem. »Warte draußen beim Pastor.«

Es dauerte nicht lange, bis Klaas unter Tränen zugab, dass Willem in dieser Nacht zum Chirurgus gegangen war.

»Hat er das öfter gemacht?«, fragte Wybrand. Der Junge schüttelte den Kopf, ohne den Blick von der Tischplatte zu heben.

»Und was wollte er mitten in der Nacht vom Willem?« Wie eine Krähe breitete eine böse Ahnung ihre Schwingen aus.

»Um Hilfe hat er gerufen.«

»Ihr habt also doch etwas gehört.«

Der Junge nickte.

»Du weißt, dass ich dich für diese Lüge in' t Kittje«, bewusst benutzte Wybrand das friesische Wort für Gefängnis, damit der Bengel auch wirklich verstand, worum es ging, »stecken kann. Also hübsch der Reihe nach und keine Lügen mehr.«

»Er hat geschimpft und getobt.«

»Mit wem hat er geschimpft?«

»Ich weiß nicht.«

»Und dann hat er um Hilfe gerufen und der Willem ist rüber in die Ordination.«

»Ja, und dann polterten Stühle und der Willem hat geschrien und der Chirurgus hat geschrien und auf einmal war Stille und ich hab ins Bett gemacht und irgendwann kam der Willem zurück und war ganz weiß im Gesicht und hat gesagt, wenn mir mein Leben lieb ist, muss ich für immer schweigen.«

»So. So.« Wybrand stopfte das Tuch zurück in die Brusttasche seiner Uniformjacke und richtete sich auf.

»Du bleibst hier!« Als stapfe er durch tiefen Schlick, trat er in die Sonne hinaus, wo Willem und die Frau des Toten schweigend auf der Bank hockten. Er legte dem Jungen die Hand auf die Schulter. »Du bist verhaftet«, sagte er. Ein Zittern ging durch den mageren Körper des Jungen.

»Nein«, keuchte Trientje.

»Ich war's nicht!« Willem sprang auf die Füße. »Der Klaas war's.«

»Lüg nicht«, fuhr Wybrand ihn an. Erst bedrohte der Junge den Schwächeren mit dem Tod und nun versuchte er, ihm die Schuld zuzuschieben. »Du warst in der Ordination. Willst du das leugnen?«

Willem schüttelte den Kopf.

»Bitte.« Trientje griff nach der Hand des Jungen. »Er hat bestimmt nichts Böses getan.«

»Haben Sie also doch nicht so tief geschlafen?« Wybrand hatte Mühe den gleichmäßigen Tonfall beizubehalten, den Retzlaff für Vernehmungen empfahl. »Also! Wer war bei ihm?«

»Niemand.«

»Niemand?« Wybrand schüttelte den Jungen wie eine nasse Katze. »Warum hat der Chirurgus dann um Hilfe gerufen?«

»Betrunken war er.«

»Betrunken?« Wybrands Hand fiel herab. Das Laudanum. Die Türriegel. Die Krähe in seinem Kopf krächzte laut. »Was hat er dir angetan?«, fragte er mit zitternder Stimme. »Sprich, Junge. Ich bin sicher. Es wird dir den Hals retten.«

Schluchzend verbarg Trientje das Gesicht in den Händen. Wybrand schaute auf die mondblasse Frau des Chirurgen hinab. Das Wolltuch glitt ihr von den zuckenden Schultern. »Haben Sie es gewusst?« Seine Stimme überschlug sich vor Empörung.

»Er wollt' es nicht.« Trientje hob den tränennassen Blick. »Er hat dagegen angekämpft.«

»Deshalb also die Riegel?«

Trientje nickte.

»Warum bist du dann raus, Junge, wenn du doch wusstest ...?«

»Er hat doch um Hilfe gerufen.«

»Aber das war ein Trick? Und dann hast du dich gewehrt und er ist gestürzt?« Vor seinem inneren Auge sah Wybrand den ungleichen Kampf. »War es so?«

»Nein«, rief der Junge. »Ich bin weggelaufen und erst wieder rein, als Ruhe war. Da lag er in seinem Blut und Klaas hockte flennend in seinem Pipi.«

Aussage gegen Aussage. Wybrand unterdrückte ein Seufzen. »Und Sie«, wandte er sich an die Witwe. »Sind Sie nicht aus der Kammer gekommen, um dem Jungen zu helfen?«

Trientje schüttelte den Kopf.

»So bleibst du also der Letzte, der den Chirurgus lebend gesehen hat.« Mitfühlend schüttelte Wybrand den Kopf. »Besser du gestehst, Junge.«

»Ich war's nicht«, rief der Junge. »Der Byl war da, wie ich rausgelaufen bin und wie der Chirurgus hinter mir her ist.«

»Wer ist der Byl?«

»Dort wohnt er.« Willem zeigte auf das östlich gelegene Nachbarhaus.

»Der Geert hat gar nichts gesehen«, stieß die Witwe des Chirurgus hervor und das behauptete auch der Nachbar, als Wybrand ihn verhörte. Das stimme schon, dass er des Nachts am Haus vorbeigekommen sei, aber da sei alles ruhig gewesen.

»Des Nachts?« Wybrand hob die Brauen.

Manchmal habe er so eine Unruhe im Blut, sagte Byl zu einem Punkt knapp neben Wybrands Kopf, dann müsse er halt nachschauen. Der Gendarm glaubte ihm kein Wort, konnte ihm aber auch nicht das Gegenteil beweisen.

Führen die Vernehmungen die ermittelnde Amtsperson in eine Sackgasse, muss der Beamte die Untersuchungen ausdehnen. (Retzlaff Seite 51 ff)

Folglich mischte Wybrand sich unter die Trauergäste, als am nächsten Tag die evangelisch reformierte Kirchengemeinde sich zur längst überfälligen Beerdigung des Chirurgus versammelte. Wolken verdeckten die Sonne. Wegen des traurigen Anlasses verzichteten die Frauen auf die roten Schultertücher, die normalerweise das triste Schwarz der Borkumer Tracht auflockerten. Entsprechend verfroren standen sie um das Grab. Auch die Männer verzichteten auf die roten Halstücher und sahen mit ihren schwarzen Hosen und Hüten, über denen sie das ebenso schwarze Pickjäckert trugen, wie Krähen aus. Das bunteste war noch das Beffchen des Pastors.

»Grad rechtzeitig«, zischelte eine Frauenstimme hinter Wybrand. Er unterdrückte den Impuls, sich umzudrehen und spitzte die Ohren.

»Ein Skandal«, murmelte eine andere Frauenstimme. »Die Adda würd' sich im Grab umdrehen.«

Bevor sich Wybrand fragen konnte, wer denn wohl diese Adda sei, unterbrach eine männliche Stimme die beiden Klatschtanten.

»Was geht's dich an«, zischte der Byl.

»Weniger als dich«, antwortete die erste Frauenstimme schnippisch. »Das weiß ja jeder. «

Byls Antwort übertönte der Choral, den der Pastor nun, da der Sarg ins Grab hinabgelassen wurde, mit hellem Tenor anstimmte.

Wybrand kniff die Augen zusammen und musterte das Profil der Witwe, die mit gramgesenktem Blick neben dem Pastor stand. Der Wind drückte das Kleid gegen ihren Leib. Erst jetzt bemerkte er die Wölbung unter dem Rock.

Ungeduldig wartete Wybrand die Grabrede des Pastors ab, der den so unglücklich Verstorbenen als herzensguten

Menschen schilderte, der mit Liebe an seiner neuen Heimat hing und dem die Welt eine großartige Abhandlung verdanke, die der so früh von uns Gegangene über seine Wahlheimat geschrieben habe. Während der Pastor in evangelisch lutherischer Umständlichkeit die Tugenden des Verstorbenen hervorhob, scharrte die Trauergemeinde mit den Füßen und zerstreute sich noch vor dem letzten Amen.

»Wirklich tragisch.« Der Pastor stellte sich Wybrand in den Weg.

»Eine wunderbare Predigt«, sagte Wybrand ins Blaue hinein. »Der Chirurgus hat viel für die Insel getan.«

»Das hat er, fürwahr.«

»Trotzdem scheint er nicht sehr beliebt gewesen zu sein.«

»Nun ja«, antwortete der Pfarrer, während sie sich gegen den Wind stemmten. »Er war ein Getriebener.«

»Ein Getriebener?«, wiederholte Wybrand. Er fragte sich, was der Pfarrer von den Vorgängen im Haus des Chirurgus wusste.

»Ich weiß kein besseres Wort dafür.« Um Entschuldigung heischend hob der Pastor die Schultern. »Ich bin kein Mediziner.«

»Kein Mediziner?« Nur mit Mühe hielt Wybrand sich zurück. Wie ein Mantra leierte er den Leitsatz der unvoreingenommenen Ermittlungen herunter. *(Retzlaff Seite 5 ff)*

»Diese Anfälle suchten ihn seit Batavia heim.« Der Pastor merkte nichts von dem Orkan, der in Wybrand tobte. »Er war dort Feldscher in der *Königlich Niederländisch Indischen Armee*, wussten Sie das? Er ist viel herumgekommen im Leben. Aber natürlich musste er dann doch den Dienst quittieren.«

»Und trotzdem hat er die Arztstelle hier bekommen?« Wybrand verstand die Welt nicht mehr. Da flog einer aus der Armee, weil er die Finger nicht von kleinen Jungen lassen konnte und zur Belohnung bekam er eine Arztstelle auf einer Insel. Die ganze Sache wurde ja immer mysteriöser. Die Bemerkung der unbekannten Frau fiel ihm wieder ein. »Wer ist eigentlich Adda?«

»Adda Byl?«

Der Name traf Wybrand wie ein Faustschlag in den Magen.

»Dort drüben liegt sie.« Der Pastor zeigte auf einen hellen Sandstein nicht weit von dem frisch ausgehobenen Grab. »Ewigkeitssonntag vor zwei Jahren hat sie das Zeitliche gesegnet. Sie war Trientjes Ziehmutter.«

»Dann stehen sich Trientje und dieser Geert wohl sehr nahe.«

»Wie Geschwister.« Schützend legte der Pastor die Hand auf das Beffchen, an dem der Wind zerrte.

Nach allem, was er gesehen und gehört hatte, war Wybrand sich mittlerweile sicher, dass die beiden mehr als nur geschwisterliche Liebe verband. Er war so in seine Gedanken vertieft, dass ihm der nächste Satz des Pastors fast entgangen wäre.

»Geert hat auch immer geholfen, wenn das Fieber den Chirurgus wieder im Griff hatte.«

»Welches Fieber?«, fragte Wybrand.

»Na das, was er sich aus Batavia mitgebracht hat.« Mit diesen Worten ließ der Pastor Wybrand um ein Motiv ärmer zurück. Während die Trauergemeinde beim Totenschmaus saß, marschierte er den Deich entlang, um den Fall noch einmal in Ruhe zu durchdenken.

Der ermittelnde Gendarm ist gehalten, mithilfe der Zeugen die Tat am Tatort nachzustellen. (Retzlaff Seite 53 ff)

Wybrand versammelte noch vor dem Einsetzen der nächsten Flut die vier Zeugen in der Ordination. Der stramme Spaziergang um die Insel hatte ihm den Kopf freigeblasen. Er hatte nun eine ziemlich genaue Vorstellung davon, wie der Chirurgus zu Tode gekommen war, auch wenn fleißige Hausfrauenhände die Spuren jener Nacht bereits getilgt hatten. Die Stühle standen auf ihren Plätzen, ein Flickenteppich verdeckte den dunklen Fleck, den Ripkings Blut auf den Holzbohlen hinterlassen hatte und die Matratzen aus der Kammer der Jungen lagen zum Auslüften über der niedrigen Gartenmauer. Eine einzelne Fliege umkreiste die Öllampe über der Untersuchungsliege.

Mit verschränkten Armen lehnte Wybrand am Kamin. Blass und mit gesenkten Blicken saßen ihm die vier Verdächtigen gegenüber.

»Die Adda würd' sich im Grab umdrehen.« Mehr sagte Wybrand nicht.

Schweigt die ermittelnde Amtsperson zur rechten Zeit, werden die Zeugen umso gesprächiger.

Eine gefühlte Ewigkeit war das Summen der Fliege das einzige Geräusch in der Ordination. Die Jungen starrten auf ihre knochigen Knie und der Byl auf einen Punkt neben Wybrands Gesicht. Trientje rang die Hände und schließlich brach es aus ihr heraus: »Geert war bei mir.«

»In der Küche?«

Sie schüttelte den Kopf. »Und dann kam Johann aus dem Wirtshaus zurück und lärmte so schrecklich. Geert wollte nachschauen, aber er konnte ja nicht durch die Tür. Also ist er durchs Fenster der Schlafkammer raus.« Schluchzend brach Trientje zusammen. Geert legte den Arm um sie und schaute zu Wybrand auf. In seinen Augen glänzten Tränen.

»Es stimmt, ich war hier. Wir lieben uns schon so lange wir denken können und dann kam der Chirurgus und hat um Trientje angehalten.«

»Was geschah weiter?«

»Ich bin also aus dem Fenster, und bevor ich am Weg bin, ist der Junge an mir vorbeigerannt. Da hab ich mich versteckt. Johann hat nicht aufgehört zu toben und ich hab gedacht, Trientje ist bei ihm und da hab ich Angst gekriegt, dass er sie umbringt. Aber wie ich in die Küche bin, ist er plötzlich still.«

Trientje schaute auf. »Als Geert zum Fenster raus ist, wollt' ich in die Ordination. Aber meine Hände haben so gezittert, da konnt' ich den Riegel nicht zurückschieben. Und als ich es endlich geschafft hab', lag Johann in seinem Blut und Geert kniet neben ihm. Und ich hatte Angst, dass die Leute denken, er sei schuld. Also hab' ich ihn weggeschickt und die Kammer wieder verriegelt.«

»Sie wollten es also den Jungen überlassen, den Toten zu finden?«

»Nein, ich ...«, bittend hob Trientje die Hände. »Es sollt' doch keiner was Falsches denken.«

»So war das also?« Willem schlug sich mit der Hand gegen die Stirn. »Und ich hab gedacht, Klaas hätte ihn gestoßen, weil er sich doch ins Hemd gemacht hat. Aber«, fuhr er fort, »wenn es keiner von uns war? Wer hat ihn dann gestoßen?«

»Seine eigenen Dämonen«, antwortete Wybrand, und als vier Augenpaare sich verständnislos auf ihn richteten, fügte er hinzu: »Fieber und Rum.«

Historischer Hintergrund

Im Gegensatz zu Norderney, das bereits Ende des 18. Jahrhunderts zum Seebad wurde, öffnete sich Borkum erst Mitte des 19. Jahrhunderts dem Bädertourismus. Natürlich haben auch vorher Sommergäste die Insel besucht. Aber wie es scheint, wurden diese Festländer eher wie die Gezeiten hingenommen, oder argwöhnisch von den Inselbewohnern ausgegrenzt. Auch dem von mir so unglücklich gemordeten Landchirurgus Ripking gelang es nie, die Borkumer von seinen Fähigkeiten zu überzeugen. Im Jahr 1838 begann er mit viel Enthusiasmus seine Tätigkeit als Landchirurgus, aber da er keinen Doktortitel besaß, konsultierten die wohlhabenden Inselbewohner weiterhin Ärzte in Emden. Vielleicht lag es an seiner prekären finanziellen Situation, dass Ripking 1844 einen Verkehrsverein ins Leben rief, um einen regulären Badebetrieb zu etablieren. Laut der ersten öffentlichen Ankündigung über das Bad, veröffentlicht in der Ostfriesischen Zeitung vom 10. Mai 1846, hatte Chirurgus Ripking sich entschlossen, in der Badesaison kränkliche Knaben von 6-12 Jahren für 3 Taler pro Person in seiner Wohnung aufzunehmen. Doch auch dieses Projekt war nicht erfolgreich. 1849 verließ Ripking die Insel und erst seinem Nachfolger gelang es, Ripkings Traum vom Nordseebad Borkum zu verwirklichen.

Quellen:
www.ostfriesischelandschaft.de
www.alt-borkum.strandnelke.de
http://www.schoenbeck-borkum.de

Danksagung:
Ich danke dem Inselarchivar Herrn Jan Schneeberg für die informativen Telefonate. Alle Fehler sind auf meinem Mist gewachsen. Sabine Heißler danke ich unbekannterweise für ihren Artikel über den unglücklichen Johann Georg Friedrich Ripking, der mich zu dieser Geschichte inspiriert hat.

INSA SEGEBADE

Die Schuhe

Wie schön sie ausgesehen hat, dort im Sand. Der Wind spielte mit ihren rotbraunen Haaren; ein paar Strähnen hatten sich in einem Büschel Dünengras verfangen. Und der Mund, er war noch genauso rot wie damals, als ich meine Lippen auf ihn drückte; ganz kurz nur, ein einziges Mal nur. Aber wenn ich die Augen schließe, kann ich noch jetzt spüren, wie das Blut, wie das Leben in ihnen pulsierte; das Leben, das längst aus ihnen herausgewichen ist, wie das Blut, das den Sand rot gefärbt und verklumpt hat.

Zuerst habe ich es gar nicht gesehen, dachte, Leandra, wie ich sie nennen darf, wäre eingeschlafen, mit einem Buch in den Händen. Und tatsächlich lag der aufgeschlagene Gedichtband nicht weit von ihr am Strand. Wie ein verspieltes Kätzchen blätterte der Wind ein paar Seiten vor, schlug sie wieder zurück, entzückt vom Geräusch des knisternden Papiers. Ich hob das in weiches Leder eingebundene Buch auf, klopfte den Sand heraus, und erst da, als ich mich ihr von der anderen Seite näherte, sah ich das Blut.

Ich stürzte zu ihr, wagte zuerst nicht, sie zu berühren, sah nur verschämt auf ihre Brust, ob die sich hob und senkte, wie sie sich heftig gehoben und gesenkt hatte, als ich meinen Arm um ihre Schultern gelegt hatte. Wie groß und breit war ich mir vorgekommen, als ich ihre schmalen Schultern berührte, wie ein tapsiges Ungeheuer. Ihr schien es zu gefallen. Ganz vorsichtig legte sie ihren Kopf in meine Armbeuge; für einen Moment nur, dann zwang sie ihn wieder in die aufrechte, steife Haltung, die man ihr wohl schon als Kind anerzogen hatte.

Eine Träne tropft auf meine Handfläche, als ich an diese rührende Geste denke. Es ist die erste Träne, die ich ihretwegen vergieße. Sie löst die Starre in mir, die sich auf mich legte, als ich die Einschusslöcher sah. Ich hatte sie auf die Seite gedreht, als ich nicht mehr leugnen konnte, dass sie nicht atmete. Aber ich konnte keine Erklärung dafür finden. Dafür ... und für das Blut. Die Ärzte hatten ihr doch versichert, sie sei auf dem Wege der Besserung. Längst schon trug sie kein Tuch mehr bei sich, das sie beim Husten gegen den Mund presste und das sie verschämt wegsteckte, wenn einige Blutstropfen darauf zu sehen waren. Keine Verletzung verunstaltete ihr liebliches Gesicht, ihren Körper, und doch ... vorsichtig rollte ich sie auf die rechte Seite. Es muss ein Schuss aus einer Schrotflinte gewesen sein. Jemand hatte ihn aus nächster Nähe abgegeben. Er hatte ihren Rücken aufgerissen, ihn zerfetzt, ihn ...

Nein, ich darf nicht daran denken; darf mich aber auch nicht auf diesen trostlosen Ort konzentrieren, an den sie mich gebracht haben; ein Kellerloch ist es, in das kaum ein Sonnenstrahl dringt. Nur in der Decke über mir zeichnet das Licht mit dünnem Stift ein Rechteck in die Dunkelheit; eine Luke, durch die die Kohlen hineingeworfen werden, von denen noch ein kläglicher Rest in der Ecke gegenüberliegt. Zu welchem Haus dieses feuchte Loch gehört, ... ich weiß es nicht. Ich weiß nur noch, dass ich irgendwann, über und über mit ihrem Blut besudelt, in den Ort getaumelt bin, geschrien und gestammelt habe, bis mich zu beiden Seiten starke Hände unterfassten, die mich durch Straßen führten und zerrten, während ich blind war; als wäre ihr Blut Säure gewesen, die mir allein durch ihren Anblick die Augen verätzt hätte.

Nein, ich will nicht daran denken, muss stattdessen das Bild heraufbeschwören, wie sie am Strand gelegen hat, als wir uns trafen, uns endlich trafen, nachdem ich so lange gebraucht hatte, sie ohne ihre Gouvernante anzutreffen und anzusprechen. Denn ... wer war ich denn schon? Ein mittelloser Bursche von der Insel, der sich und seine alte Mutter gerade mal eben so mit dem über Wasser hielt, was er am Strand fand.

Das Segelboot meines Vaters hatten wir längst verkauft. Als junger Mann hatte er damit einst die Badegäste von Greetsiel nach Borkum geholt und sie nach Ende ihres Kuraufenthaltes wieder zurückgebracht. Mein Vater hatte sehr gut verdient mit seiner Arbeit, die Gäste zahlten ihm häufig einen Obolus zum Fährpreis, da sie seine Geschichten liebten, die er ihnen erzählte. Geschichten von Stürmen, untergegangenen Schiffen und den Seelen der Ertrunkenen, die keine Ruhe fanden und noch immer über das Eiland irrten, wenn der Sturm die Wellen krachend an den Strand warf.

Ja, es gab hin und wieder auch Ärger, und manche Fahrgäste ließen sich selbst durch die schönste Geschichte nicht milde stimmen, wenn sie stundenlang am Kai von Greetsiel auf meinen Vater warten mussten, weil der Wind, der ihm die Segel blähen sollte, einfach nicht hatte kommen wollen. Sie zögerten nicht, die Dampfschiffe zu nehmen, die ab 1843 von Emden auf die Insel fuhren – und uns Insulanern unseren Broterwerb nahmen. Mein Vater grämte sich sehr darüber, dass er seiner Frau nicht mehr zwei neue Kleider pro Jahr kaufen konnte.

Meine Mutter lachte darüber und sagte, nun könne sie ihre alten Sachen endlich einmal auftragen und ihre Nähkunst unter Beweis stellen, wenn der Stoff hier oder da dünn wurde und riss. Mein Vater indes konnte nicht mitlachen, wenn sie so scherzte. Nur zwei Winter später mussten wir ihn auf unserem Friedhof beerdigen. Mit Spitzhacken hoben wir sein Grab aus. So kalt war es damals. Und wie froh war ich, dass mir meine mit Lammfell gefütterten Lederschuhe noch passten, die mein Vater mir von seinen letzten Einnahmen als Fährmann gekauft hatte.

Im Frühjahr, im Sommer, ja, bis in den Herbst hinein laufe ich inzwischen auf bloßen Sohlen. Die sind so verhornt, dass ihnen kein Dorn und kein noch so scharfer Halm etwas antun können. Nur wenn Schnee fällt und es friert, binde ich mir Felle und Lumpen um die Füße. Das alles macht mir nichts aus. Erst als ich spürte, dass nicht nur ich jede Möglichkeit nutzte, um Leandra zu sehen, sondern auch sie stets versuchte, einen Blick auf mich zu erhaschen, begann ich, mir Sorgen zu machen. Wie sollte ich mich ihr nähern, ja, sie gar ansprechen mit nichts an den Füßen als meiner von der Sonne verbrannten Haut?

»Schau mal, ob sie dir passen.« Mit diesen direkten, einfachen Worten hatte er mir ein Paar Schuhe in die Hand gedrückt. Er musste uns schon länger beobachtet haben, und natürlich hatten wir ihn nicht wahrgenommen, da wir so auf uns selbst fixiert waren. Schon seit fünf Jahren kam er wegen seines Lungenleidens regelmäßig nach Borkum, erzählte er mir, als ich die Schuhe anprobierte. Vor Freude hätte ich ihn fast umarmt, als er sie mir ohne großes Getue reichte. Und fast hätte ich vor Enttäuschung geweint. Nie hätte ich gedacht, dass ein so schmales Hemd, wie Ferdinand Freiherr von Droste zu Hülshoff, wie er sich mir vorstellte, so große Füße haben konnte, wie ich sie habe.

»Die sitzen doch wie für dich gemacht«, sagte er, als hätte er meine Zweifel bemerkt. Und tatsächlich ... die Schuhe aus weichem Schweinsleder schmiegten sich an meine Füße wie eine zweite Haut. Gewiss waren sie teuer gewesen, wirkten dabei aber nicht so elegant, als dass die weiße Leinenhose und das blau gestreifte Hemd, die ich trug, zu sehr von ihnen abgestochen hätten, wie ich zufrieden bemerkte, als ich an mir herabsah. Da ich wirklich nicht eitel bin, kann das nur einen Moment gedauert haben. Aber als ich hochsah, um mich bei dem edlen Spender zu bedanken, war der bereits verschwunden.

Er beobachte Vögel, erklärte er mir, als ich ihn tags darauf vor der Pension am Leuchtturm abpasste, in der er abgestiegen war. Meinen Dank tat er mit einer Handbewegung ab, war aber doch froh, als ich ihm anbot, sein Fernrohr nebst Stativ zum Strand zu tragen. »Die Möwen machen mir noch ein wenig Sorgen«, bemerkte er, als wir die Stelle erreichten, an der er nach eigenen Worten täglich mehrere Stunden ausharrte. Fragend sah ich ihn an. »Na ja«, fuhr er fort, »es gibt einfach zu viele verschiedene von ihnen.«

»Lärmen tun sie alle«, entgegnete ich. Er lachte. Das Lachen ging in ein fieses Husten über, das seinen ausgemergelten Körper schüttelte. »Ja, das ist wohl wahr«, fuhr er fort, als er wieder genug Luft zum Sprechen hatte. »Und alle mögen sie das Brot, das ich für sie aus der Pension mitbringe. Ich locke sie damit an, um sie besser betrachten zu können. Aber immer wenn ich denke, alle gesehen zu haben und mein Kapitel über die Möwen abschließen zu können, taucht eine auf, die eine neue Schnabelform, eine andere Beinfarbe oder eine andere Musterung der Flügelspitzen hat.«

Ich nickte verständnisvoll, verstand aber kein Wort von dem, was er sagte – was ihm nicht entging, denn er hob weiter zu erklären an: »Ich schreibe ein Buch über die Vögel auf Borkum. Schon seit vier Jahren tue ich nichts anderes.« Wieder nickte ich und schaute dabei kummervoll drein. »Nein, nein«, rief er da, »so schlimm ist es nun auch nicht. Ich hoffe doch, in diesem Jahr mein Werk endlich vollenden und es im kommenden Jahr herausgeben zu können. Denn bald werde ich keine Zeit mehr dafür haben, für meine Forschungen weiterhin so oft nach Borkum reisen zu können.«

Damals hatte ich diesen Worten wenig Interesse geschenkt. Ferdinand, wie er mich bald aufforderte, ihn zu nennen, erzählte mir noch, dass er zum Geschäftsführer der Deutschen Ornithologen-Gesellschaft berufen worden war und auch in Österreich und England in Vereinigungen sei, deren genaue Bezeichnung ich schon vergessen hatte, noch ehe er sie ganz ausgesprochen hatte. Das alles werde ihn zu vielen Reisen zwingen, die seine Gesundheit, so hoffte er, zulassen werde.

Mir ist, als reiße mir jemand plötzlich die Augen weit auf, damit ich endlich sehe, was sich da vor mir so deutlich abzeichnet. Ich springe von dem kalten Boden auf, auf dem ich, ich weiß nicht wie lange schon, gehockt habe und laufe von einem Ende meiner Zelle zum anderen. Kohlenstücke, die mir dabei in den Weg kommen, kicke ich ungeduldig fort. Als würde ich mir dadurch erst der Schuhe aus weichem Schweinsleder an meinen Füßen bewusst, ist mir auf einmal, als begännen sie zu glühen und sich in meine Haut einzubrennen. Gar nicht schnell genug kann ich sie mir abstreifen und sie gegen die Luke über meinem Kopf werfen. »He, da!«, schreie ich dabei. »Ich weiß, wer sie umgebracht hat. Lasst mich auf der Stelle hier heraus, damit ich dem feinen Herrn eigenhändig seinen dünnen Hals umdrehen kann!«

Sie lassen sich Zeit. Vielleicht hört mich einfach auch keiner. Wie auch immer – ich kann nicht mehr aufhören zu schreien und bin schon ganz heiser, als endlich knirschend ein Riegel zur Seite geschoben und die hölzerne Luke aufgeklappt wird. Wie spitze Nadeln sticht mir die Sonne in die Augen. Ich halte einen Arm vors Gesicht, linse aber bald vorsichtig über den Stoff meines Hemdsärmels und erkenne das runde Gesicht des Gendarmen, der aus Pewsum für die Badezeit auf die Insel abkommandiert wurde. Ich kenne nicht einmal seinen Namen, aber das spielt keine Rolle.

»Ich weiß, wer sie umgebracht hat«, sage ich erneut, ernte aber nichts als Schweigen.

Schon fürchte ich, dass die Klappe wieder krachend zufällt, als der Gendarm mir wortlos eine Leiter herunterlässt, die ich rasch hinaufklettere. Als fürchte er, dass ich türmen könne, umfasst er mit hartem Griff meinen linken Oberarm, kaum dass ich den ersten Fuß auf den Dielenbrettern aufgesetzt habe.

»Ich muss zum Vogt«, stoße ich hervor.

»Genauso ist es, Bürschlein«, brummt der Gendarm. »Genau da soll ich dich hinbringen. Um den Mord an der armen Leandra Schnell kümmert sich Vogt Abtmeyer höchstpersönlich.«

Wahrscheinlich sollen mich diese Worte einschüchtern. Das tun sie jedoch keineswegs. Seit Amtsvogt Abtmeyer im vorigen Jahr sein Amt auf Borkum aufgenommen hat, habe ich ihn nur wenige Male gesehen. Aber mit seiner hohen, aufrechten Gestalt, seinem schlohweißen Haar und seinen funkelnden grünen Augen machte er stets einen beruhigenden Eindruck auf mich. Er würde mir helfen, Leandras Mörder zu überführen. Dessen bin ich mir gewiss.

»Der Freiherr war's«, poltere ich los, kaum dass mich der Gendarm über die Türschwelle geführt hat. »Beobachtet hat er sie schon lange. Tag für Tag saß er in den Dünen und gab vor, nur auf die Vögel zu gucken. Ein Buch schreibt er angeblich darüber. Dabei hatte er es nur auf sie abgesehen, auf die schöne Leandra. Wahrscheinlich hat sie ihn abgewiesen und ...«

»... und da hat er zu seiner Schrotflinte gegriffen, die er immer bei sich trägt, und hat ihr eine Ladung Schrotkugeln in den Rücken geschossen«, unterbricht mich der Vogt, der während meiner Rede nicht von seinem mächtigen Schreibtisch aufgeblickt hat, auf dem Dutzende von Papieren durcheinanderliegen.

Jetzt schaut er mich direkt an – und grinst dabei höhnisch.

»Du glaubst tatsächlich, dass Ferdinand Freiherr Droste zu Hülshoff das Fräulein Leandra Schnell mit einer Schrotflinte erschossen hat?«

Ich nicke. Obwohl mir klar ist, dass der Vogt anderer Meinung ist.

»Hast du dir den Freiherrn einmal angesehen? Der Rückstoß der Schrotflinte hätte ihm sämtliche Knochen im Körper zerschmettert. Nein, nein«, sagt der Vogt und schüttelt seinen Kopf, »der Freiherr besitzt nicht einmal eine Schrotflinte – im Gegensatz zu euch Borkumern, die ihr euch doch alle über das Gesetz hinwegsetzt und in den Dünen auf Kaninchen- und Fasanenjagd geht.«

Ich hebe beide Hände und strecke sie dem Vogt entgegen, als könne ich seine Worte auf diese Weise abschmettern.

»Ich besitze keine Schrotflinte. Ein Gewehr könnte ich mir niemals leisten.«

»Du stromerst doch immer am Strand herum und schaust, was die Flut an Brauchbarem angeschwemmt hat«, erwidert Abtmeyer. »Wer weiß, vielleicht war ja auch einmal eine Flinte dabei.«

Nachdem er dem Gendarmen zu verstehen gegeben hat, dass er mich wieder in meine Zelle bringen soll, wendet der Vogt sich wieder den Papieren auf seinem Schreibtisch zu; taub für meine Beteuerungen, dass ich weder ein Gewehr noch die Absicht hatte, Leandra etwas anzutun.

»Ich liebe sie doch«, rufe ich, wimmere ich schließlich, als wir wieder auf der Straße sind. »Und auch sie liebte mich.«

»Ach, Jungchen«, sagt der Gendarm, dessen Griff um meinen Oberarm längst nicht mehr so fest ist wie auf dem Hinweg. »Die Leandra, das war eine ganz andere Klasse. Niemals wäre aus dir und ihr etwas geworden.«

Ja, wer war ich denn schon? Dieser Gedanke ist mir nicht neu. Aber Leandras Küsse, ihre Worte ... sie hatten diese Frage einfach fortgeschwemmt. Sie spielte einfach keine Rolle mehr, als wir zusammen waren. Und ich weigerte mich zu glauben, dass es jemals wieder anders geworden wäre.

Aber es ist anders geworden. Sie hat mich verlassen. Nicht, weil sie mich nicht mehr wollte, was vielleicht noch leichter zu ertragen wäre. Hätte ich dann doch wenigstens die Gewissheit, dass es ihr gut ginge, dass sie am Leben wäre. Aber so ... sie ist fort, und sie wird niemals wiederkommen, denn Leandra ist tot. Und was hat es für einen Sinn, dass ich noch am Leben bin?

Ich schaue nur kurz auf, als uns jemand anspricht. Ferdinand. Gerade tritt er aus seiner Pension am Leuchtturm. Ich sehe sein bestürztes Gesicht; sehe, wie er auf meine bloßen Füße blickt. Dann schaue ich weg. Die Kraft ist aus meinem Körper gewichen. Spielt es eine Rolle, ob er der Mörder ist? Bringt es mir Leandra zurück, wenn ich ihm tatsächlich seinen dürren Hals umdrehe? Nein, selbstverständlich nicht. Ich sollte mir meine letzten Kräfte und meine letzten Gedanken dafür aufsparen, einen Weg zu finden, wie ich mich selbst aus diesem elenden Leben stehlen kann.

Ich steige wieder die Leiter in mein Kellerverlies hinab. Kurz darauf bringt mir der Gendarm einen Krug mit schäumendem Bier, dazu so viel ofenwarmes Brot, Schinken und Käse, dass es für vier Personen gereicht hätte. Ich rühre nichts davon an. Starre in die Dunkelheit und frage mich, wie lange der Tod auf sich warten lässt, wenn man nichts mehr isst und nichts mehr trinkt.

Der Gendarm tut so, als sei alles in Ordnung. Er nimmt den vollen Krug und die vollen Teller mit und ersetzt sie einfach durch frische Nahrung. Wie einfach es ist, darauf zu verzichten, wenn man ständig das Bild der Geliebten vor Augen hat, was reichlich Nahrung für die Seele bietet, die hoffentlich bald wieder mit ihrer vereint sein wird.

Aber so leicht machen sie es mir nicht. Am vierten Tag holen sie mich aus meinem Gefängnis, der Gendarm hat sich

dafür Unterstützung vom Metzger geholt, der von unten an-
schiebt, als ich mich an der Leiter hinaufziehe, während der
Gendarm mir von oben die Hand reicht und mich hinaufzieht.

Der Vogt entschuldigt sich bei mir – jedenfalls kann man es
so deuten, als er sagt, man habe den Mörder gefasst. Ein Insulaner sei es. Einer von denen, die eine Schrotflinte haben und
sich damit regelmäßig in den Dünen ihr Abendessen schießen.
Ungeheuerlich habe er das schon immer gefunden, der Ferdinand Freiherr von Droste zu Hülshoff. Schließlich scheuchten
die Jäger mit ihrer Ballerei auch stets die Vögel auf, die er beobachtete. Deshalb habe er begonnen, genau zu gucken, wer
wann auf die Jagd ginge, damit er die stillen Pausen dazwischen für seine Arbeit nutzen könne. Und es sei erstaunlich ...
die Insulaner folgten tatsächlich einem festen Muster, wenn sie
mit ihren Flinten loszogen. Das betraf nicht nur die Art und
Weise des Heranpirschens, des ins Visiernehmens, sondern vor
allem die Stunde, zu der sie auftauchten. Und so war es dem
Ferdinand dann auch aufgefallen, dass einer entweder plötzlich den Geschmack an Hasenbraten verloren haben musste ...
oder aus einem anderen Grund nicht mehr auf die Jagd ging.

»Für ein Reh hat er das arme Fräulein Leandra gehalten,
als es in seinem braunen Wams zwischen den Dünen saß und
Gedichte las. So ein Dummkopf! Als ob es auf Borkum Rehe
gäbe«, sagt der Vogt leise und glättet dabei mit seinen fein
manikürten Fingern einen Stapel Papier. Er habe sofort abge-
drückt, ohne zu überlegen, im Kopf allein das Bild seiner Frau,
die sich über den Rehbraten freut. »Als er sah, was ihm da tatsächlich vor die Flinte gekommen war, ist er in Panik davon-
gelaufen. Und wenn der Herr Ferdinand nicht so aufmerksam
gewesen wäre, ...« Vogt Abtmeyer macht eine Pause, »... wäre
es wohl dabei geblieben und dir ... «, jetzt zeigt er mit dem
ausgestreckten Zeigefinger seiner rechten Hand auf mich, »...
wäre der Prozess gemacht worden.«

Kaum gesagt, richtet der Vogt seine Aufmerksamkeit wieder auf seine Papiere. Der Gendarm schiebt mich aus dem
Zimmer, in dem er selbst noch bleibt, und drückt mir einen

ledernen Beutel mit ein paar Münzen in die Hand, bevor er die Tür vor meiner Nase schließt. Benommen bleibe ich stehen, wende mich erst ab, als Lachen durch die Tür nach außen zu mir auf den Flur dringt. Den Beutel mit den Münzen lege ich achtlos auf ein Tischchen, auf dem eine halb geleerte Glaskaraffe steht. Nein, das Geld will ich nicht. Nur eines werde ich mir noch holen: die Schuhe aus weichem Schweinsleder, die ich mir in dem feuchten Kohlenkeller von den Füßen geschleudert habe.

Historischer Hintergrund

Der Ornithologe und Schriftsteller Ferdinand Freiherr von Droste zu Hülshoff lebte von 1841 bis 1874. Er und seine zwölf Geschwister waren die Kinder des Gutsbesitzers Werner-Constantin von Droste zu Hülshoff. Bekannt geworden ist der Familienname aber vor allem durch Ferdinands Tante, der Dichterin Annette von Droste-Hülshoff. Wegen seiner Lungenkrankheit verbrachte Ferdinand viele Kuraufenthalte an verschiedenen Orten. Zwischen 1863 und 1868 war er mehrfach auf Borkum, wo er das Buch »Die Vogelwelt der Nordseeinsel Borkum« schrieb, das er im Eigenverlag herausbrachte. Daneben schrieb er auch Gedichte, Märchen und Sagen.

Der Walfänger

Trientje hängt an den Lippen des alten Mannes. Willem Staghouwer ist der geschickteste Harpunier, den die Insel Borkum
je hervorgebracht hat! Und wenn sie ums Feuer sitzen und
er erzählt, wie die Männer vor Grönland auf der Suche nach
einem Wal durch das Eis segeln, hält sie die Luft an. Sie be-
wundert den Mut, mit dem die Walfänger sich in stabilen, aber
doch sehr kleinen Schaluppen dem riesigen Tier nähern, es mit
Harpunen verletzen und ans Boot ziehen, wo der Kapitän mit
einer Lanze, an deren Spitze eine lange Messerklinge befestigt
ist, die Hauptschlagader des Wals durchtrennt. Danach müssen die Männer ihn nur noch längsseits des Walfangschiffes
schleppen und abspecken, also flensen, wie Willem sagt. Naja,
und dann den Tran kochen, aber das findet Trientje nicht mehr
so spannend.

Derk sitzt ein wenig hinter seinem Großvater Willem im
Schatten. So kann er Trientje gut beobachten, ohne dass sie
es merkt. Sie hat sowieso keine Augen für ihn. Früher, als sie
noch Kinder waren, waren sie fast unzertrennlich, aber seit
Trientjes Körper sich verändert hat, ist sie scheu geworden.
Und auch Derk kann kaum noch unbefangen mit ihr sprechen, weil sein Blick immer hinuntergleitet an die Stelle, wo
sich unter ihrem Kleid zwei weiche Erhebungen abzeichnen ...

Derk schluckt. So wie seinen Großvater sollte sie ihn einmal anschauen! Doch diesen bewundernden Blick bekommen
nur die Walfänger, nicht einfache Fischer wie er und sein Vater.
Vielleicht liegt es in ihrem Blut – schließlich ist ihr Vater als
Speckschneidermaat gen Spitzbergen gefahren, bis das holländische Schiff, auf dem er angeheuert hatte, im letzten Herbst
nicht zurückgekehrt ist.

Der Winter ist schwer gewesen für Trientje und ihre Mutter
so ohne Ernährer, auch wenn natürlich alle den Witwen und
Waisen helfen, so gut sie können. Derk selbst hat einige Male

einen Fisch vor ihre Kate gelegt. Doch besonders Haye Zahrt scheint sich für Trientjes Mutter einzusetzen und man munkelt, er würde sie heiraten, nach der nächsten Walfahrt, wenn das Trauerjahr um war.

Derk mag Haye nicht, der prahlt, frisst, säuft und Tiere quält. Aber wenn er Trientjes Mutter zur Frau will, muss Trientje nicht selbst schon heiraten, um versorgt zu sein. Dann hat Derk eine winzige Chance. Wenn Großvater ihn mit aufs Schiff nimmt und zum Harpunier ausbildet ...

Nächstes Jahr, vielleicht, hat er gesagt. Er findet Derk noch zu jung, obwohl manche Schiffsjungen erst 12 sind und Derk seit zwei Wochen konfirmiert und damit erwachsen ist.

Derk erhebt sich langsam und verschwindet weiter im Schatten. Er weiß, wo Willems doppelflügige Bartharpune steht. Und er muss üben.

Der Himmel ist sternenklar, und als Willem in seiner Erzählung eine Pause macht, suchen Trientjes Augen unwillkürlich nach dem Polarstern, wie ihr Vater es ihr als kleines Kind gezeigt hat. Dort. Er ist nicht der hellste Stern, aber derjenige, der nicht über den Himmel wandert, sondern den Seeleuten den Weg zeigt – hin gen Grönland und wieder nach Hause.

»Ist es nicht Zeit für junge Mädchen, schlafen zu gehen?«, fragt eine Männerstimme hinter ihr. Sofort springt Trientjes Mutter auf.

»Nein, nein, Grete, bleib du nur sitzen. Ich werde sie begleiten«, sagt Haye und legt Trientje seine Pranke auf die Schulter.

Trientjes Mutter nickt und setzt sich wieder, um Willem zu lauschen, der nun von der spitzbergischen Insel Amsterdam erzählt, wo im Sommer große Mengen von Grönlandwal verarbeitet werden und ein Kraut wächst, das vor Skorbut schützt.

Haye schiebt Trientje in die Dunkelheit. Nur widerstrebend geht sie mit ihm, obwohl sie weiß, dass er im Herbst ihr Stiefvater werden soll. Doch er riecht so unangenehm, und wenn er ihr seine breite Hand so auf die Schulter legt wie jetzt, tut er ihr weh. Sie versucht, die Hand abzuschütteln.

»Na, na«, sagt Haye. »Ich muss schließlich aufpassen, dass du nicht verloren gehst.« Er lacht. Sein Lachen klingt in Trientjes Ohren wie das Gemecker von Oles Ziegenbock.

»Ich kann dich ja nicht mehr an der Hand führen wie ein kleines Mädchen«, fährt Haye fort, »oder?«

Trientje schüttelt den Kopf und beschleunigt ihre Schritte. Ihre Kate liegt am anderen Ende des Dorfes, es ist noch ein ganzes Stück bis dorthin, aber das will sie so schnell wie möglich hinter sich bringen.

»Wir könnten es natürlich auch so machen«, sagt Haye und lässt seine Hand an ihrem Arm hinuntergleiten. Nun hält er sie fest an seiner Seite. Ihr Herz pocht laut, sie windet sich ein wenig, um seinen Griff zu lockern, doch er lacht nur und sie hört, wie sein Atem schneller wird. Ihr Magen zieht sich zusammen. Sie spürt, dass er etwas von ihr will, was sie ihm nicht zu geben bereit ist. Aber vielleicht irrt sie sich auch. Ihre Mutter ...

Haye zieht sie in Richtung Dünen. »Ich werde dir jetzt einmal was ganz Besonderes zeigen!«, flüstert er.

Für Trientje klingt es wie eine Drohung und sie versucht, sich aus seinem Klammergriff zu lösen. Vergebens. Er packt sie nun auch mit seiner zweiten Hand und zerrt sie weiter. Trientje schreit. Eine stinkende, große Pranke verschließt ihr den Mund.

»Was bin ich doch für ein Glücksmensch!« Haye lacht und setzt sie auf dem Boden ab. »Zwei für den Preis von einer!«

Er gibt ihr solch einen Schubs, dass ihr Hinterkopf auf den sandigen Grund prallt. Benommen liegt sie da, während die große, bedrohliche Gestalt, die sich vor dem Mondlicht deutlich abhebt, an ihren Beinkleidern nestelt.

Wieder schreit sie, doch sie weiß, dass niemand sie hören wird, niemand sie retten wird, niemand ...

Ein Zischen durchschneidet die Luft, dann fällt Haye lautlos um.

Trientje rappelt sich auf. Ein Blick genügt, um ihr zu zeigen, dass Haye tot ist. Der Mond spiegelt sich in seinen offenen Augen und aus seiner Brust ragt eine Harpune.

Sie schluchzt auf. Nur fort!

»Trientje!«

Sie erkennt ihn sofort, obwohl er lange nicht mit ihr gesprochen hat und seine Stimme inzwischen tief geworden ist. Derk. Sie wirft sich in seine Arme und er hält sie behutsam und doch fest.

»Er hat ... er wollte ...«

»Schsch ... Ich weiß. Aber er wird es nie mehr tun«, versichert ihr Derk und wagt es, eine Haarsträhne von ihr mit den Lippen zu berühren.

»Was zum Teufel ...«, dröhnt eine Männerstimme.

Erschrocken fahren Trientje und Derk auseinander.

Willem Staghouwer beugt sich über die Leiche des Walfängers.

»Guter Treffer, das muss man dir lassen, Derk. Warst also du, der meine Harpune genommen hat. Hatte mich schon gewundert.«

»Großvater!«

Derk steht stocksteif, obwohl er am liebsten weglaufen würde. Aber wohin soll er auf einer Insel fliehen?

»Nicht schade um den!« Willem umrundet den Toten. Er packt die Harpune und stemmt seinen Fuß auf Hayes Brust, um sie herauszuziehen.

»Großvater, er ...«

»Wollte dein Mädchen, hab ich mitgekriegt. Er mag die ganz jungen ... mochte«, verbessert sich Willem und fügt leise hinzu: »Und nicht nur die Mädchen.«

»Aber was ...«

»Hat's verdient« Er tritt den Toten in die Seite und spuckt aus. Dann wendet er sich an Trientje.

»Geh nach Hause und schweig!«, sagt er. »Und morgen bei Sonnenaufgang, wenn die *Anna Grete* ausläuft, komm, damit du Derk winken kannst. Uns fehlt nun ein Mann und Derk scheint ja nicht gerade ungeschickt mit der Harpune zu sein.«

Im Mondschein sieht es so aus, als ob er zwinkert.

»Aber ...«, setzt Derk noch einmal an.

»Du hilfst mir, den da«, er deutet auf Haye, »dort hinzutragen, wo der Treibsand ist. Bis wir im September zurückkehren, glauben alle, er ist an Bord. Und an Bord werden alle denken, er hat wieder mal zu viel gesoffen und die Abfahrt verpasst.«

Er packt Haye an den Schultern. Derk nimmt gehorsam die Beine.

»Wirst du kommen, Trientje? Morgen, zum Winken?«, fragt Derk.

»Ja!«, haucht Trientje. Und es ist ein Versprechen.

Historischer Hintergrund

Bereits vor dem Aufkommen des Badewesens erlebte die Insel Borkum im 18. Jahrhundert eine Zeit des relativen Wohlstands – durch den Walfang!

Der Tran der Wale war ein wichtiger Grundstoff für künstliche Beleuchtung, außerdem konnte man aus ihm Seifen, Salben, Suppen, Farben, Gelatine oder Speisefette herstellen, ebenso wie Schuh- und Lederpflegemittel.

Jedes Jahr fuhren zwischen 150 und 300 Männer zwischen 12 und 70 Jahren mit Schiffen aus Hamburg, Altona, Emden oder vor allem aus den Niederlanden hinaus aufs Meer, um bei Grönland Wale zu jagen. Auch zahlreiche Kapitäne kamen aus Borkum, so wie Roelof Gerritsz Meyer, dessen ehemaliges Grundstück auf der Insel noch heute mit Walkinnladen umzäunt ist. Meyers Mannschaft erlegte 270 Wale auf 42 Grönlandfahrten.

Natürlich gab es auch immer wieder Unglücke auf See und nicht alle Walfänger kehrten zurück.

Das Ende der Walfänger-Zeit kam mit dem Englisch-Niederländischen Seekrieg (1780-84). 1782 gerieten sämtliche Borkumer Grönlandfahrer in Britische Gefangenschaft, aus der sie ein Jahr später ohne ihre Schiffe entlassen wurden. Im selben Jahr verunglückten drei Schiffe und hinterließen mehr als 50 Witwen und Waisen. Da durch den Krieg keine niederländischen Schiffe mehr auf Walfang ausliefen, wanderten viele Walfänger aus nach Hamburg oder Altona, doch der

Borkumer Walfang erholte sich nie davon. Die Insel wurde wirtschaftlich zurückgeworfen und die Bevölkerung verarmte.

MEMMERT

Die Vogelinsel Memmert ist für Touristen gesperrt und einzig den Seevögeln vorbehalten. Auf ihr lebt lediglich der Vogelwart.

Früher fanden auf Memmert noch Vogeljagden statt und die Nester der dort lebenden Vögel wurden geplündert.

Viele Tiere verendeten elendig. Die Reste der Jagden, wie Patronenhülsen und anderes sammelten sich als Müll auf der Insel.

Als der Pädagoge und Naturwissenschaftler Otto Leege Memmert 1888 zum ersten Mal betrat, sah er sofort Handlungsbedarf. Man gründete den *Deutschen Verein zum Schutze der Vogelwelt* und die Insel wurde unter Schutz gestellt.

Die wechselnden Vogelwarte achten auf Einhaltung des Vogel- und Naturschutzes. Seit 1986 gehört Memmert zur Schutzzone I des Weltnaturerbes »Niedersächsisches Wattenmeer«.

JENNIFER B. WIND

Das Phantom der Vogelinsel

Memmert, Sommer 1921

Die Gischt spritzte meterhoch. Kalt stach das Wasser durch
Alarichs Haut. Mit der Zunge leckte er salzige Tropfen aus
den Mundwinkeln. Seine Schuhe versanken im Sand. Ein
weiteres Grollen des Donners wurde durch das Tosen des
Sturms erstickt. Blitze zuckten über den schwarzen Himmel,
während Alarich die Bake begutachtete, die 1910 errichtet worden war, aber bereits einen sehr desolaten Eindruck
machte. Sie war das einzige Seezeichen der Insel. Mit dem
Hammer nagelte er das Brett an, welches das Loch in der
Bake schließen sollte.

Hinter sich hörte er ein vertrautes Bellen. Wie froh war
er, den Köter zu haben, besonders in einer Nacht wie dieser.
Krambambuli war ihm zugelaufen, als er auf Juist Vorräte
eingekauft hatte. Genau rechtzeitig, denn an manchen Tagen
hatte er gedacht, jeden Moment verrückt zu werden. Vor drei
Monaten hatte er eine streunende Katze mitgenommen, doch
die hatte Heringsmöwen totgebissen und vor seiner Tür abgelegt. Sogar einen Löffler hatte sie einmal erwischt. Schnell
hatte Alarich sich Tigers entledigt, denn schließlich war er
zum Schutz des Federviehs auf Memmertsand, wie die Insel
bei Einheimischen hieß, einberufen, und von Otto Leege zum
ersten Vogelvogt ernannt worden. Was auch immer das bedeuten mochte. Otto Leege liebte diese Insel und hatte es sich zur
Aufgabe gemacht, sie und die Vögel darauf zu schützen. Weil
Otto nicht mehr selbst hier wohnen konnte, da er die meiste
Zeit auf Juist bei der Post und als Kirchenorganist arbeitete,
war der Handel schnell geschlossen, denn nichts hatte Alarich
mehr auf Juist gehalten.

Jetzt also Krambambuli, benannt nach dem Roman von
Marie Ebner-Eschenbach, eines der wenigen Bücher, die er je
gelesen hatte. Ein passender Name. Sie waren beide alleine

und Alarich hoffte, dass Krambambuli ihm die Treue hielt, damit er sich nicht mehr so einsam fühlte.

An manchen Tagen haderte er mit seiner Entscheidung, auf der Insel zu wohnen und Ottos Erbe anzutreten. Aber damals schien es die einzige Lösung zu sein. Und wenn er hier eine Frau hätte, oder Kinder? Wäre es dann schöner und vor allem leichter? Diese Fragen stellte er sich immer wieder, doch er würde niemals eine Frau haben, geschweige denn Kinder, da machte er sich nichts vor.

Frauen liefen vor ihm davon, bestenfalls lachten sie ihn aus. Manche hatten Mitleid und redeten deshalb mit ihm. Er wusste das. Trotzdem spielte er meist mit, nur um etwas Kontakt zum anderen Geschlecht zu haben. Einer Frau nur über die Haare zu streichen, ihr in die Augen sehen zu dürfen, ohne das Gefühl zu haben, sie ekele sich vor ihm – das war unerreichbar. Die Narbe verlief direkt von seiner ausgeprägten Stirn über Nase und rechter Wange bis zum Kinn. Keine einzige Narbe, kein gekräuselter Strich, keine Linie. Die ganze Haut auf der rechten Seite war ein einziges Narbenmeer, dicke rote Wülste hoben sich von den Knochen ab. Die Nase war an der Seite eingedrückt, deshalb bekam er nur noch durch das verbliebene Nasenloch Luft. Das rechte Augenlid schloss nicht mehr, der Augapfel war ausgetrocknet, das Unterlid hing herab. Beinahe bis zum Mundwinkel, der steif war, sodass sich die Lippen grotesk verzerrten, wenn er lachte. Was er seit jenem schicksalshaften Tag selten tat. Selbst der Hund leckte nur die linke Seite, wenn er Alarich morgens weckte.

Die Erinnerung an das Feuer war allgegenwärtig. Beinahe wäre die ganze Siedlung verbrannt. Und ihm gab man damals die Schuld. Es lag in seinem Zuständigkeitsbereich, die Misthaufen anzuzünden. Ein Unglück, dass der Sturm, der auf einmal aufgezogen war, das Feuer blitzschnell weitertrug. Zu schnell, um es rechtzeitig zu löschen. Wie hatte er damit rechnen können? Wer hätte das ahnen können?

Seine Verlobte Arendine, die ihr Kind bereits unter dem Herzen trug, verbrannte im Hause ihrer Eltern, genauso wie ihr Vater. Ilvy Röttgers, Arendines Mutter, hatte auf ihn eingeprügelt, ihn beschimpft und bespuckt, als sie ihre verkohlten Lieben sah, nachdem sie nach Hause gekommen war.

Die Bürger der Siedlung hatten Alarich angesehen, wie einen Verbrecher, die Ausgeburt des Bösen. Daher kam ihm das Angebot von Otto Leege gerade recht. Wärter auf Memmertsand, der beste Platz um sich zu verstecken. Vor den wütenden Inselbewohnern und vor sich selbst. Hier musste er nicht darüber nachdenken, was er mit seinem Leben anzufangen hatte, und wie er den Verlust seiner Verlobten und seines Kindes überwinden sollte.

Jeden Tag umrundete er mindestens dreimal das knapp fünf Quadratkilometer große und weitgehend flache Eiland, um nach dem Rechten zu sehen, er begutachtete die Gelege und verzeichnete sie. Auf der Bilddüne brüteten gerade die Kornweihen, und Eiderenten hatten ebenfalls zahlreiche Nester gebaut. Der Brutplatz war begrenzt, denn nur 150 Hektar konnten ohne Überflutungsgefahr als Brutplätze genutzt werden. Die Vögel schienen das zu wissen.

So war das nun: Alarich, die Vögel und seit zwei Wochen Krambambuli. Das war sein Leben und so würde es wohl auch zu Ende gehen. Mit dem Hemdsärmel wischte er sich über die Augen. Keine Zeit zu trauern. Über Verlorenes nachzugrübeln. Was war, wird nie wieder sein. Der Hund bellte erneut und lief aufgeregt hin und her. Dabei sah er seinen Herrn hechelnd an.

Hinten auf der Kreuzdüne, dem höchsten Punkt der Insel, glitzerte etwas. Der Sturm peitschte wieder eine Böe in sein Gesicht. Er schrie auf, die Haut seiner rechten Gesichtshälfte brannte unter der Wucht.»Krambambuli«, rief er gegen den Wind. »Lauf nicht so schnell, ich komme ja schon.«

Die Laterne in die Höhe haltend, hetzte er auf die Düne zu. Als er näherkam, hörte er den Hund winseln. Den Kopf auf die Vorderpfoten gelegt, blickte er in Richtung Meer. Dann sah Alarich, was die Aufmerksamkeit von Krambambuli auf sich zog. In einer Dünenmulde am höchsten Punkt lag ein Mensch.

»Jesus Maria!« Alarich bekreuzigte sich. Schnell stellte er die Laterne neben den reglosen Körper und hockte sich daneben. Er wagte es nicht, den Toten zu berühren. Doch war ihm klar, dass der Mensch nicht mehr lebte. Die Augen des Toten waren weit aufgerissen und schienen ihn anzustarren, doch der Blick ging durch Alarich hindurch.

Eingetrocknetes Blut klebte unter der Nase, eine ebensolche Spur lief aus dem Mund. Der Körper war grotesk verdreht und eines der Beine fehlte. Stattdessen steckte ein Holzbalken am Stumpf. »Nun, Krambambuli, ist das vielleicht ein Pirat?« Alarich blickte hinaus auf die schwarze See. »Aber wo ist sein Schiff?« Er kratzte sich.

Der Tote trug die Uniform eines Admirals der ostfriesischen Marine. Die erkannte er, denn sein Vater war im Ersten Weltkrieg Geschwaderchef auf der SMS Ostfriesland gewesen, bevor ihn schweres Geschütz traf und ihm das Bein zerfetzte. Alarich überlegte. Wie sollte er bei diesem Sturm die Polizei holen?

»Am besten lass ich ihn hier liegen, Krambambuli.« Er würde nichts anfassen, damit sie nicht ihm die Schuld zuschieben konnten. Wieder einmal. Blitze erhellten erneut die Nacht. Es half alles nichts, er musste warten, bis er mit dem Boot nach Juist übersetzen konnte. Stöhnend erhob er sich, klopfte auf die Hose, um kurz darauf den Kopf zu schütteln. Der eingetrocknete Schlick ging ja doch nicht ab. Er pfiff auf zwei Fingern, doch Krambambuli zog es vor, liegenzubleiben.

»Ist gut, du bewachst den Admiral, aber ich lass die Tür der Hütte offen, falls du noch hineinwillst.«

Noch vor Sonnenaufgang legte Alarich mit seinem Boot von Memmert ab und fuhr hinüber nach Juist. Dort lief ihm Otto Leege über den Weg, der am Hafen auf die Lieferung der Post wartete. »Alarich! Warst du nicht erst gestern Vorräte kaufen?«

»Herr Leege, es ist etwas Schreckliches passiert!«

»Nun sprich, Junge.«

»Eine Leiche hab ich gefunden, drüben auf Memmertsand. Auf der Kreuzdüne liegt sie. Ein Soldat der Marine, wie mir scheint, aber nirgendwo war ein Schiff. Ich meine, er ist vielleicht beim Sturm über Bord gegangen.«

»Wie soll er es dann acht Meter nach oben und überhaupt bis zur Düne geschafft haben?«

»Ich weiß es nicht, vielleicht war er da noch am Leben und ist hochgeklettert.«

»Wann hast du ihn gefunden?«

»Krambambuli hat mich zur Leiche geführt.«

»Wer ist denn Krambambuli?«

»Mein Hund, werter Herr.«

»Ich wusste gar nicht, dass du einen Hund dein eigen nennst.«

»Erst seit zwei Wochen. Ist mir auf Juist zugelaufen das arme Vieh, war ausgehungert bis auf die Knochen.«

»Dann hol' die Polizei, aber flugs, eine Leiche im Naturschutzgebiet, auf meiner Vogelinsel!«

Zusammen mit dem Hauptwachtmeister Friedhorst Saathoff, dem Polizeischüler Hinerk und dem Arzt fuhren sie mit dem Boot zurück, wobei Otto Leege beim Rudern half.

Auf Memmert angekommen führte Alarich sie schnell zur Kreuzdüne. Saathoff ächzte und lockerte seine Uniform, der Arzt war hingegen sportlicher Natur.

»Hier drüben ist es, Krambambuli hat die ganze Nacht bei der Leiche Wache gehalten.« Alarich blickte um sich. »Keine Ahnung, wo der Hund jetzt ist, er ist sehr scheu, vielleicht hat er euch gesehen und sich versteckt.«

Sie schritten hintereinander den Hügel hinauf, als Alarich abrupt stehen blieb. »Das kann doch nicht sein?«

Er drehte sich einmal um seine eigene Achse und sah suchend auf den Boden. »Vielleicht ist der Admiral in eine andere Kuhle gerollt?« Hilflos zuckte er mit den Schultern und blickte in den Abgrund.

Der Arzt kniete sich an besagte Stelle und wackelte mit dem Kopf. »Also, ich kann hier nichts entdecken, was darauf schließen lässt, dass sich hier gestern Nacht noch ein Körper befunden hat. Haben Sie nicht gesagt, er war voller Blut?«

»Ja, das Blut, das war … auf seinem Gesicht, Nase, Mund und sein Kopf lagen in der Lache.«

»Das konnten Sie alles mitten in der Nacht erkennen?«

»Ich hatte meine Öllampe dabei und außerdem schien der Mond.«

Über Saathoffs Nase bildete sich eine Falte. »Aber es war ein so schlechtes Wetter gestern, da ist der Mond sicher nicht durchgekommen.«

»Vielleicht das Licht von der Bake, oder die Laterne, aber ich weiß, was ich gesehen habe, und Krambambuli hat es auch gesehen, er hat mich schließlich hingeführt.«

Saathoff hockte sich neben den Arzt und strich mit seinem Blick über die Düne. »Na, der Hund wird kaum als Zeuge taugen«

»Aber wo ist die Leiche?«

»Vielleicht war er nicht tot, vielleicht ist er noch irgendwo auf der Insel«, warf Otto Leege ein. »Womöglich hat er es bis zur Bake geschafft.«

»Unvorstellbar!« Alarich fuhr sich durchs Haar. »Der war kalt, ich schwöre es Ihnen.«

»Haben Sie ihn denn berührt?«, wollte nun der Friedhorst Saathoff wissen. »Sie wissen doch, dass Sie nichts anfassen dürfen, bevor wir …«

»Ich hab nix gemacht!« Mit ausgestreckten Armen wies Alarich die Anschuldigungen von sich.

»Woher wissen Sie dann, dass er kalt war, also so richtig kalt, meine ich.«

»Der hat sich nicht mehr bewegt, kein bisschen!«

»Kommen Sie, schauen wir mal zur Bake und zur Hütte.«

Nachdem sie bei der Bake nichts entdecken konnten, gingen sie zur Hütte und traten ein. In der Wohnstube fiel Otto Leege sofort die Flasche auf dem Tisch auf. Mit einem Nicken und einem vielsagenden Blick deutete er Hinerk an, dass es sich hier womöglich um das Hirngespinst eines Betrunkenen handelte. Alarich wusste die Blicke, die zwischen den Männern wechselten zu deuten, und ärgerte sich über deren verstohlene Mimik.

»Ich bin nicht betrunken gewesen.«

»Die Flasche ist jedenfalls leer.« Otto Leege umfasste den Flaschenhals. »Hast du den Rum gestern geholt, als du auf Juist warst?«

»Nein, die ist schon älter.« Alarich steckte die Hände in die Taschen und blickte auf seine Fußspitzen. Mist. Jetzt dachten sie, er hätte sich das alles nur eingebildet. Aber die Leiche war da gewesen.

Der Wachtmeister kam schwitzend und schnaufend zur Tür herein, im Schlepptau den Arzt, der erstaunlich frisch wirkte. »Auf der ganzen Insel ist außer uns kein Mensch, es weist auch nichts darauf hin, dass jemand hier gewesen wäre, außer Ihnen natürlich.« Saathoff nickte Alarich zu.

»Was, wenn es Mord war?«, überlegte Alarich laut. »Was, wenn der Mörder die Leiche abgeholt hat, während ich auf Juist war.«

»Möglich, ist alles schon mal vorgekommen. Muss ein Phantom sein.« Saathoff lachte unsicher auf.

»Das muss es sein«, bestätigte Alarich.

»Wenn das der Fall sein sollte, dann werden wir die Leiche wohl nicht mehr finden. Aber trotzdem sollten wir eine Runde mit dem Boot fahren, vielleicht hat der Mann doch noch gelebt und am Strand hat ihn die See geholt«, sagte Hinerk, während er mit einem Holzstäbchen den Dreck unter den Fingernägeln hervorpulte.

»Zusätzlich werden wir eine Fahndung aufgeben, Sie wissen doch noch, wie der Mann ausgesehen hat, oder?« Saathoff klatschte auf Hinerks Hand, dem das Holzstäbchen augenblicklich aus der Hand fiel.

»Natürlich«, flüsterte Alarich, obwohl er unsicher war, was das Aussehen des Mannes betraf.

»Gut, dann machen wir eine Runde, anschließend kommen Sie auf die Polizeiwache für den Bericht, danach können Sie wieder nach Hause.«

Auf Juist war es laut und es stank. Immer wieder senkten Menschen den Blick, wenn sie Alarichs Gesicht ansichtig wurden. Eine Gruppe Kinder zeigte auf ihn und flüsterte.

Im Hintergrund hörte er eine Frau lachen. Das Lachen wurde lauter, schwoll in seinem Kopf an, bis nur noch ein Rauschen blieb. Als ob eine Flutwelle ihn davontragen würde. Gleichzeitig brannten ihm die Augen. Das Licht war viel zu hell. Als die Kopfschmerzen einsetzten, kamen sie genau an dem Haus vorbei, in dem er mit seiner Liebsten und ihrer beider Kind hatte wohnen wollen, wenn sie nicht zuvor in ihrem Elternhaus gegenüber verbrannt wäre. Das Stechen in seinen Schläfen nahm ihm die Luft zum Atmen.

»Ich kann das nicht ... es tut mir leid ...« Morgen, er konnte morgen zur Polizei gehen, wenn die Migräne vorbei war.

»Ich kann auch mit zu Ihnen kommen, wenn Sie möchten.« Mitfühlend klopfte ihm Saathoff auf den Rücken. Alarich biss sich auf die Unterlippe und kniff die Augen zusammen. Dieser Schmerz. Kein Wort brachte er mehr heraus. Er musste weg. Jetzt! Gleich! Das Lachen der Frau hörte sich an, als ob Glas in seinem Kopf zerspringen würde. Beide Hände an die Schläfen gepresst, lief er zurück zum Hafen, sprang in sein Boot und ruderte nach Memmert, als wäre der Teufel hinter ihm her. Dieser Schmerz wurde erst milder, als er die Vogelinsel hinauf zur Kreuzdüne hechtete. Krambambuli saß vor der Tür und winselte. »Na, da bist du ja endlich, geht's dir auch nicht gut, was?«

Keinem hatte er bisher von diesen Schmerzen erzählt. Wenn das Licht grell wurde, die Geräusche laut und jeder Schritt in seine Haut stach wie tausend Messer. Vor vier Wochen hatte es begonnen und kam in Schüben. Aus Angst bald sterben zu müssen, hatte er es vermieden, zum Arzt zu gehen. Vielleicht war es ein Gehirntumor. Otto Leege wusste nichts von seinen Zuständen. Deshalb auch die Flasche. Das Einzige, was zu helfen schien, war, den Schmerz mit Rum zu betäuben. Auch wenn das Verlangen größer war, als er sich regelmäßig eingestand, trank er nie zu viel. Er konnte es sich nicht erlauben, noch einen Fehler zu begehen. Er musste den Vogelbestand fein säuberlich notieren und die Tiere schützen. Diese Schmerzen musste er aushalten. Geld für den Arzt hatte er ohnehin kaum. Das Haus auf Juist, für das er sich in Schulden gestürzt hatte, und das er einfach nicht übers Herz brachte zu verkaufen, musste erhalten bleiben. Wozu, wusste er nicht, aber es war das Einzige, das ihm von seiner Verlobten und dem Kind geblieben war. Es erinnerte ihn daran, dass er einmal ein Leben hatte, ein echtes Leben. Die Insel kam ihm vor wie das Fegefeuer, die letzte Stätte, bevor er seinem Vater gegenübertreten würde. Mit der Einsamkeit kam er nicht klar, für ein Leben alleine war er nicht gemacht. Früher hatte er Freunde, Frauen und war ein angesehener Bürger Juists gewesen. Jetzt sahen alle in ihm nur die Ausgeburt des Teufels, einen Feuerdämon. Gott hatte ihm das Gesicht entstellt, um ihn für immer zu markieren.

Seht her, das ist der Feuerteufel, rief es den Menschen zu.

Du hast Gott erzürnt, spie ihm sein Gesicht aus dem Spiegel entgegen.

Der Bastard, der seinen Samen schon vor der Hochzeit in seine Liebste gepflanzt hat.

In seinem Kopf wütete ein Klopfgeräusch. Diese Marter! Ja, er hatte sie verdient, Gott wusste, wieso. Lange würde er es nicht mehr ertragen.

Jetzt stand er auf der Randdüne am Weststrand und starrte auf die See hinaus. Wie einfach würde es sein, sich dem Meer zu überantworten? Hatte der Admiral das getan? Kam er mit seinem Holzbein nicht mehr klar? Alarich breitete die Arme aus, schloss die Augen und sog den salzigen Geruch ein. Warum konnte er nicht einfach sterben? Krambambuli bellte. Alarich seufzte. Er konnte nicht gehen, er hatte eine Aufgabe und er musste für den Hund sorgen. Vielleicht war das der Sinn seines Lebens, vielleicht war es das immer gewesen und vielleicht musste deshalb sein altes Leben in Stücke gerissen werden, nur um an seine Bestimmung zu kommen.

»Keine Angst, Krambambuli, ich verlass' dich nicht.«

Schlaf fand er an diesem Abend keinen. Was, wenn der Mörder zurückkam? Was wenn es einfach eine Warnung an ihn war? Er hatte jede Menge Feinde. Was, wenn einer davon ihn umbringen wollte? Sein Nachthemd klebte an ihm, durch den Schweiß war es klamm und kalt geworden. Mit zitternden Fingern knöpfte er es auf, feucht waren sie obendrein, immer wieder rutschten sie von den Knöpfen. Licht! Alarich entflammte die Öllampe, widmete sich wieder den Hemdsknöpfen und erstarrte. War das Blut an seinen Händen? Er wischte

sie an seiner Hose ab und betrachtete sie erneut. Das Rot klebte an seinen Fingern wie ein Feuermahl.

Was zur Hölle war hier los? Rasch wusch er sich. Dabei fiel
ihm auf, dass es wärmer geworden war. Kein Lüftchen regte
sich, es war so still, nicht einmal ein Vogel piepste. Vermutlich könnte er das Knistern des Watts bei Ebbe hören, wenn
er sich dort hinsetzte. Er hasste es, dass nie jemand da war,
um mit ihm zu reden, mit ihm zu lachen oder seinetwegen zu
weinen. In seinen Schläfen pochte es wieder, der Schmerz ließ
einfach nicht nach. Das war neu. Zum ersten Mal blieb das
stete Klopfen. Er musste sich ablenken. Eine Runde um die
Insel dürfte reichen. Im Nachthemd, egal, es war niemand hier.
Oder doch?

Als er an die Salzwiesen kam, kam es ihm vor, als würde ihn
jemand beobachten. Wurde er etwa von diesem irren Mörder
verfolgt? Er presste die Daumen auf die geschlossenen Augen,
dann fuhr er sich damit über die Nasenwurzel. Manchmal half
das. Wenn der irre Mörder ihn jetzt fand, wäre ihm das beinahe egal. Er war fertig mit der Welt. Wenn da nicht der Hund
wäre.

Krambambuli trottete leise neben ihm her, als wüsste er,
dass sein Herrchen momentan keinen Lärm vertrug. Alarich
verzog seine Mundwinkel zu einem Lächeln. Der Hund, der
beste Freund des Menschen, sein einziger Freund. Niemand
mochte Alarich. Auch wenn Otto Leege ihn immer nett behandelt hatte, er war sich sicher, dass er ihn bestenfalls duldete. Weil er ihn brauchte, bis sein Sohn bald das Zepter
hier auf Memmert übernahm. Niemand war gern in seiner
Nähe. Viele wünschten sich, er wäre im Feuer umgekom-
men und ja, es gab Tage und vor allem Nächte, da wünschte
er sich das selbst. Verdammt, es hätte ihn auch erwischen
sollen. Hinter Alarich knackte es wieder. Nervös fuhr er herum und blinzelte in die Nacht. Nichts. Krambambuli sah
ihn mit großen Augen an, wissend, mitleidend, tröstend.
Trotzdem sehnte sich Alarich verzweifelt nach menschli-
chem Kontakt, nach Berührungen, ja, auch nach körperli-
cher Liebe. Aber selbst die Huren auf dem Festland sahen

ihn voller Ekel an, bestimmt würden sie sich übergeben, wenn er sie berührte.

Etwas kitzelte ihn an der Schulter. Er sah zur Seite und erkannte einen riesigen Käfer, der über sein Hemd krabbelte. Angewidert schüttelte er ihn ab, nur um am Bauch einen weiteren zu sehen. Und einen am Oberschenkel. Die Käfer nahmen seinen Körper in Besitz. Er fluchte, schrie und hüpfte auf und ab, um die Tiere abzuschütteln. Es waren so viele. Die Beine der Käfer stachen in seine Haut. Es fühlte sich an, als würden sie sich durch die Haut fressen. Mit einem lauten Aufschrei entledigte er sich seines Nachthemds und hastete wieder zur Kreuzdüne, auf der eine Nacht zuvor noch die Leiche des Mannes mit dem Holzbein gelegen hatte.

Am Vortag war ihm der Weg so beschwerlich vorgekommen und lang. Jetzt schaffte er es mühelos in der Hälfte der Zeit. An der Düne angekommen traute er seinen Augen kaum. Mit dem Gesicht nach unten lag eine Frau im Sand. Das Kopftuch war verrutscht und gab die Sicht auf das dunkle Haupthaar frei. So schwarz wie das Haar seiner Liebsten, der Hals genauso zart, die Haut hell, beinahe weiß, glänzte im Licht der Öllampe. Diesmal würde er schneller reagieren und keine Zeit verlieren. Er wies Krambambuli an, Wache zu halten, lief zum Boot und ruderte nach Juist.

Schreiend stürmte er auf die Wache, nachdem er Otto Leege aus dem Schlaf gerissen hatte. »Schnell, kommen Sie, es liegt wieder eine Leiche auf Memmertsand. Diesmal ist es eine Frau.«

Friedhorst Saathoff und Hinerk griffen nach ihren Waffen und folgten dem aufgeregten Alarich hinaus. Otto Leege lief hinter ihnen her, rasch enterten sie das Boot und ruderten nach Memmert. Deutlich schneller als am Vortag erreichten sie das Ziel. An der Kreuzdüne angekommen, seufzte Alarich erleichtert auf. Krambambuli saß immer noch an derselben Stelle und bewachte den leblosen Körper der Frau.

»Guter Hund!«, rief er erfreut.

Friedhorst Saathoff und Otto Leege sahen einander an. Wieder diese Blicke. Mochten sie vielleicht keine Hunde?

»Bitte schön, hier ist die Leiche, ich hab sie nicht angerührt. Aber diesmal war ich schnell genug.« Alarich verschränkte die Arme.

»Wie meinen Sie das?« Saathoff ging einen Schritt auf Alarich zu.

»Na, schnell genug, bevor der Mörder wieder herkommt und sie verschwinden lässt!«

Saathoff sah an die Stelle, dann zu Henrik und Otto Leege und nickte.

»Alarich, atme mal tief durch.« Otto Leege legte seinen Mantel um Alarichs nackte Schultern. Er hatte doch glatt vergessen, dass er nichts außer einer Unterhose trug. Augenblicklich schämte er sich. Sein Haar stand sicher wirr vom Kopf ab, denn er hatte auch kein Zopfband umgelegt. Erst jetzt wurde ihm das bewusst und er bemerkte den mitleidigen Blick der Polizisten. Was dachten sie sich wohl bei seinem Anblick? Vermutlich hatte die Frau auf Juist deshalb so gelacht und die Kinder auf ihn gezeigt und nicht aufgrund seiner Entstellung.

»Ich werde dann den Arzt holen«, fuhr Otto Leege fort. »Die Polizisten bleiben einstweilen bei dir.«

Das war ihm ganz und gar nicht recht. Diese Bullen sahen ihn ja an, als wäre er der irre Täter. Begriffen sie nicht, dass er richtig gehandelt hatte? Zum Anziehen war doch keine Zeit gewesen! Und wie sie Krambambuli behandelten. Alle drei ignorierten ihn, dabei war er so tapfer gewesen und hatte diesmal wirklich Wache gehalten.

»Kann Hinerk nicht gehen? Otto, bleib doch da.«

»Ist gut«, stammelte der Polizeischüler.

»Und, würden Sie bitte eine Wurst mitbringen für Krambambuli, ohne ihn hätten wir jetzt vielleicht wieder keine Leiche, die der Arzt begutachten kann.«

»Ähm, ja«, stotterte Hinerk. »Wurst, für den … Hund, ja?«

»Jetzt stehen Sie da nicht rum.« Friedhorst Saathoff zwirbelte seinen Schnauzbart. »Holen Sie den Arzt und bringen Sie in Gottes Namen eine Wurst mit. Sehen Sie denn nicht, dass es sich um einen Notfall handelt?«

Der Polizeischüler knetete seine Kappe, nickte und lief davon. Otto Leege legte Alarich abermals die Hand auf die Schulter. »Mein lieber Freund, lass uns hier auf den Felsbrocken setzen und warten.«

»Otto, was ist hier los? Wer zum Teufel mordet auf unserer Insel? Hat das was mit dem Krieg zu tun?«

»Nein, das glaube ich nicht. Der Krieg ist längst vorbei. Sag mal, wie hat der Mann ausgesehen, den du gefunden hast?«

»Schwarze Haare, braune Augen …«

»Was noch? Versuch dich zu erinnern. Schließ die Augen.«

»Es war Nacht, der Sturm, der Regen, Krambambuli bellte, ich lief ihm nach, da lag er, er starrte mich an, anklagend, als wäre es meine Schuld, seine Arme, sie waren schwarz, verkohlt, sein Gesicht mit Ruß beschmiert. Sein Bart … oh Gott … ich kann nicht.«

»Versuch es … es ist wichtig.«

»Ein Holzbein … es war etwas eingeritzt …«

»Was war eingeritzt? Buchstaben? Zahlen?«

»Buchstaben. S … M … S. Otto, bitte, muss das sein, wir haben doch den Beweis hier liegen, dass ein Mörder auf der Insel wütet.«

»Lassen Sie ihn zur Ruhe kommen, der Arzt ist bald da, dann können wir weiterreden«, beschwichtigte Saathoff.

Otto Leege klopfte sich auf den Schenkel. »Nun gut, ich hole uns Wein.«

Alarich war zu schwach, um etwas darauf zu erwidern. Otto würde sich in der Hütte schon zurechtfinden, denn er hatte sie gebaut und Memmert zu dem gemacht, was es nun war. Ein menschenleeres Rückzugsgebiet für die Vögel, ein Naturschutzgebiet. Und gleichzeitig der Albtraum für Menschen wie Alarich, die den Austausch mit anderen Menschen so dringend brauchten. Traurig sah er Krambambuli an, der immer noch neben der Frauenleiche lag. Er betrachtete ihr Kleid genauer, das ihm merkwürdig bekannt vorkam, ebenso die Schuhe, das Haar. Alarmiert sprang er auf und kniete sich vor die Tote. Schwach vernahm er den Geruch nach Maiglöckchen, Rose und Flieder, eine Parfummischung, wie sie seine Arendine immer getragen hatte. Und das Haar. Sah es nicht ihrem gleich? Spielten ihm seine Augen einen Streich? Mit den Daumen rieb er seine geschlossenen Lider und öffnete sie wieder.

Im Augenwinkel sah er Saathoff den Kopf schütteln. Mitleid lag in seinem Blick. Die Frau lag immer noch im Sand. Oh, Gott, das war doch gar nicht möglich. Auf ihren Armen war das Fleisch eingesogen, rot vernarbt. »Verbrannt!«, hallte es durch seinen Schädel. »Du hast mich verbrennen lassen! Du hast mich nicht gerettet.«

»Oh nein, Arendine, ich bin so schnell gelaufen, wie ich konnte, bitte, meine Liebste. Sag so etwas nicht!«

»Du hast mich auf dem Gewissen und unser Kind«, hallte es säuselnd vom Felsen wider. Es klang wie eine Nachricht aus einer fremden Welt. Panisch hielt er sich die Ohren zu. »Nein, hör auf! Nein! Der Wind war es, das Feuer hat sich so schnell ausgebreitet.«

»Du, du, duuuuuu bist schuuuuld. Du ganz allein«, flüsterte die Stimme. »Du ganz allein«, kam es vom Felsen wie ein Echo.

»Nein, hör auf, oder ich roll dich ins Meer!«

Ein schallendes Lachen erklang. Es schwoll an und wurde immer lauter. Sein Schädel fühlte sich an als würde er jeden Moment bersten. »Hör auf! Hör auf! Ich hab das nicht gewollt.«

Weinend rollte er sich auf der Düne zusammen. Im selben Moment kam der Arzt den Hügel herauf, zusammen mit Hinerk, der eine Wurst wie eine Waffe in der Hand hielt. Auf der Düne angekommen schien er nicht so recht zu wissen, wohin damit. »Hier die Wurst ... für ... ähm ... den Hund.«

»Werfen Sie sie ihm ruhig zu.« Alarich wand sich schluchzend im Sand. Der Polizeischüler zuckte mit den Schultern und warf die Wurst in hohen Bogen neben ihn. »Doch nicht zu mir, zu Krambambuli!«

»Ich weiß nicht, wo ...« Ein Tritt gegen das Schienbein ließ Hinerk zusammenfahren. Alarich schleuderte die Wurst zu seinem tierischen Freund, der sich sofort darauf stürzte. Otto Leege drückte nachdrücklich den Oberarm des Gendarmen. »Ich bitte Sie um Diskretion und Sensibilität in diesem Fall. Ich hoffe auf einen internen Bericht Ihrerseits. Ich werde sofort meinen Sohn zum Vogelvogt ernennen. Er wird dann als erster Herr der Vogelinsel in die Geschichte eingehen. Für Alarich finden wir eine andere Lösung als Memmert.«

Was redete Otto da? Er war der Vogelvogt! Der Arzt kam auf Alarich zu und hockte sich neben ihn am Boden. »Herr Behrends, können Sie aufstehen?«

Alarich wischte sich übers Gesicht und nickte. »Um mich müssen Sie sich nicht kümmern. Nur ein Moment der Schwäche. Sehen Sie lieber nach der Leiche.«

»Ich denke, ich muss mich sehr wohl um Sie kümmern. Kommen Sie, Sie sind ja völlig aufgelöst.«

»Sie hat mir nicht verziehen Herr Doktor. Sie denkt, ich wäre schuld am Feuer, an ihrem Tod.«

»Die Frau in der Düne?«

»Meine Verlobte. Arendine. Sie ist, sie sieht ihr ähnlich.«

Der Arzt nickte. »Ich möchte, dass Sie genau hinsehen. Kennen Sie die Frau? Ist es Arendine?«

»Nein, ich will nicht, nein.«

»Der Mann gestern, der Admiral. Kannten Sie ihn?«

»Nein. Bestimmt nicht!« Weinend schüttelte Alarich den Kopf.

»Hat Ihr Vater nicht auf der SMS Ostfriesland als Geschwaderchef gedient, bevor er sein Bein verlor?«

»Ja, aber …«, Alarich verstummte. Die Uniform, das Holzbein die Buchstaben. Jetzt fiel ihm auch ein, was eingeritzt war. »SMS Ostfriesland«, flüsterte er. »Das stand auf dem Holzbein und das Datum, an dem er getroffen worden ist.«

Otto Leege atmete tief ein. »Sehr gut, mein Freund. Und jetzt sag: Wer liegt auf der Düne?«

Alarich wagte kaum sich zu bewegen. Mit starrem Blick über Ottos Schulter hinweg, hob er fragend eine Augenbraue. »Arendine?«

»Ich weiß es nicht, das kannst nur du uns sagen.«

Und da begriff er. Alarichs Körper wurde von einer Schock-
welle geschüttelt, seine Knie knickten ein. Der Arzt packte ihn
am rechten Oberarm und Saathoff war sofort an der linken
Seite. Noch einmal wagte es Alarich, sich umzudrehen.

Auf dem Sand lag einsam die Wurst. – Unberührt.

Historischer Hintergrund

*Memmert wurde 1650 zum ersten Mal als Sandbank erwähnt
und wurde bis in die 50er Jahre deshalb auch umgangssprach-
lich als Memmertsand bezeichnet. Die Insel liegt südwest-
lich von Juist, ist nur 5,17 Quadratkilometer groß und bis
auf einen Vogelwärter unbewohnt. 200 Hektar bestehen aus
Grünland, wovon nur 150 Hektar ohne Überflutungsgefahr
als Brutplätze genutzt werden können. Auf Memmert brüten
Löffler, Eiderenten, Seeschwalben, Kornweihen, verschiedene
Wattvogelarten und seit den 50er Jahren auch wieder Kormo-
rane.*

*Der Lehrer Otto Leege (1862-1951) gilt als Vater des ein-
zigartigen Naturschutzgebiets. 1888 betrat er Memmert zum
ersten Mal, bis 1906 wurden zahlreiche Jagden auf der Insel
veranstaltet. Am 31. Juli 1907 gelang es Otto Leege, mit dem
»Deutschen Verein zum Schutze der Vogelwelt« die Insel zur
Vogelkolonie zu erklären. 1908 wurde die erste Hütte gebaut
und Vogelwärter bewachten sporadisch die Insel. Otto Leege
begann mit der Dünenanpflanzung. Da die Dünen immer wieder durch Stranderosionen abbrachen, mussten immer wieder
neue Häuser gebaut werden. Otto Leege Junior war ab 1921
der erste Vogelvogt, der fix bis 1956 mit seiner Familie auf der
Insel lebte. Otto Leege und sein Sohn wurden mit mehreren
Ehrungen ausgezeichnet. Seit 1924 gilt Memmert als staatli-
ches Naturschutzgebiet. Erst 1939 wurde ein Leuchtturm gebaut, der allerdings seit 1986 nicht mehr in Betrieb ist. Davor
waren Baken die einzigen Seezeichen.*

*Die SMS Ostfriesland war ein Schlachtschiff der Helgo-
land-Klasse der kaiserlichen Marine, das am 4. Januar 1921*

seine letzte Fahrt antrat und am 21. Juli im Jahr 1921 sank, nachdem es für Fliegerbombentest verwendet wurde. Das Wrack liegt immer noch in ca. 125 Meter Tiefe auf dem Meeresgrund.

HELGOLAND

Helgoland ist eine Nordseeinsel und gehört weder zu den Ostfriesischen noch zu den Nordfriesischen Inseln, aber zu Schleswig-Holstein. Außerdem ist sie zweigeteilt in Helgoland und Düne. Oft wird sie als einzige deutsche Hochseeinsel bezeichnet. Bei guter Sicht ist sie von Wangerooge aus zu erkennen.

Helgoland an sich teilt sich in verschiedene Bereiche auf. Die Insulaner sprechen vom Ober-, Mittel- und Unterland. Kennzeichnend sind die circa 50 Meter steilen und abfallenden Klippen mit der *Langen Anna* am Nordwestende. Die Düne wird als Badeinsel genutzt.

Helgoland war nachweislich schon zur Steinzeit besiedelt, ab dem 7. Jahrhundert lebten die Friesen dort. Vermutlich hatte später auch Klaus Störtebeker hier einen seiner Stützpunkte. Als auf Helgoland Napoleon 1806 die Kontinentalsperre verhängte, entwickelte sich die Insel zu einem Schmuggelplatz. Nach dem Kieler Frieden war Helgoland eine Zeit lang britisch und 1826 wurde Helgoland zu einem Seebad. Heinrich Heine suchte die Insel regelmäßig auf und Hoffmann von Fallersleben dichtete hier das *Lied der Deutschen*.

Während des Ersten Weltkriegs fanden 1914 und 1917 zwei große Seegefechte vor Helgoland statt. Im April 1945 wurde die Insel schwer bombardiert. Heute ist der Tourismus ein wichtiger Wirtschaftszweig, den Status Seebad hat Helgoland nie verloren. Mittlerweile gibt es sogar ein Meerwasserschwimmbad und ein Spa Hotel, doch viele Gäste kommen noch immer allein, um den zollfreien Einkauf zu nutzen.

Heike Gellert

Blutiges Erbe

Franziska Krull stand vor dem Küchentisch und schaute auf ihren dort sitzenden Mann herab. Sie säuberte sich die blutigen Hände an einem Haushaltstuch und legte gekonnt eine Strähne ihres schwarzen Haares zurück unter eine Haarspange. »Wenn du deine Wurst und deine Maschine patentieren lassen möchtest, fahre ruhig. Ich komme allein klar.«

Egon Krull schaute seine Ehefrau an und versprach, sofort nach der Patentanmeldung wiederzukommen. Es sei zwar ein langer Weg zum Kaiserlichen Patentamt in Berlin, doch in diesem herrlichen Sommer eher zu bewältigen als im Winter.

Die Metzgerei lief gut. Anfang des Jahres hatte er zusätzlich eine Arbeit für das Wochenende erhalten. Er würde als Bademeister in den Badeanstalten Helgoland eine weitere Einnahmequelle haben. Egon war nicht nur ein guter Schwimmer, er kannte sich darüber hinaus ebenso mit Recht und Ordnung aus. Zum Strand konnte er zu Fuß gehen. Egon liebte seinen Beruf, seine Tätigkeit als Bademeister und seine Frau.

Franziska konnte ihm ihre Schwangerschaft bisher verheimlichen. Seine Wochenendbeschäftigung, die Metzgerei, die Patente – das alles war eine enorme Belastung.

»Bitte setzen Sie sich. Ich verlese nunmehr das Testament!«

Der Rechtsanwalt überprüfte die Personalien: »Kiel, am 15. November dieses Jahres, anwesend sind die Chirurgin Alina Krull, geboren am 31. Januar 1979, ledig, sowie die Fachverkäuferin Rosalie Krull, geboren am 12. Oktober 1979, ledig.«

Beide nickten.

Alina versuchte Blickkontakt mit ihrer Cousine aufzunehmen, doch diese würdigte sie keines Blickes. Was war geschehen? Sie konnte es kaum noch nachvollziehen. Es fing damit an, dass ihre Familien sich zerstritten hatten …

Der Rechtsanwalt räusperte sich.

»Ich, Franziskus Krull, vermache mein Haus in der Aquariumstraße auf Helgoland meinen Nichten Rosalie und Alina. Die beiden haben sich einmal heiß und innig geliebt. Neid, Eifersucht, Intrigen und üble Nachrede in der Familie führten zu übertriebenem intolerantem Denken und mithin zur totalen Ignoranz. Schmerzlich war für mich auszuhalten, die Familie nicht noch einmal an einem Tisch sitzen zu sehen. Alina hat mich stets gern besucht. Sie hätte meinen Anblick nicht ertragen müssen. Rosalie ist die Schwächere von beiden und behält mich wahrscheinlich so in Erinnerung, wie es in guten Tagen war. Ihr kennt diese dummen Sprüche nur zu genau.«

Der Testamentsvollstrecker machte eine wohltuende Pause. Alina nutzte diese für einen erneuten Blickkontakt. Sah sie ein Lächeln?

»Lange Rede kurzer Sinn: Ihr müsst das Haus in Eigenregie abreißen. Eine Abbruchfirma wird euch mit Rat und Tat zur Seite stehen, mehr aber auch nicht. Es werden Abbruchkosten von ungefähr 10.000 Euro entstehen. Entsorgt den Bauschutt nach abfallrechtlichen Gesichtspunkten. Die Dachziegel sind noch fast neu und zu verwerten. Den Figurengiebel mit den eingemeißelten Handwerksgesellen gebt ihr bitte in gute Hände, wenn ihr ihn nicht wieder anbringen mögt. Den Neubau könnt ihr selbst organisieren. Ich habe nichts dagegen, wenn ihr ein Doppelhaus mit zwei separaten Eingängen erwägt; die Baugenehmigung dafür bekommt ihr. Das habe ich bereits abgeklärt. Mein Wunsch wäre allerdings, ihr würdet in Frieden miteinander leben.«

Der Anwalt reichte den Cousinen eine schriftliche Übersicht über das vorhandene Barvermögen, die Lebensversicherungen, Kapitalvermögen, Schmuck und zwei Autos. Möbel, Bücher, antike Schränke, Fotoalben, Urkunden waren hierin noch nicht aufgeführt.

Alina lachte ihre Cousine an. Das nenne ich Fügung, dachte sie. Ich wäre in den nächsten Tagen sowieso auf Rosalie zugegangen.

»Es ist alles bestens gelaufen. Meine Wurst- und Pökelware, meine ›Krull-Wurst‹ mit Fleisch-Wasser-Fettanteil und Gewürzen ist etwas Einzigartiges. Das wurde mir bereits bestätigt. Es wird nur etwa zwei Wochen dauern, bis das Patent eingetragen wird. Die Idee hatte bisher noch keiner«, begrüßte Egon Franziska nach seiner Rückkehr aus Berlin.

»Ich werde mal ganz schnell auf Vorrat ...«

Franziska hatte rote Augen und schniefte noch immer in ein Leinentaschentuch. Sie hatte Egon wie gewohnt ausreden lassen. Er bemerkte ihren Zustand – euphorisch wie er war – erst spät.

»Unser Kind, es ist vor zwei Tagen zu früh geboren worden. Es ist tot«, sagte sie.

Beide hatten von der hohen Säuglingssterblichkeit und dem Kindbettfieber gehört. Natürlich war dies Gesprächsthema im Metzgerladen, seitdem die Totgburten seit 1877 amtlich registriert wurden. Doch Egon hatte ja noch nicht einmal gewusst, dass er Vater werden würde. Er sagte zunächst kein Wort.

Einige Minuten später erst war er der Meinung, sein Kind solle auf dem Friedhof neben der Inselkirche beerdigt werden.

»Ich möchte mein Kind bei mir behalten!«, flehte Franziska.

Egon sah sie erschrocken an, doch sie erklärte ihm, ihr Mädchen erst einmal »auf Eis« gelegt zu haben – im Hinterzimmer – zur Nordseite.

Die Trauer der beiden über ihr erstes Totgeborenes war so tief, dass Egon für eine Woche seine Metzgerei schließen wollte. Seine Ehefrau riet ihm davon ab, sollte doch seine patentierte Delikatesse demnächst vorrätig zum Verkauf bereitstehen. Er machte sich Vorwürfe, konnte er zurzeit das Geld für eine Hebamme nur schwer erübrigen. Somit hatte Franziska das Thema Schwangerschaft nie angesprochen, vermutete er. Die Inselhebamme hätte allerdings ebenso eine Meldepflicht an das Standesamt gehabt.

Egon hantierte in seiner Küche. Zwischendurch machte er einen Spaziergang zur Langen Anna, von da aus zu den Bade-

*anstalten. In den Umkleideräumen eines Badehauses fand er
die Bauanleitung für ein Boot. Das kleine Heftchen trug den
Titel ›BRIX Bootsbau‹. Eine Idee überkam ihn …*

Die Dachziegel wurden bereits vor fünf Tagen fein säuberlich
verpackt und an eine Versteigerung für einen guten Zweck
weitergereicht.

Rosalie und Alina hatten sich die erste Wand gemeinsam
vorgenommen. Franziska hantierte mit dem Presslufthammer.
Alina hob die Steine auf und reichte sie nach draußen direkt in
den Schuttcontainer. Die schweren Eichenbalken würde später ein Kran aus dem entkernten Gebäude heben.

»Iiiiihhhhh!« Rosalie schrie aus Leibeskräften. Alina stürzte hinzu. Sie warf einen kurzen Blick in das blau angestrichene Boot. Ein Bündel, Leinen, verstaubt, klein, nicht größer
als ein … Sie wagte nicht, den Gedanken weiterzudenken.
Sie flüchteten hinaus, nahmen ihren Mundschutz ab, um tief
durchatmen zu können.

»Unser Onkel war ein verdammter Mörder«, schrie Rosalie hysterisch und feuerte den Presslufthammer beiseite.

»Sollten wir deshalb das Haus mit unseren bloßen Händen
abreißen?«, fragte Alina angewidert.

»Moment!«, rief Rosalie. »Das Haus gehörte doch seinem Vater, dem berühmten Metzgermeister von Helgoland.«

Alina schüttelte immer noch den Kopf, fand dennoch keine
Antwort und setzte zunächst einmal den Notruf ab. Die Polizei brachte nach diesem Telefonat ihre Stammbesetzung mit.
Nach kurzer Inaugenscheinnahme des Bündels wurde ein Archäologe hinzugezogen.

In der Straße sprach sich der Knochenfund herum. Sofort
waren Anwohner vor Ort, fotografierten oder filmten. Die Polizei drängte die Neugierigen hinter ein Absperrband.

Der Archäologe beriet sich keine zehn Minuten mit dem
Polizeiarzt. Ein herbeigeholter Fachmann für denkmalgeschützte Häuser bestätigte, die Mauer sei in den vergangenen
vierzig Jahren nicht geöffnet worden.

Sie wurden sich also schnell einig. Bis auf Weiteres jedoch sollte mit dem Abriss gewartet werden.

»Diese Knochen sind alt«, bezeugte der Archäologe.

»Schau. Dieser Raum ist groß genug. Wir legen unser Baby in dieses Boot. Das habe ich für meine Tochter gebaut. Dann hast du dein Kind immer in der Nähe«, flüsterte er und nahm seine Franziska in die Arme.

In der folgenden Nacht mauerte er eine Wand.

Der Leiter des Instituts für Rechtsmedizin der Universität zu Kiel konnte zum Inhalt des Bündels einwandfreie Angaben machen, insbesondere gegenüber der Staatsanwaltschaft. Im Leinentuch eingewickelt lagen die Skelette von mehreren Neugeborenen.

Die Klinikleitung hatte erheblichen Ärger mit dem anstehenden Medienspektakel. Die Dreharbeiten konnten und durften weder im Gebäude selbst noch auf dem Gelände des Klinikums vorgenommen werden. Die Fotografen, Redakteure und Fernsehteams harrten jedoch aus.

Die dreiköpfige Crew des Instituts fügte die sterblichen Überreste zu zwei weiteren Babyskeletten sowie mindestens vier Tierskeletten zusammen. Doch das war nicht alles.

Egon ertränkte seinen Kummer in Arbeit, nachdem seine Frau eine zweite Totgeburt, wieder ein Mädchen, erlitt.

Er rührte eine von ihm kreierte geheimnisvolle scharfe braune Tunke an, die er ebenso beim Patentamt anmelden wollte. Sie ließ ihn für ein paar Stunden die Trauer leichter ertragen.

Er hätte so gern einen Sohn, einen Nachfolger für seine Metzgerei gezeugt.

Franziska kaufte sich vor Einsamkeit einen Welpen und ging in der Rolle der stolzen Hundebesitzerin auf. Sie vernachlässigte allerdings nie ihre Pflichten als Ehefrau dieses angesehenen Metzgermeisters und stand darüber hinaus im Laden.

Während der dritten Schwangerschaft erlitt Franziska eine Fehlgeburt und Egon fragte wiederum:»Soll ich die Mauer öffnen, mein Schatz?«

Egon ließ mehrfach Rezepte patentieren und musste jedes Mal persönlich in Berlin erscheinen. Er verlegte viele Termine in den Spätherbst. Die Badeanstalt war dann schon lange nicht mehr geöffnet. In dieser Zeit überließ er seiner Frau das Geschäft.

Franziska fühlte sich allein gelassen. Auch sie hätte gerne einmal ihre Verwandtschaft besucht, die auf dem Festland lebte. Das erlaubte ihr Egon auf keinen Fall. Sie hatten ebenso nicht genügend Platz, ihre Gäste übernachten zu lassen. Die Hotels waren teuer und so blieb Franziska keine andere Möglichkeit, als auf Besuch zu verzichten. Darüber hinaus verlangten im Herbst und im Winter die Touristen sowie die Einheimischen nach warmen und kräftigen Mahlzeiten. Es wurde mehr Fleisch und Wurst gekauft. Einige Male hatte Franziska ihren Mann darauf angesprochen, wie anstrengend es für sie sei. Dass sie es nicht allein schaffte. Er registrierte ihre Not nicht. Eine schwere Erkältung konnte sie nicht auskurieren. Ihre Kräfte ließen nach. Sie wurde schwermütig.

Einige Wochen später verfiel Franziska in Depressionen, als ihr Hund von einem wesentlich größeren Hund zu Tode gehetzt wurde. Egon fasste sich den Köter in einem unbeobachteten Moment und ...

»Ich öffne zum letzten Mal die Mauer. Alles wird wieder gut!« Doch nichts änderte sich. Es kam, rein geschäftlich betrachtet, noch schlimmer. Die ausländischen Gäste aßen gern Austern. Sie waren hinter der Düne zu finden. Dort war eine Austernbank. Auch fanden die Touristen Geschmack an allerlei Fischsorten. Von da an florierte die Metzgerei nicht mehr. Ein wenig Hoffnung keimte in Egon auf, als eine Überfischung drohte. Vielleicht würden sich die Gäste und Einwohner wieder mehr seinen Wurstspezialitäten widmen.

Egon hoffte, dass die erneute Schwangerschaft seiner Ehefrau erfolgreich verlaufen würde. Vorsorglich meldete er

die bevorstehende Geburt im Hebammeninstitut Kiel an. Sie
wollten ihm in Anbetracht seines Standes eine gut ausgebildete
Geburtshelferin senden. Sie würde ebenso das Kindbettfieber
zu verhindern wissen. Die 85 Mark musste er sich vom Mund
absparen. Oder er gab der Hebamme Naturalien. Ein halbes
Jahr lang Schinken ... Ich werde auf die Einladung der Tauf-
gesellschaft und das anschließende Saufgelage verzichten müs-
sen, dachte er, als er die Kosten für die Taufe veranschlagte.

Rosalie und Alina fuhren mit dem Katamaran nach Helgoland. Ihr Weg führte ins Museum und sie wurden vom dorti-
gen Leiter des Inselarchivs empfangen.

»Es war nicht unüblich, sterbliche Überreste im eigenen
Garten zu vergraben. Sie wurden allerdings ebenso in Gruften
in den Kirchen eingemauert, wovon auf Helgoland zu wenige vorhanden waren. Das ist heute noch so. Wir können gern
nachforschen, wer in diesem Hause gelebt hat. Da gab es Ihren Onkel, der Ihnen beiden das Haus vermacht hat. Dieser
wurde in diesem Haus auf dem Küchentisch geboren. Keine
Geschwister.«

Rosalie und Alina hörten gespannt zu. Der Museumsleiter
hatte sichtlich Spaß an dieser Art Ahnenforschung. So teilte er
ihnen fröhlich einen weiteren Verwandten mit.

»Der Vater ihres Onkels, geboren am 3.5.1886, der Metzgermeister Egon Krull, ist ebenso registriert. Es wird ein Leichtes sein, herauszufinden, ob er dieses Haus gebaut hatte.«

»Metzgermeister?« Alina zählte eins und eins zusammen.
»Ja, das ist der Verwandte, der seine Rezepte patentieren ließ.
Der mit dem Sohn, der Arzt wurde, statt den Laden seines Va-
ters zu übernehmen. Unser Onkel Franziskus hat uns ja dieses
Haus vererbt.«

In diesem Moment wurden die Cousinen von einem Kri-
pobeamten aufgesucht, der lange zuhörte, doch sich nicht am
Gespräch beteiligte. Als er mucksmäuschenstill die Aufzäh-
lung der Ahnen verfolgt hatte, räusperte er sich: »Wir haben
ein weiteres Skelett. Nach einer vorgenommenen Analyse der
Knochen ist die Person vor mehreren Jahrzehnten dort abge-

legt worden, männlich, 180 Zentimeter. Also kein Baby, kein Hund, keine Katze.«

Es ward ihnen ein prachtvoller Junge geboren: Achteinhalb Pfund mit Knochen, stand in der Zeitschrift der Metzgergilde.

Franziska und Egon bekamen aus Helgoland und dem umliegenden Festland Glückwünsche übermittelt. Die Fischer waren im Geschäft, gratulierten und entführten ihren Egon zu einer Fahrt mit der Börte. Es nahm alles einen guten Verlauf, dachte er.

Doch war Egon von Anfang an dagegen, dass sein Sohn Franziskus, als er älter war, die Tiere, die zur Schlachtung geliefert wurden, sezierte. Der Junge hatte nur eines im Sinn: Er wollte Menschen und Tiere heilen. Schon als Sechsjähriger rettete er Vögel, warf jeden Fisch zurück in die Nordsee. Die Mutter unterstützte ihren über alles geliebten Sohn mit allen ihr noch zur Verfügung stehenden Kräften. Voller Argwohn betrachtete Egon die Zweisamkeit seiner Frau mit dem Sohn. Franziskus war die Metzgerei tatsächlich egal.

»Wir müssten herausfinden, wo dieser Großonkel Egon abgeblieben ist«, erklärte Rosalie und Alina pflichtete ihr bei.

»Steht in den Kirchbüchern vielleicht etwas? Wurden die Toten der Gemeinde eingetragen?« Die beiden Cousinen waren seit dem Fund – wie früher – unzertrennlich. In trauter Zweisamkeit besprachen sie alles offen und ehrlich.

Sie wurden fündig. Doch handelte es sich nicht um einen normalen Todesfall, der zur Beerdigung auf dem kirchlichen Friedhof führte, sondern um einen angeblichen Selbstmord. Allerdings gab es keine Leiche.

Der Metzgermeister Egon Krull war vor lauter Gram ins Wasser gegangen. Es stand kurz beschrieben, was er durchgemacht hatte: Erst hieß es, er sei zeugungsunfähig. Die Eheleute bekamen keine Erben. Erben waren für einen Metzgermeister mit Patenten wichtig, da für die Inselgeschichte relevant. Ein Gerücht, wie später notiert wurde, denn Frau Franziska Krull gebar einen gesunden Sohn. Zuvor litt sie unter schwersten

Depressionen, stürzte sich in die Liebe zu Tieren. Doch dann wurde der einzige Sohn ein anerkannter und erfolgreicher Arzt in Kiel.

Tatsächlich und nachweislich wurden von einem Seenotkreuzer sterbliche Überreste von holländischen Fischern gefunden. Es stand nirgendwo, ob Egon Krull darunter war.

Die Stimmung in der Inselfleischerei war zum Zerschneiden schlecht. Franziska sah ihren Ehemann an heißen Tagen kaum noch. Bis in den Abend hinein war es angenehm warm, die Gäste blieben lange. Der Metzgermeister Krull verbrachte sehr viel Zeit in der Nähe der Badehäuser. Angeblich müsse er als Letzter gehen, damit Ordnung an den Strand käme. Womöglich fand er Gefallen an den vielen, ausländischen Damen, dachte sie.

Es herrschte enormer Badebetrieb auf dieser wohl ungewöhnlichsten deutschen Insel, ein Felsen in der See, keine tausend Quadratmeter groß. Viele Familien tummelten sich dort.

»Die gehört doch unter die Guillotine!« James zeigte auf einen weiblichen Badegast, die es wagte, ihre Beinkleider bis über die Knie hinaufzuschieben. Egon Krull war bereits auf dem Weg zu ihr.

James war ein sehr vorlauter Junge. Seine Eltern, die an diesem überaus sonnigen Samstag in der Nähe des Badehauses weilten, wollten das nicht dulden.

»Das geht uns nichts an! Und nur, weil du in der Schule von irgendwelchen früheren Todesstrafen in Frankreich gehört hast, findet das hier auf Helgoland keine Anwendung«, ermahnte ihn sein Vater.

»Unser Metzger und Bademeister wird sich um die Einhaltung der Vorschriften kümmern. Nicht mehr und nicht weniger, James!«, mischte sich auch die Mutter in die Erziehung ihres neunjährigen Sohnes ein.

Peinlich wäre es den Eltern, wenn ausländische Gäste dies verstanden hätten, doch wahrscheinlich war dem nicht so. James sprach oft »Halunder«, das Friesisch der Helgo-

länder, wurde er doch in der Schule unterrichtet, übte zu jeder Zeit.

Ihre Neugierde allerdings war nunmehr geweckt. Der Bademeister stand vor einer Dame, das Zentimetermaß in der Hand. Er nahm Maß, das machte er an jedem Wochenende, wenn er Dienst hatte. Dieses Beinkleid dort entsprach anscheinend nicht den Badevorschriften. Nun ja, es sah ein wenig zu kurz aus. Das konnte ein Bußgeld nach sich ziehen. Doch weiß der Himmel, wo die Dame es gekauft hatte.

Plötzlich fasste der Bademeister Krull die Dame am Ellenbogen und geleitete sie von der Badestelle weg. Wohin, konnten sie nicht genau sehen. Jedenfalls war die Richtung die angrenzende Insel Düne.

»Sie kam vorhin von der Düne«, erklärte James.

»Was du so weißt!«, sagte der Vater und tat gelangweilt.

»Nun geht doch mal schwimmen!«, versuchte die Mutter das Gespräch zu beenden. Sie wusste allerdings, auf der Düne war nicht viel los, dort wurde Handel mit geschliffenem roten Feuerstein betrieben. Das war alles. Man fuhr mit der Börte rüber.

Ach, was geht mich das an, dachte sie. Obwohl ich liebend gerne einen aparten Schmuckstein, einen roten Diamanten, einen Helgoländer Achat, hätte. Mein Mann würde sich wohl eine Klinge wünschen. Und James ist noch zu jung für einen Dolch, überlegte sie.

Die Details zu ihrem Erbe wurden nicht angenehmer. An einem anderen Tag erfuhren Rosalie und Alina von einem »blutroten« Schatz ungeahnter Menge, der gefunden worden sei. Auch darüber konnten sie sich zunächst nicht erfreuen. Konfisziert sei dieser, hieß es.

Die Gerüchteküche brodelte immer mal wieder. In der Helgoländer Zeitung standen mehrfach Berichte über angebliche Schmugglerbanden, Diebstähle, Unterschlagungen.

Das tangierte die Familie Krull wenig. Der Sohn Franziskus wurde einer der besten Schüler der Insel und war früh bemüht, in alle medizinischen Berufe hineinzuschnuppern.

Franziska jedoch konnte es ihrem Ehemann nie verzeihen, dass er mehrfach im Zorn die Hand gegen sie erhoben hatte. Sie hatte lediglich eingefordert, ebenso am Strandleben teilzu- nehmen und im Übrigen etwas mehr Freizeit zu bekommen. Sie arbeitete nun durchgehend, und immer noch ohne Perso- nal. Sie durfte nicht am kulturellen Leben teilhaben.

Wo war nur ihre Liebe geblieben? Franziskus, der seine Mutter über alles liebte, überlegte schon während seines na- turwissenschaftlichen Studiums auf dem Festland, wie er sei- ner Mutter helfen konnte. Nie hätte er geglaubt, er – der Le- ben retten wollte – seinen eigenen Vater ...

Die Cousinen standen gedankenverloren vor den Trümmern ihres Erbes. Ihr Onkel Franziskus wurde zuvor auf eigenen Wunsch auf einem Friedhof in Kiel beerdigt. Nicht auf Helgo- land. Nur er allein wusste sehr wohl, warum.

»Glaubst du, dass sie Onkel Egon sowie die Schmuggler- ware gefunden haben?«, fragte Rosalie.

Alina nickte stumm.

»Möchtest du die Mauer öffnen?«, fragte Franziska ihren Sohn. Dieses Mal brauchten sie mehr Platz.

Historischer Hintergrund:

Der Kriminalfall spielt in den Zwanziger Jahren auf Helgo- land. Es gab und gibt auf der Insel tatsächlich eine Inselflei- scherei in dieser Straße, die mit dieser Familie Krull nicht das Geringste zu tun hat. Der Fall ist fiktiv. Die Börte, das sind Boote, die es seit dem 18. Jahrhundert gab. Ab 1714 wurde auch ein Lotsenfahrzeug danach benannt.

Die Insel wurde von ausländischen Feriengästen besucht, die sicherlich kein »Halunder« verstanden. Die Fischerei, das Leben am Strand sowie die Bademode für die Damen, das florierende Ge- schäft mit dem geschliffenen roten Feuerstein, finanzielle Probleme eines Metzgermeisters, all das war mir Inspiration für den Plot.

Heidi Ramlow

Blutspuren

Helgoland, 18. April 1945. Der Drahtfunk meldet den An-
flug mehrerer Bombereinheiten. Die Tommys nähern sich dem
Planquadrat Anton Quelle 2 der *Deutschen Bucht.*

Hella wohnt in der Anflugschneise der Royal Air Force. Sie
nimmt die Kartoffeln vom Herd, stellt das Gas ab, greift ihren
Beutel, wirft einen Kanten Brot hinein und rennt los. Tägliche
Routine. Wie sie das hasst! Die Sonne scheint. Der Himmel
leuchtet blau. In den Straßen ist es still. Unheimlich still. Etwas
ist anders als sonst. Überall stehen schweigsame Soldaten mit
Gewehren und verbissenen Gesichtern. Die Sirene heult. Voralarm. An Hella vorbei hastet Fischer Krüß, einer der wenigen
männlichen Zivilisten. Warum ist er heute nicht rausgefahren?
Hat die Volksernährung Pause?

Hella trifft Martin, einen Marinehelfer, kaum älter als sie.
Im Konfirmandenunterricht sitzt sie neben ihm. Er ist schüch-
tern und erzählt nie was über sich. Einmal hatten sich ihre
Knie berührt. Ein neues, aufregendes Gefühl.

»Musst du nicht zum Mittags-Apell?«, fragt sie.

»Der war schon.«

Er begleitet Hella zur Spirale im Nordosten der Insel. Von
dort erreichen sie das gesamte Tunnelsystem und sind in Sicherheit. Die breiten Gänge schrauben sich gegenläufig ins
Oberland. Überall sitzen und drängen sich Menschen. Sie
sucht ihre Mutter und ihren kleinen Bruder, auch im Mutter-
und-Kind-Raum des Schulbunkers findet sie sie nicht!

Das Dröhnen der britischen Bomber kommt immer näher! Der einsetzende Großalarm erstickt jedes Gespräch.
Dann prasselt der Abwurf auf die Felsenfestung nieder. Kinder schreien. Andere irren durch die Gänge und suchen verzweifelt nach ihren Müttern, Großeltern, Geschwistern. Einige bleiben einfach sitzen und halten sich die Ohren zu oder
starren vor sich hin, einen kleinen Koffer mit dem Nötigsten

zwischen den Beinen. Arno Döring, der Funkoffizier, sitzt mit seiner Familie in einer Ecke. Hat man den nicht am Morgen mit einigen anderen verhaftet? Die Helgoländer erzählen viel hinter vorgehaltener Hand. Auch von dem »Verbrecher an der Spitze« und vom baldigen Ende des Krieges. Die ersten Verwundeten werden in den Bunker gebracht. Der Inselarzt Dr. Kropatschek kümmert sich um sie.

Hella und Martin gelangen immer tiefer in die Höhlengänge. Hier sitzen kaum noch Menschen. Nur weg von dem Grauen! Über eine Stunde zerstören die Bomben bereits die Insel. Vor einem Raum stehen Wachtposten. Sie hören Stimmen. Hella fragt den Posten nach einer Zigarette. Er schüttelt den Kopf. Martin huscht in die Küche hinter dem Raum und füllt seine Feldflasche mit Wasser. Dann schleichen sie weiter. Nur noch dumpf dringen die Detonationen zu ihnen durch. Martin zeigt auf eine geschlossene Tür linker Hand. Sie lauschen. Er drückt den Hebel runter und öffnet vorsichtig die schwere Eisentür.

»Den Raum kennen nur wenige«, sagt er. »Hier haben wir Ruhe.«

Er zündet sich nervös eine Zigarette an, raucht einige Züge und sieht Hella sekundenlang in die Augen. Er zieht sie an sich und küsst sie linkisch. Hella wird heiß im Gesicht, sie entwendet sich ihm und stößt gegen einen kleinen Holztisch. Etwas fällt scheppernd zu Boden. Sie tastet danach. Martin umschließt ihre Hände und nimmt ihr das Teil ab.

»Eine Karbidlampe!«, sagt er.

Er zündet sie an. Die Lampe flackert und wirft tanzende Schatten an die kahlen Betonwände. An der hinteren Wand steht eine Pritsche, am unteren Ende liegt zusammengefaltet eine Militärdecke. Die Matratze ist durchgelegen und fleckig.

Martin saugt tief den Zigarettenrauch ein und beobachtet Hella. Sie weiß nicht, was sie sagen oder wo sie hingucken soll. Er hat so dunkle Augen. Verlegen bindet sie die Schleifen an ihren Affenschaukeln fester. Er schmeißt die Zigarette auf den Betonboden, drückt sie mit seinem Stiefel aus und hebt den

Stummel auf. Vorsichtig streift er die Asche ab, entfernt das Zigarettenpapier und schüttet die Tabakreste in eine leere Zigarettenschachtel.

»Setz dich doch!« Er schiebt ihr den einzigen Stuhl im Raum hin.

»Ich kann stehen«, antwortet sie.

Er lässt sich rittlings nieder und verschränkt seine Arme auf der Lehne. Hella findet außer dem Kartoffelschälmesser ein Taschentuch in ihrer Schürzentasche. Sie wischt damit den Tisch ab und setzt sich darauf.

»Hübsche Küchenschürze hast du an, schwierig so'n Stickmuster?«

»Nee, Kreuzstich, alle achten Klassen machen das in Handarbeit.«

»Deine Schürze ist besonders akkurat.«

Sie summt »Blow boys, blow for Californio«, schaukelt mit den Beinen und fühlt seinen Blick an ihren Schenkeln bis zu ihrem Schlüpfer. Sie zieht den blauen Rock über ihre Knie.

»Ich komme nach Ostern in die Neunte. Und du?«

»In die Zehnte. Vielleicht hier, vielleicht in Pommern«, sagt er. »Das hängt vom Krieg ab.«

»Pommern! Von so weit weg kommst du?«

»Von meiner Oberschule sind fünfzehn Kameraden nach Helgoland abkommandiert worden.«

»Ich mach' die Mittelschule. Das reicht für Mädchen, sagt meine Mutter. Mein kleiner Bruder soll mal auf die Oberschule.«

»Wer ist dein Klassenlehrer?«

»Herr Wulff. Und wen habt ihr hier?«

»Wachtel.«

»Wie ist der so, euer *Schleifer*?«

»Der? Der ist in Ordnung. Der schnorrt bei uns immer Zigaretten.«

Sie springt vom Tisch und nimmt den Brotkanten aus dem Beutel.

»Willst du abbeißen?«

»Nein, danke.«

Martin trinkt aus seiner Feldflasche. Dann zieht er an ihrem Schürzenband und öffnet es.

»Ich geb' dir zwei Zigaretten, wenn du dich ausziehst.«

»Bist du verrückt?« Sie verknotet die Schürze diesmal vorne und sieht ihn wütend an.

»Nur mal gucken. Sonst nichts.«

»Idiot! Ich will aber nicht.«

Er hält sie am Arm fest.

»Aua, du tust mir weh! Lass mich los!«

Er schubst sie von sich und lacht. Als sie zur Tür will, verstellt er ihr den Weg. »Du bleibst!«

Er zerrt sie zur Pritsche und drückt sie darauf. Sie kauert sich auf den Rand und umschließt ihre Beine mit den Armen.

»Hier bleibst du sitzen und gibst Ruh'!«, sagt er. »Erst küssen und mit den Beinen schaukeln und dann kneifen.«

Hella schämt sich. Was denkt Martin nur von ihr? Sie hat sich beim Küssen nicht gewehrt, das war ihr Fehler. Er glaubt jetzt bestimmt, dass sie es mit allen treibt. Sie hat gerade erst ihre Tage bekommen. Mit vierzehn. Sie horcht in die Stille. Es sind keine Bomben mehr zu hören. Die Karbidlampe blakt. Ob ihre Mutter bereits zu Hause ist? Die Kartoffeln sind inzwischen kalt. Sie werden abends Bratkartoffeln auf Brot essen, etwas Schmalz ist noch in der Dose. Sie sieht verstohlen zu Martin. Er sitzt am Tisch und dreht sich Zigaretten.

»Ob wir zusammen konfirmiert werden?«, fragt sie.

»Nein. Das kann mein Pastor in Pommern machen.«

»Mir ist kalt in dem blöden Bunker. Ich will nach Hause.«

»Hier bist du sicherer«, antwortet Martin, »glaub mir.«

Der graue Beton wirkt abweisend. Im Beutel hat Hella eine warme, lange Hose. Soll sie die Hose anziehen? Vor Martin? Nein. Das geht nicht. Sie friert lieber. Martin steht auf, nimmt die Militärdecke vom Ende des Bettes und legt sie ihr um die Schultern. Er hockt sich vor sie. Hella wagt kaum zu atmen. Ihr wird komisch in der Magengegend. Martin sieht wild aus, trotz seiner kurzen, schwarzen Haare und Mittelscheitel. So anders als die Helgoländer Jungens. »Bist du gerne Marinehelfer?«, fragt sie, um irgendetwas zu sagen.

Er lächelt sie an, öffnet die Schleifen in ihrem Haar und entfernt die Zopfspangen. Sie umklammert die Decke fest vor ihrer Brust. Er atmet stoßweise. Fieberhaft flicht er ihre Zöpfe auf, erst den rechten, dann den linken. Warum tut er das? Aua! Sie steht abrupt auf. Er blickt sie nicht an, reißt ihr Schürzenband auf und drückt sie zurück auf die Pritsche. Als sie ihn zornig ansieht, stammelt er: »Die – die Schürze brauchst du unter der Decke nicht.«

Plötzlich greift seine Hand nach ihrem Busen.

»Was soll ich tun? Was soll ich tun?«, denkt sie.

»Lass das! Ich will das nicht«, stößt sie hervor und springt auf.

Sie wickelt fest die Decke um ihren Körper und legt sich hin, mit dem Gesicht zur Wand.

Großalarm. Der zweite Großangriff der Alliierten. Der Motorenlärm der Tiefflieger, zuerst leise, dann unüberhörbar auch in diesem hinteren Teil des Stollens. Hella hält sich die Ohren zu. »Hört das denn nie auf? Ich will das nicht mehr hören!« Sie weint.

Martin legt sich zu ihr auf die Pritsche.

»Die Decke ist ja zwischen uns«, denkt Hella. Irgendwie fühlte sie sich geborgen, nicht allein. Warm.

Aber dann dreht er sie unverhofft um, schmeißt sich auf sie, klemmt sie zwischen seine Schenkel, hält ihre Arme fest und sieht ihr in die Augen. »Das hört nicht mehr auf, Hella. Nie mehr. Begreif das endlich!«

Sie befreit sich und schlägt um sich, trommelt mit beiden Fäusten gegen seine Brust, strampelt mit den Beinen. Die Decke verrutscht.

»Vielleicht sind wir beide schon jetzt die letzten Menschen auf dieser verdammten Insel.« Er packt sie fester. Sie schreit. Er hält ihr den Mund zu, reißt die Decke weg. Sie begreift auf einmal, dass er es wirklich tun will. Da ist plötzlich diese Härte in seinen Augen. Sie stemmt sich gegen ihn.

»Willst du denn nicht erfahren, wie das ist?«, keucht er. »Wir kommen hier nie wieder lebend raus, verstehst du? Es ist aus. Wenigstens einmal! Bitte!«, sagt er, während er an seiner

Hose nestelt, ihr den Schlüpfer runterreißt und in sie eindringt. Er stößt zu, immer wieder stößt er zu. Schweiß läuft über sein Gesicht. Sie schaut ihn mit stumpfen Augen an und fingert das Kartoffelschälmesser aus ihrer Schürzentasche.

Dumpf schlagen die Bomben auf den Felsen. Sie spürt sie mehr, als das sie sie hört. Dumpf hören alle Empfindungen in ihr auf. Sie bleibt entkräftet liegen. Wimmert nur noch. Wehrt sich nicht. Als er sich aufbäumt und versucht, ein letztes Mal das letzte bisschen Luft aus ihr herauszupressen, hat sie das Messer fest umklammert. Und als er sich erschöpft auf sie fallen lässt und die Klinge sein Uniformhemd durchdringt, sieht er sie ungläubig an, bevor er stöhnend auf ihr zusammensackt. Sekundenlang liegt sie wie starr, bis sie versucht, Martin auf die Seite zu drehen. Panisch verlässt Hella den Raum und rennt ziellos umher. Sie hockt sich auf eine Bank. Wo sind die Helgoländer? Und wenn Martin verblutet? »Ich muss zurück«, denkt sie. Langsam steht sie auf.

Die Karbidlampe brennt kaum noch, als sie die Tür von innen verriegelt. Ihre Augen suchen im schwachen Licht den Raum ab. Martin ist nicht da. Hat sie sich in der Tür geirrt? Nein. Das Kartoffelschälmesser liegt auf dem Tisch. Sie setzt sich auf die Pritsche. Vielleicht hat er den Seitenstollen genommen. Oder er liegt in einer Ecke und verblutet. Sie muss seiner Spur folgen. Überall das viele Blut! Auf der Wehrmachtsdecke, ihrer Kleidung, ihren Händen, dem Fußboden. Und wenn er stirbt? Oder sie sucht?

Auch Hella blutet. Es tropft auf ihre weißen Socken. Sie zieht sich aus. Aus den blutverschmierten Sachen schnürt sie ein Bündel. Ihr Leibchen stopft sie zwischen ihre Beine. Aus dem Beutel nimmt sie eine frische Unterhose, eine lange, braune Stoffhose und einen blauen Pullover. Sie fürchtet die engen, überfüllten Schutzräume weiter vorn. Dort verliert sich die Blutspur von Martin. Staubig und heiß ist die Luft, nicht so kühl wie im tiefen Felsen.

»Mutti!«, ruft Hella, »Mutti! Hilf mir!« Sie wischt die Tränen aus ihrem Gesicht. Als sie die militärischen Depots erreicht, findet sie auch da niemanden mehr. Wände und Decken sind eingestürzt. Sie klettert über den Schutt weiter. Ein Lippenstift liegt im Geröll. Sie hebt ihn auf. Mechanisch geht sie weiter und gelangt an den Ausgang am Scheibenhafen.

Sie setzt sich neben den Felseneingang auf eine umgestürzte Mauer und blickt zum Hafen. Die Nacht ist hell. Häuser brennen. Überall glüht und qualmt es. Sie sieht die Menschenschlange, die sich langsam durch das Unterland zu den Schiffen im Hafen bewegt. Schweigsame, die wie Lemminge ihrem Vordermann folgen. Tiefflieger greifen die Schiffe im Hafen an. Hella duckt sich automatisch. Eine Frau stürzt in einen brennenden Bombentrichter. Minutenlang ist ihr Brüllen zu hören. Hella kennt sie nicht.

»Los, los, Mädchen«, ruft ein Mann ihr zu. »Hier werden alle evakuiert!«

Hella bleibt sitzen. Sie hat keine Kraft mehr.

Im Morgengrauen sticht die *Kehrwieder* in See. Hella sieht ihr teilnahmslos nach. Morgendunst legt sich fast milde auf die Trümmerlandschaft. Die Sonne geht auf und taucht brutal Betonblöcke in ein rötliches Licht. Der rote Felsen leuchtet. Flammen züngeln an Balken und Ruinen. Nur der Flakturm auf dem Oberland steht noch. Möwen schwingen elegante Kreise und zerreißen die Stille mit ihrem Schrei.

Hella erhebt sich müde. Sie bewegt sich über hastig verlegte Planken, Trümmer und Felsbrocken durch das Unterland zum U-Boot-Bunker im Südhafen. Dort warten Menschen. Nicht alle haben es auf die Schiffe geschafft. Hella sucht nach ihrer Mutter und ihrem Bruder – und nach Martin.

»Die sind sicher schon auf dem Festland, Deern.«

Hella betritt den U-Boot-Bunker. Sie kommt in einen Gang, in dem Soldaten ganz dicht nebeneinanderliegen. Tote Soldaten. Die Leute versuchen sich einen Weg durch sie zu bahnen, gehen aber mehr auf ihnen, als um sie herum. Hella sieht auf die ordentlich aneinandergereihten toten Körper. Sucht. Und findet ihn. Ganz an die Wand gedrückt liegt Martin, die Hose zerfetzt über dem blutigen Beinstumpf. Sie kniet sich hin, streicht ihm das Haar aus der Stirn, weint, will sich neben ihn legen. Eine Frau zieht sie hoch. Hella reißt sich los und stolpert über die Leichen zurück ins Freie.

Sie irrt stundenlang herum, sieht einen Schnürschuh mit Socke und abgerissenem Fuß, Uniformfetzen mit einem Stückchen Ordensband, einen Stahlhelm neben einem brennenden Balken, der Schädel ist in eine kleine Kuhle gerollt.

Hella verkriecht sich in einem Bootsschuppen am Hafen. Sie hört die Wellen schwerfällig gegen die Pfähle schwappen. Durch die Ritzen der Bretter sieht sie, wie das Tageslicht vergebens kämpft, zu ihr vorzudringen. Sie riecht die Feuchte des Morgennebels. Er kriecht in ihre Kleider und verstärkt den Fischgeruch des verrotteten Fischernetzes an der Wand und den Brandgeruch verkohlter Balken. Sie spürt den Lippenstift in ihrer Hand und malt sich die Lippen rot. An ihren Händen klebt immer noch sein Blut.

Ein weiterer Tiefangriff der Alliierten. Sie fühlt den Holzboden, auf dem sie liegt, die Vibrationen. Sie leckt das Blut von ihren Fingern.

Durch die Ritzen dringt Sonnenlicht in das Bootshaus. Staubteilchen tanzen im Takt der Detonationen.

Historischer Hintergrund

Helgoland
Grön is dat Land,
Grün ist das Land,
rot is de Kant,
rot ist die Kant,
witt is de Sand.
Weiß ist der Sand.
Dat sünd de Farven vun't hillige Land.
Das sind die Farben von Helgoland.

Deutschland hat nur eine einzige Hochseeinsel: Helgoland. 70 Kilometer vom Festland entfernt hebt sich der rote Buntsandsteinfelsen steil aus der Nordsee.

Die Insel hatte viele Herren. Sie gehörte:
1773-1814 zu Dänemark
1807-1890 zu Großbritannien
1890-1945 zum Deutschen Reich
seit 1. März 1952 gehört Helgoland zur BRD

Am 18. April 1945 führen die Engländer ein verheerendes Bombardement durch, bei dem in drei Wellen 1.000 britische Flugzeuge innerhalb von 104 Minuten etwa 7.000 Bomben abwarfen und die bebaute Oberfläche Helgolands zerstörten. Unter starkem Tieffliegerbeschuss wird die Zivilbevölkerung der Insel am nächsten Tag evakuiert. Die Bewohner hatten in den Luftschutzbunkern überlebt. Zwei Jahre später folgte der Big Bang, die Sprengung sämtlicher militärischer Anlagen auf Helgoland.

Erst am 1. März 1952 gaben die Engländer Helgoland an Deutschland zurück.

Auskünfte: Jörg Andres, Museumsleiter, www.museum-helgoland.de

BIOGRAFIEN

Bettina von Cossel
seit Bettina v. Cossel eine Leiche unter ihrem Hotelzimmerfenster fand – und Jahre später ein blutverkrustetes Messer in der Holzwolle ihres Biedermeierstuhls – lässt sie der Krimi nicht mehr los. Außerdem schreibt sie Kurzgeschichten für Anthologien und Zeitschriften. Bettina v. Cossel ist Mitglied der Mörderischen Schwestern. Sie hat mehrere Kriminalromane verfasst.

Christiane Dieckerhoff
hat sich schon als Kind so manche Ohrfeige für ihre Geschichten eingefangen und vielleicht deshalb erst als Erwachsene angefangen, diese auch aufzuschreiben. Als Christiane Dieckerhoff schreibt sie erfolgreich Kriminalromane und Kurzgeschichten. Als Anne Breckenridge streift sie durch die Jahrhunderte und lebt dabei ihren Hang zu Romantik und Abenteuer aus. Die Autorin lebt und arbeitet am nördlichen Rand des Ruhrgebiets. Sie ist Mitglied im Syndikat und bei den Mörderischen Schwestern.
www.krimiane.de

Gitta Edelmann
stammt aus Baden, hat in Brasilien, Schottland und an verschiedenen Orten in Deutschland gelebt, doch hat sie eine besondere Schwäche für die Nordsee und ihre Inseln, der sie – wie hier – nur zu gerne nachgibt. Sie schreibt Kurzkrimis und Minigeschichten, hat eine Reihe von England-Krimis begonnen, einen Kinder-Weihnachtskrimi beendet und leitet Seminare für Kreatives Schreiben.

Gitta Edelmann ist Mitglied bei den Mörderischen Schwestern, im Syndikat, im Bödecker-Kreis und Vorstandsmitglied des Landesverbands NRW des Verbands deutscher Schriftsteller VS.

Heike Gellert
Kamen. Nach über 20 Jahren in der Kreisverwaltung Unna widme ich mich den vielen K's: Kurzkrimis, Kurzgeschichten, Kriminalroman, Krimödie, Kräutermärchen, Kunst, Kreativität. Mitglied bei den Mörderischen Schwestern e.V., im Syndikat, im Westfälischen Literaturbüro Unna, Verdi.
www.ewas-apfelernte.de

Moa Graven
wurde 1962 in Ostfriesland geboren und wohnt in Leer (Ostfriesland). Das Schreiben gehörte schon von Kindesbeinen an zu ihren Leidenschaften. Sie liebte Papier und schrieb alles auf, was ihr in den Sinn kam. Auch hat sie unter der vielbesprochenen Bettdecke nächtelang gelesen. Beruflich schlug sie zunächst eine Laufbahn in der Verwaltung ein und arbeitet seit dem Jahr 2000 auch als freie Journalistin. Seit Sommer 2013 schreibt sie die Kommissar Guntram Krimi-Reihe, die in Ostfriesland angesiedelt ist. Im Sommer 2014 kam die Ermittler-Reihe mit Jan Krömer hinzu. Mit den Ostfrieslandkrimis, die in ihrem im April 2014 gegründeten cri.ki-Verlag erscheinen, ist sie jetzt in ihrem Lieblingsgenre, dem Krimi, angekommen.
www.moa-graven.de

Anne Groeneweg
geboren 1960 in Grimersum (Krummhörn) lebt seit 1979 in Emden. Von 2004 bis 2007 Produzentin der Sendung »Is Teetied bi Gerda und Heike« bei Radio Ostfriesland. Schreibt hoch- und plattdeutsche Kurzgeschichten und Gedichte. Seit 2010 Mitglied des Arbeitskreises der Ostfriesischen Autorinnen und Autoren.

Hannelore Höfkes
Sie wurde 1962 in Aurich (Sandhorst) geboren. Sie ist verheiratet, zweifache Mutter und lebte ihre kreative Phase viele Jahre im eigenen Kostümverleih, in Wiesmoor/Großefehn aus. Obwohl sie bereits im zarten Alter von zwölf Jahren zur Papiermörderin mutierte, begrenzte sich das Schreiben im Er-

wachsenenalter auf Gedichte. Erst die Schreibwerkstatt unter der Leitung von Regine Kölpin brachte die Tinte in ihrer Feder zum Fließen. Seitdem bekennt sie sich zur Serientäterin für blutige, nachdenkliche und lustige Kurzkrimis. Letzte Publikation in Muscheln, Möwen, Morde (KBV) und Kurztexte in zwei Wellhöfer -Anthologien.

Matthias Houben
nach dem Studium von Germanistik / Philosophie und Informationswissenschaften in unterschiedlichen Berufen unterwegs. Lebt und arbeitet als Softwareentwickler in Ostfriesland und schreibt Geschichten / Storys und Erzählungen. Betrachtet sich selbst als Geschichtenerzähler. Nach Erstveröffentlichungen unter seinem Geburtsnamen Matthias Schneider, weitere Veröffentlichungen unter dem Pseudonym Matthias Houben. www.litbit.de

Regine Kölpin
hat zahlreiche Romane und Kurztexte (unter Regine Fiedler für Kinder und Jugendliche) publiziert und gibt auch Anthologien heraus. Regine Kölpin leitet Schreibwerkstätten in der Jugend- und Erwachsenenbildung und inszeniert historische Stadtführungen mit Lesungen an den Originalschauplätzen. Mehrfache Auszeichnungen, wie u.a. den Jahrespreis der Ostfriesischen Autoren 2002 und 2005, nominiert für den Kärntner Krimipreis 2008, 1. Platz E.G.O.N. 2009, Stipendium Tatort Töwerland 2010 ; Auszeichnung zur Starken Frau Frieslands 2011. Sie ist 1964 in Oberhausen geboren und lebt mit ihrer großen Familie in Friesland an der Nordseeküste. www.regine-koelpin.de

Sabine Prilop
Sie wurde 1960 in Göttingen geboren. Nach einer kaufmännischen Ausbildung studierte sie Literaturwissenschaft und Philosophie in Göttingen. Sie lebt als Schriftstellerin und Journalistin in Göttingen und ist stellvertretende Landesvorsitzende des Verbandes deutscher Schriftsteller in Niedersachsen

und Bremen. Verantwortliche Redakteurin der literarischen VS-Mitgliederzeitschrift »KulturNetz«. Verheiratet ist die Autorin mit Helmut Prilop. Sie hat eine erwachsene Tochter, Yvonne Isabel. Die Autorin hat zahlreiche Bücher veröffentlicht, darunter Kriminalromane, Lyrikbände, Sachbücher und Anthologien.

Heidi Ramlow
arbeitete drei Jahrzehnte lang als Drehbuchautorin und Regisseurin für Erfolgsserien in ARD und ZDF: »Verkehrsgericht«, »Ehen vor Gericht«, »Streit um Drei«. Seit 2009 schreibt und veröffentlicht sie Kurz-Krimis, 2011 die Kriminalkomödie »Blutroter Waschgang«, 2013 Gedichte, Fotos, Kurz-Geschichten.
Sie ist Mitglied im Schriftstellerverband, der Gesellschaft für Neue Literatur, dem Syndikat und bei den Mörderischen Schwestern.

Manfred Reuter
Jahrgang 1957, stammt aus der Eifel und arbeitet als Journalist in Ostfriesland. Vier Jahre war er als Redakteur auf Norderney tätig, zuletzt als Chefredakteur der Norderneyer Badezeitung. Im KBV-Verlag sind seine Kriminalromane »Fluchtwunden« und »Lass mich für dich sterben« erschienen. Im Ostfriesland Verlag-SKN in Norden ist 2012 der Schmunzel-Krimi »Norderney-Bunker« veröffentlicht worden, im Emons-Verlag 2013 »Norderney-Flucht«. Manfred Reuter ist mit Kurzkrimis zudem in zahlreichen Anthologien vertreten, darunter »Tatort Eifel II« von Jacques Berndorf (KBV 2009), »Deichleichen« von Regine Kölpin (KBV 2010) und »Acht Siele, acht Verbrechen« (SKN 2011). Der Autor ist verheiratet, stolz auf seine drei erwachsenen Kinder und lebt in einem wunderschönen Dorf in der Nähe von Aurich.
www.reutermanfred.de, www.facebook.com/mhreuter

Barbara Saladin
Geboren an einem Freitag, den 13., lebt und arbeitet Barbara
Saladin als Freelancerin im Kulturbereich, freie Journalistin
und Krimiautorin im Kanton Baselland/Nordwestschweiz.
Während des Stipendiums »Tatort Töwerland« auf Juist lernte sie 2008 die Ostfriesischen Inseln kennen. Seither liebt sie
sowohl Wellen, Watt und Weite der Nordseeküste als auch die
Wälder und Weiden der Schweizer Jurahügel und ist litera-
risch gesehen an beiden Orten zuhause.
www.barbarasaladin.ch.

Insa Segebade
1969 in Leer geboren, hat an der Universität Hildesheim Mu-
sik, Literatur und kreatives Schreiben studiert und als Sti-
pendiatin der Hans-Böckler-Stiftung promoviert. Sie arbeitet
hauptberuflich als Autorin und Journalistin und lebt mit ihrer
Familie im ostfriesischen Rheiderland. Sie hat zahlreiche Bücher veröffentlicht, darunter die Romane »Der Heiler«, »Verstummt« und »Das Geheimnis des Boxers«.
ww.insasegebade.de

Claudia Schmid
lebt seit über zwanzig Jahren in Mannheim. Sie hat Germanistik und BWL mit Abschluss Magister Artium studiert. Sie
schreibt historische Romane, Kriminalromane und Reisefüh-
rer. Darüber hinaus hat sie über zwanzig Kurzgeschichten
veröffentlicht, für die sie mehrere literarische Preise erhielt.
2016 wird ein weiterer historischer Roman aus ihrer Feder
erscheinen. Sie ist Redakteurin des Online-Portals www.Kri-
minetz.de
www.ClaudiaSchmid.de

Manfred C. Schmidt
lebt in Esens/Ostfriesland, studierte in Köln bzw. Oldenburg
Sonderpädagogik und Germanistik. Er ist mit seinen Texten
in zahlreichen Anthologien, Zeitungen/Zeitschriften vertreten
und veröffentlicht 2007 seine Krimisammlung »Mord im Mi-

lieu«, 2010 seinen Debüt-Kriminalroman »Gut Schuss« und 2013 den zweiten Kriminalroman »Kaltblut«; Mitglied im VS sowie im Syndikat.
www.esens-krimis.de

Andreas J.Schulte
Journalist und Autor, Jahrgang 1965, verheiratet, zwei Söhne. Geboren und aufgewachsen in Gelsenkirchen, lebt er heute mit seiner Familie in einer alten Scheune zwischen Andernach und Maria Laach. 2013 erschien sein historischer Kriminalroman »Die Toten des Meisters«, dem folgten die beiden Bände »Die Spur des Schnitters« und »Die Ehre der Zwölf«. Neben den historischen Romanen schreibt und veröffentlicht er auch Kurzgeschichten und moderne Krimis.
www.andreasjschulte.de

Alexa Stein
gebürtige Nürnbergerin, lebt mit Mann und drei Katzen im niedersächsischen Umland von Bremen. Seit 1997 schreibt sie Kurzgeschichten und Romane unterschiedlicher Genres sowie Bühnenstücke. 2008 debütierte sie mit dem Kriminalroman »Kronus' Kinder«. Sie ist Mitglied im Syndikat und bei den Mörderischen Schwestern. Seit 2011 ist sie die Organisatorin des Bremer Krimifestivals Prime Time – Crime Time.
www.alexa-stein.de

Jennifer B. Wind
geboren 1973 in Leoben; wohnt mit ihrer Familie bei Wien. Die ehemalige Flugbegleiterin schreibt Romane, Drehbücher und Kurztexte. Zahlreiche Kurzgeschichten, Ratekrimis, Rezensionen und Gedichte wurden in Literaturzeitschriften, Zeitungen, Anthologien und Magazinen veröffentlicht. Ihre Texte wurden bereits mit mehreren Preisen ausgezeichnet. Ihr Debütroman »Als Gott schlief« stand vier Monate lang in den Top 10 Krimi/ Thriller Bestsellerliste bei Thalia in AUT, D und CH und wurde für den Wiener Kriminachwuchspreis nominiert.
www.jennifer-b-wind.com

Wellengang und Wattenmorde
Regine Kölpin (Hrsg.)

Friedlich liegen sie in der Nordsee, die beliebten Feriendomizile Sylt, Amrum, Föhr, Pellworm, Nordstrand und die Halligen. Nur friedlich? Oder verbergen sie vielleicht mörderische und rätselhafte Verbrechen, die sich in längst vergangenen Zeiten zugetragen haben? Spannend, humorvoll und tiefgründig entführen namhafte Autoren den Leser in die kriminelle Vergangenheit der Nordfriesischen Inseln.

Begeben Sie sich auf eine packende Zeitreise!

352 Seiten, Euro 9,95

www.wellhoefer-verlag.de

Distelsterben

von Cosima Bellersen Quirini

Endlich auf der Insel! Die junge Kommissarin Nanni Peters ist
überglücklich. In wenigen Tagen will sie auf Langeoog mit ihrem Verlobten Hendrik vor den Traualtar treten! Doch kaum
angekommen, findet Nannis Hündin bei der gemeinsamen Jog-
gingrunde im Wäldchen eine Tote – und schon ist es vorbei mit
den romantischen Hochzeitsvorbereitungen.

Mit Originalrezepten aus den Langeooger Küchen der Strand-
halle und des Seekrugs.

256 Seiten, Euro 9,80

www.wellhoefer-verlag.de

Im Morden was Neues

Alexa Stein (Hrsg.)

Dachten auch Sie, der Norden sei eine leicht unterkühlte und hanseatisch zurückhaltende Region? Dann sollten Sie den Norden von seiner mörderischen Seite kennenlernen. Flaches, von Deichen gesäumtes Land, die stürmische Nord- und Ostsee, alte Hansestädte wie Bremen oder Hamburg, das Ammerland mit seiner inspirierenden Weite, die Messestadt Hannover ... alles Orte, die wie geschaffen sind für die Aktivitäten der Mörderischen Schwestern.

230 Seiten, Euro 11,90

www.wellhoefer-verlag.de

Tod in den Dünen
von Bettina von Cossel

Ganz Juist steckt im Cluedo-Fieber. Beim bevorstehenden Festival dreht sich alles um das bekannte Mörder-Ratespiel. Könnte es deshalb sein, dass Buddel Hansen sich den Toten nur eingebildet hat, den er nachts in einem Hotel gesehen haben will? Krimiautor Leo Marquart lässt die Sache keine Ruhe. Ist es wirklich Zufall, dass die Hotelgäste eine merkwürdige Ähnlichkeit zu den sechs Verdächtigen aus dem Cluedo-Spiel haben? Und wo ist der verschwundene Tote?

Leo Marquarts erster Fall

200 Seiten, Euro 9,80

www.wellhoefer-verlag.de

Todesspiel auf Juist
von Bettina von Cossel

Jens Heilmann ist nicht der Einzige, der auf Juist gefährliche Spielchen spielt, und wer ist die Tote in seinem Keller? Während die Feriengäste ahnungslos in der Sommersonne Sandburgen bauen, zieht sich bereits die Schlinge um den Hals des nächsten Opfers zu – ausgerechnet eine Bekannte von Krimiautor Leo Marquart und seiner patenten Haushälterin.
Zum Missfallen von Hauptkommissar Janssen begeben sich die beiden auf Mörderjagd ...

Leo Marquarts zweiter Fall

224 Seiten, Euro 9,80

www.wellhoefer-verlag.de

Totkäppchen
von Bettina von Cossel

Eigentlich sollen die Kriminalhauptkommissare Nick Grimm
und Lily Jäger auf Juist einem Rauschgifthändler auf die Schli-
che kommen, doch plötzlich liegt eine Tote am Goldfischteich.
Ausgerechnet "Rotkäppchen", die Frau mit der roten Kapuzen-
jacke von der Fähre. Als Grimm & Jäger in der Vergangenheit
der Toten graben, erwartet sie ein zwanzig Jahre alter Mordfall.
Da schlägt der böse Wolf ein zweites Mal zu.

192 Seiten, Euro 9,80

www.wellhoefer-verlag.de